음식점
창업에서
성공하기

편저 프렌차이즈창업연구회

법문 북스

머리말

농림축산식품부에 따르면, 대한민국에 현재 운영 중인 음식점은 66만 개나 된다고 합니다. 이는 국민 78명당 1개꼴이고, 10년 동안 24%나 증가한 숫자라고 합니다. 아마도 앞으로 이러한 음식점의 수는 더욱 늘어날 것으로 예상되고 있습니다. 그런데 왜 대한민국에는 이렇게 음식점이 많은 것일까요?

여러 전문가들은 음식점 창업이 많은 이유로 "누구나 쉽게 시작할 수 있다."는 점을 들고 있습니다. 그래서 과거에는 은퇴한 중년층에서 활발했던 창업이, 이제는 청년 층에서도 활발하게 일어나고 있는 것입니다. 갈수록 취업이 어려워짐에 따라 이러한 현상은 더욱 두드러질 것으로 예상되고 있습니다.

특히 음식점 창업은 특별한 자격이나 기술이 없어도 가능하다는 점에서 많은 매력을 끌고 있습니다. 그리고 최근 배달전문점이 늘어나면서 투자금액은 더욱 낮아지고 있습니다. 따라서 진입장벽이 낮은 음식점 창업에 뛰어들어 일확천금을 꿈꾸는 사람들이 많아지고 있는 것입니다.

그러나 많은 사람들의 생각과 달리, 음식점 창업을 통한 일확천금은 매우 어렵습니다. 왜냐하면 진입장벽이 낮다는 것은, 그만큼 경쟁자들이 많다는 것을 의미하기 때문입니다. 따라서 음식점 창업을 계획하고 있는 분은 음식점 창업에서 운영까지 면밀히 계획하고 실행에 옮길 필요가 있는 것입니다.

본서는 이러한 음식점 창업을 준비하는 분들에게 도움을 주고자 음식점 창업, 운영과 관련된 법들을 일반인도 알아보기 쉽게 정리하였습니다. 특히 음식점 창업을 어떻게 해야 하는지 순서별로 정리하였고, 음식점 운영 시 어떤 점에 유의해야 하는지 구체적으로 정리하였습니다. 또한 관련 사례를 수록하여 일반인도 충분히 내용을 이해할 수 있도록 하였습니다.

아무쪼록 이 책이 음식점을 창업하려는 분들에게 미력하나마 도움이 되기를 바라며, 이 책이 만들어지기까지 도움을 주신 법문북스 김현호 대표님과 편집진에게 감사의 말씀을 전하고 싶습니다.

편저자

‖‖ 목 차 ‖‖

제1장 음식점 창업은 어떻게 하는 것인가요?

제1장

음식점 창업은 어떻게 하는 것인가요?

1. 음식점 창업 결정

1) 업종 선정

(1) 음식점 영업이란?

"음식점 영업"이란 식품접객업으로서,「식품위생법 시행규칙」별표 14
에 따른 시설기준에 맞는 시설을 갖추고 음식류 등을 조리·판매하는
영업을 말합니다.

(2) 음식점 영업의 유형

① 음식점 영업의 종류 및 그 범위

음식점 영업의 종류와 그 범위는 다음과 같습니다.

- ㉠ 휴게음식점영업 : 주로 다류(茶類), 아이스크림류 등을 조리·판매
  하거나 패스트푸드점, 분식점 형태의 영업 등 음식류를 조리·판
  매하는 영업으로서 음주행위가 허용되지 않는 영업. 다만, 편의
  점, 슈퍼마켓, 휴게소, 그 밖에 음식류를 판매하는 장소(만화가게
  및 인터넷 컴퓨터 게임시설 제공업을 하는 영업소 등 음식류를
  부수적으로 판매하는 장소를 포함)에서 컵라면, 일회용 다류 또
  는 그 밖의 음식류에 물을 부어 주는 경우는 제외합니다.
- ㉡ 일반음식점영업 : 음식류를 조리·판매하는 영업으로서 식사와 함
  께 부수적으로 음주행위가 허용되는 영업
- ㉢ 단란주점영업 : 주로 주류를 조리·판매하는 영업으로서 손님이 노
  래를 부르는 행위가 허용되는 영업
- ㉣ 유흥주점영업 : 주로 주류를 조리·판매하는 영업으로서 유흥종사
  자를 두거나 유흥시설을 설치할 수 있고 손님이 노래를 부르거나
  춤을 추는 행위가 허용되는 영업
- ㉤ 위탁급식영업 : 집단급식소를 설치·운영하는 자와의 계약에 따라
  그 집단급식소에서 음식류를 조리하여 제공하는 영업

ⓗ 제과점영업 : 주로 **빵**, 떡, 과자 등을 제조·판매하는 영업으로서
   음주행위가 허용되지 않는 영업

② 업종별 영업신고 및 허가
 - 휴게음식점영업, 일반음식점영업, 위탁급식영업, 제과점영업을 하
   기 위해서는 식품의약품안전처장 또는 특별자치시장·특별자치도지
   사·시장·군수·구청장에게 영업신고를 해야 합니다.
 - 단란주점영업, 유흥주점영업을 하기 위해서는 식품의약품안전처장
   또는 특별자치시장·특별자치도지사·시장·군수·구청장에게 영업허가
   를 받아야 합니다.

커피숍에서 맥주를 판매하는 경우에는 무슨 업종으로 신고해야 하나요?

Q. 휴게음식점영업 신고를 하고 커피숍을 운영하던 중에 맥주도 함께 판매하려고 합니다. 커피가 주된 메뉴이니 휴게음식점영업으로 신고한 상태에서 계속 장사를 해도 되나요?

A. 휴게음식점영업에서는 주류를 판매하는 등의 음주행위가 허용되지 않습니다. 그래서 커피숍에서 주류를 판매하는 경우에는 일반음식점으로 영업신고를 하고, 일반음식점 시설기준에 맞는 시설을 갖추어야 합니다.

음식점 창업: 업종 선정

Q. 감자탕과 술을 함께 파는 식당을 창업하려고 하는데요. 어떤 업종으로 창업해야 하나요?

A. 음식류를 조리·판매하면서 식사와 함께 부수적으로 주류를 파는 음식점을 창업하려면, 업종을 일반음식점영업으로 신고해야 해요.

◇ 음식점 영업의 유형

☞ 음식점 영업의 종류와 그 범위는 다음과 같습니다.

1. 휴게음식점영업 : 주로 다류(茶類), 아이스크림류 등을 조리·판매하거나 패스트푸드점, 분식점 형태의 영업 등 음식류를 조리·판매하는 영업으로서 음주행위가 허용되지 않는 영업

√ 다만, 편의점, 슈퍼마켓, 휴게소, 그 밖에 음식류를 판매하는 장소(만화가게 및 인터넷컴퓨터게임시설제공업을 하는 영업소 등 음식류를 부수적으로 판매하는 장소 포함)에서 컵라면, 일회용 다류 또는 그 밖의 음식류에 물을 부어 주는 경우는 제외합니다.

2. 일반음식점영업 : 음식류를 조리·판매하는 영업으로서 식사와 함께 부수적으로 음주행위가 허용되는 영업

3. 단란주점영업 : 주로 주류를 조리·판매하는 영업으로서 손님이 노래를 부르는 행위가 허용되는 영업

4. 유흥주점영업 : 주로 주류를 조리·판매하는 영업으로서 유흥종사자를 두거나 유흥시설을 설치할 수 있고 손님이 노래를 부르거나 춤을 추는 행위가 허용되는 영업

5. 위탁급식영업 : 집단급식소를 설치·운영하는 자와의 계약에 따라 그 집단급식소에서 음식류를 조리하여 제공하는 영업

6. 제과점영업 : 주로 빵, 떡, 과자 등을 제조·판매하는 영업으로서 음주행위가 허용되지 않는 영업

2) 창업형태의 선택

(1) 음식점 창업의 형태

① 창업의 형태

음식점을 창업하려는 형태는 크게 독립음식점 창업과 가맹음식점 창업으로 나눌 수 있습니다.

② 독립음식점 창업

독립음식점 창업은 독립된 상호를 사용하면서 사업자가 직접 입지선정, 인테리어, 매장운영, 홍보 등 음식점의 창업·운영에 관한 사항을 스스로 해결하고, 음식점 영업에 관한 모든 권한과 책임을 사업자가 부담하는 창업 방식을 말합니다.

③ 가맹음식점 창업

가맹음식점 창업은 가맹본부와 가맹사업에 대한 계약을 체결한 후 가맹본부에 로열티, 사용료 등을 지불하고 가맹본부로부터 사업의 기술, 노하우, 마케팅 등에 대한 도움을 받아 창업하는 방식으로, 독립음식점 창업 보다는 사업자의 부담을 덜고 손쉽게 창업할 수 있습니다.

※ "가맹사업"이란 가맹본부가 가맹점사업자로 하여금 자기의 상표·서비스표·상호·간판 그 밖의 영업표지를 사용하여 일정한 품질기준이나 영업방식에 따라 상품(원재료 및 부재료 포함) 또는 용역을 판매하도록 함과 아울러 이에 따른 경영 및 영업활동 등에 대한 지원·교육과 통제를 하며, 가맹점사업자는 영업표지의 사용과 경영 및 영업활동 등에 대한 지원·교육의 대가로 가맹본부에 가맹금을 지급하는 계속적인 거래관계를 말합니다.
※ "가맹본부"란 가맹사업과 관련하여 가맹점사업자에게 가맹점운영권을 부여하는 사업자를 말합니다.
※ "가맹점사업자"란 가맹사업과 관련하여 가맹본부로부터 가맹점운영권을 부여받은 사업자를 말합니다.

〈음식점 창업의 형태별 장·단점〉

구분	가맹음식점 창업	독립음식점 창업
장점	-초보창업자에게 유리한 사업입니다. 본사의 경험과 노하우를 이용하기 때문에 업종경험이 없는 사람이라도 창업이 가능합니다. -창업시 가맹본부로부터 장비대여, 초기투자비, 전국규모의 광고, 간판 등 다양한 지원을 받을 수 있습니다. - 가맹본부의 원자재 대량구매에 의한 원가절감을 할 수 있습니다. - 경영 및 종업원에 대한 교육훈련을 지원받을 수 있습니다. - 기존 가맹점들과 가맹본부에 의한 광고효과를 누릴 수 있습니다. - 실패의 위험성이 독립음식점 창업에 비하여 상대적으로 낮습니다.	- 경험자에게 유리한 사업입니다. - 가맹음식점에서 드는 가맹비, 보증금 등 비용이 들지 않습니다. - 독자적인 경영이 가능합니다. - 창업자의 독자적인 컨셉과 상호로 영업전략을 구사 할 수 있습니다. - 고객이 요구나 시장변화에 민첩하게 대응할 있습니다. - 독자적인 홍보전략을 펼칠 수 있습니다. - 영업활동이 부진할 경우 다른 업종으로의 전환시 제약사항이 가맹음식점에 비하여 상대적으로 낮습니다. - 독자적인 메뉴개발이 가능합니다. - 이익률에 대한 결정권을 가지고 있으며, 마진율이 가맹음식점에 비하여 높습니다.
단점	- 가맹비, 보증금, 로열티, 인테리어 비용 등 창업비용이 많이 듭니다. - 로열티나 가맹비 등이 비싼 경우가 많습니다. - 계약 중도에 탈퇴가 어렵습니다. - 가맹본부로부터 많은 부분을 사야하고, 독자적 자율경영권이 상당히 제한됩니다. - 가맹본부의 능력에 의존적이 됩니다. - 가맹본부에 의하여 일방적으로 강요되는 비용이	- 창업까지 시간이 많이 걸립니다. - 상품의 구매 등 모든 일을 독자적으로 해결해야 하므로 초보자의 경우 점포경영이 매우 어렵습니다. - 가맹음식점에 비하여 광고에 있어서 제한사항이 따릅니다. - 소비자의 신뢰성을 쉽게 확보하기 어렵습니다.

| | 발생됩니다.
- 지속적으로 로열티 등을
  지불해야 합니다. | |

(2) 가맹음식점 계약 체결 시 확인사항

① 정보공개서의 확인

- 가맹본부(가맹지역본부 또는 가맹중개인이 가맹점사업자를 모집하
  는 경우를 포함)는 가맹희망자에게 정보공개서를 내용증명우편 등
  제공시점을 객관적으로 확인할 수 있는 방법에 따라 제공해야 합
  니다.

※ "가맹희망자"란 가맹계약을 체결하기 위해 가맹본부나 가맹지역
   본부와 상담하거나 협의하는 자를 말합니다.

※ "정보공개서"란 다음에 관하여 「가맹사업거래의 공정화에 관한
   법률 시행령」 별표 1의 기재사항을 수록한 문서를 말합니다.

㉠ 가맹본부의 일반 현황

㉡ 가맹본부의 가맹사업 현황(가맹점사업자의 매출에 관한 사항을
   포함)

㉢ 가맹본부와 그 임원(「독점규제 및 공정거래에 관한 법률」 제2조
   제5호에 따른 임원을 말함)이 다음의 어느 하나에 해당하는 경우
   에는 해당 사실

  ⓐ 「가맹사업거래의 공정화에 관한 법률」, 「독점규제 및 공정거래에 관
     한 법률」또는「약관의 규제에 관한 법률」을 위반한 경우

  ⓑ 사기·횡령·배임 등 타인의 재산을 영득하거나 편취하는 죄에 관련
     된 민사소송에서 패소의 확정판결을 받았거나 민사상 화해를 한
     경우

  ⓒ 사기·횡령·배임 등 타인의 재산을 영득하거나 편취하는 죄를 범하
     여 형을 선고받은 경우

㉣ 가맹점사업자의 부담

㉤ 영업활동에 관한 조건과 제한

㉥ 가맹사업의 영업 개시에 관한 상세한 절차와 소요기간

㉦ 가맹본부의 경영 및 영업활동 등에 대한 지원과 교육·훈련에 대한

설명

- 가맹본부는 정보공개서를 제공할 경우에는 가맹희망자의 장래 점포 예정지에서 가장 인접한 가맹점 10개(정보공개서 제공시점에 가맹희망자의 장래 점포 예정지가 속한 광역지방자치단체에서 영업 중인 가맹점의 수가 10개 미만인 경우에는 해당 광역지방자치단체 내의 가맹점 전체)의 상호, 소재지 및 전화번호가 적힌 문서(이하 "인근가맹점 현황문서"라 함)를 함께 제공해야 합니다.

- 가맹본부는 등록된 정보공개서 및 인근가맹점 현황문서(이하 "정보공개서등"이라 함)를 제공하지 않았거나 정보공개서 등을 제공한 날부터 14일(가맹희망자가 정보공개서에 대하여 변호사 또는 가맹거래사의 자문을 받은 경우에는 7일로 함)이 지나지 않은 경우에는 다음의 어느 하나에 해당하는 행위를 해서는 안 됩니다.

㉠ 가맹희망자로부터 가맹금을 수령하는 행위

이 경우 가맹희망자가 예치기관에 예치가맹금을 예치하는 때에는 최초로 예치한 날(가맹본부가 가맹희망자와 최초로 가맹금을 예치하기로 합의한 때에는 그 날)에 가맹금을 수령한 것으로 봅니다.

㉡ 가맹희망자와 가맹계약을 체결하는 행위

②가맹계약서의 작성

- 가맹계약을 체결하는 경우 가맹희망자는 가맹본부로부터 가맹계약의 내용을 미리 이해할 수 있도록 다음의 사항이 적힌 가맹계약서를 가맹희망자에게 제공한 날부터 14일이 지나지 아니한 경우에는 가맹희망자와 가맹계약을 체결하는 행위 또는 가맹희망자로부터 가맹금을 수령하는 행위(가맹희망자가 예치기관에 예치가맹금을 예치하는 경우에는 최초로 예치한 날에, 가맹희망자가 최초로 가맹금을 예치하기로 가맹본부와 합의한 날이 있는 경우에는 그 날에 가맹금을 수령한 것으로 봄)를 해서는 안됩니다.

㉠ 영업표지의 사용권 부여에 관한 사항
㉡ 가맹점사업자의 영업활동 조건에 관한 사항
㉢ 가맹점사업자에 대한 교육·훈련, 경영지도에 관한 사항
㉣ 가맹금 등의 지급에 관한 사항
㉤ 영업지역의 설정에 관한 사항
㉥ 계약기간에 관한 사항
㉦ 영업의 양도에 관한 사항
㉧ 계약해지의 사유에 관한 사항

ⓩ 가맹희망자 또는 가맹점사업자가 가맹계약을 체결한 날부터 2개월 (가맹점사업자가 2개월 이전에 가맹사업을 개시하는 경우에는 가맹사업개시일)까지의 기간 동안 예치가맹금을 예치기관에 예치해야 한다는 사항(다만, 가맹본부가 「가맹사업거래의 공정화에 관한 법률」 제15조의2에 따른 가맹점사업자피해보상보험계약 등을 체결한 경우에는 그에 관한 사항으로 함)

㉭ 가맹희망자가 정보공개서에 대하여 변호사 또는 가맹거래사의 자문을 받은 경우 이에 관한 사항

㉱ 가맹본부 또는 가맹본부 임원의 위법행위 또는 가맹사업의 명성이나 신용을 훼손하는 등 사회상규에 반하는 행위로 인하여 가맹점사업자에게 발생한 손해에 대한 배상의무에 관한 사항

㉲ 그 밖에 가맹사업당사자의 권리·의무에 관한 사항

- 가맹본부는 가맹계약서를 가맹사업의 거래가 종료된 날부터 3년간 보관해야 합니다.

※ 공정거래위원회에서는 건전한 가맹사업거래질서를 확립하고 불공정한 내용의 가맹계약이 통용되는 것을 방지하기 위해 일정한 가맹사업거래에서 표준이 되는 가맹계약서를 작성 및 사용하도록 권장하고 있습니다[공정거래위원회 홈페이지(www.ftc.go.kr), 정보공개-표준계약서-표준가맹계약서 참조].
※ 표준가맹계약서 양식은 <공정거래위원회 가맹사업거래 홈페이지(http://franchise.ftc.go.kr), 알림마당-법령 및 서식자료-관련 서식자료>에서 확인할 수 있습니다.

③ 가맹음식점 창업 시 주의사항
- 최근 가맹음식점 창업 방식은 가맹본부의 경험과 노하우를 이용하여 초보자도 손쉽게 창업할 수 있다는 점에서 선호되고 있으나, 로얄티 등 높은 가맹수수료, 부실한 가맹본부로 인한 피해, 독자적 경영권 침해 등의 단점도 있으므로 사전에 꼼꼼히 분석하여 확인하는 과정이 필요합니다.
- 만약, 가맹계약을 체결하는 과정에서 분쟁이 발생할 경우에는 가맹사업거래분쟁조정협의회에 분쟁조정을 신청하거나, 공정거래위원회에 신고 또는 행정소송 등의 절차를 통해 피해구제를 받을 수

있습니다.

2. 창업자금 준비

1) 창업자금 지원제도

(1) 지원대상

소상공인시장진흥공단에서는 「중소기업기본법」 제2조제2항에 따른 소기업(小企業) 중 다음의 사항을 모두 만족하는 소상공인을 대상으로 창업자금을 지원하고 있습니다.

 ㉠ 소상공인 기준(연평균매출액 + 상시근로자수)을 만족하는 자

 ㉡ 사업자등록증을 소지한 개인 또는 법인 사업자

 ㉢ 정책자금 지원제외 업종이외의 사업을 영위하고 있는 소상공인

 ㉣ 비영리 개인사업자·법인, 단체 또는 조합이 아닌 경우

(2) 지원방법

창업자금 지원제도 지원 절차는 다음과 같습니다.

 ㉠ 신청 및 접수 : 소상공인정책자금 홈페이지(https://ols.sbiz.or.kr) 또는 취급 금융기관(농협은행, 우리은행, 신한은행, 산림조합중앙회) 각 영업점에서 신청 및 접수할 수 있습니다.

 ㉡ 채권확보 : 신청서가 접수되면, 신용보증기관에서 보증평가 후 발급받은 보증서를 제출하거나 출취급은행에서 평가한 순수신용, 부동산 등 물적담보로 채권을 확보합니다.

 ㉢ 대출실행 : 신용평가가 완료되면, 시중의 대출실행 금융기관에서 대출을 받을 수 있습니다.

(3) 지원내용

업체당 최고 7천만원을 한도로 거치기간 2년을 포함하여 5년간 저금리로 필요한 자금을 대출 받을 수 있습니다.

 ※ 창업자금 지원제도에 대한 더 자세한 내용은 「2021년 소상공인 정책자금 대리대출 안내자료」에서 확인할 수 있습니다.

1. 입지 선정

1) 업종별 영업가능 용도지역

- 건축물이 입지한 용도지역에 따라 음식점 창업이 가능한 업종에 제한이 있을 수 있으므로, 점포의 입지를 선정할 때는 토지이용계획확인서 등을 확인하여 음식점 창업이 가능한 용도지역인지 확인해야 합니다.
- 용도지역마다 음식점 창업이 가능한 건축물의 종류는 「국토의 계획 및 이용에 관한 법률 시행령」 별표 2부터 별표 22까지에서 확인할 수 있습니다.

※ 용도지역의 구분

국토는 토지의 이용실태 및 특성, 장래의 토지이용방향, 지역 간 균형 발전 등을 고려하여 다음과 같은 용도지역으로 구분됩니다.

ⓐ 도시지역: 인구와 산업이 밀집되어 있거나 밀집이 예상되어 그 지역에 대하여 체계적인 개발·정비·관리·보전 등이 필요한 지역(도시지역은 주거지역, 상업지역, 공업지역, 녹지지역으로 구분됨)

ⓑ 관리지역: 도시지역의 인구와 산업을 수용하기 위해 도시지역에 준하여 체계적으로 관리하거나 농림업의 진흥, 자연환경 또는 산림의 보전을 위해 농림지역 또는 자연환경보전지역에 준하여 관리할 필요가 있는 지역(관리지역은 보전관리지역, 생산관리지역, 계획관리지역으로 구분됨)

ⓒ 농림지역: 도시지역에 속하지 않는 농업진흥지역 또는 보전산지 등으로서 농림업을 진흥시키고 산림을 보전하기 위해 필요한 지역

ⓓ 자연환경보전지역: 자연환경·수자원·해안·생태계·상수원 및 문화재의 보전과 수산자원의 보호·육성 등을 위해 필요한 지역

2) 업종별 영업 가능 건축물

(1) 용도별 건축물의 종류

음식점을 창업할 수 있는 용도별 건축물의 종류는 다음과 같습니다.

㉠ 제1종 근린생활시설

휴게음식점, 제과점 등 음료·차(茶)·음식·빵·떡·과자 등을 조리하거나 제조하여 판매하는 시설로서 같은 건축물에 해당 용도로 쓰는 바닥면적의 합계가 300㎡ 미만인 것

㉡ 제2종 근린생활시설

- 휴게음식점, 제과점 등 음료·차(茶)·음식·빵·떡·과자 등을 조리하거나 제조하여 판매하는 시설로서 같은 건축물에 해당 용도로 쓰는 바닥면적의 합계가 300㎡ 이상인 것
- 일반음식점
- 단란주점으로서 같은 건축물에 해당 용도로 쓰는 바닥면적의 합계가 150㎡ 미만인 것

㉢ 위락시설

- 단란주점으로서 제2종 근린생활시설에 해당하지 않는 것
- 유흥주점이나 그 밖에 이와 비슷한 것

3) 건축물의 용도 변경
 (1) 용도변경의 대상
- 건축물의 용도가 음식점 창업에 적합하지 않은 경우에는 건축물의 용도를 변경하여 음식점을 창업할 수 있습니다.
- 건축물의 용도를 변경하려면 다음의 구분에 따라 특별자치시장·특별자치도지사 또는 시장·군수·구청장으로부터 허가를 받거나 신고해야 합니다.
  ㉠ 허가 대상 : 건축물의 용도를 상위군(「건축법」 제19조제4항에 해당하는 번호가 용도변경하려는 건축물이 속하는 시설군보다 작은 시설군을 말함)에 해당하는 용도로 변경하는 경우
  ㉡ 신고 대상 : 건축물의 용도를 하위 군(「건축법」 제19조제4항에 해당하는 번호가 용도변경하려는 건축물이 속하는 시설군보다 큰 시설군을 말함)에 해당하는 용도로 변경하는 경우

(2) 용도변경의 허가 및 신고

건축물 용도변경의 허가를 받거나 신고를 하려는 자는 건축·대수선·용도변경허가신청서(「건축법 시행규칙」 별지 제1호의4서식) 또는 건축·대수선·용도변경신고서(「건축법 시행규칙」 별지 제6호서식)에 다음의 서류를 첨부하여 특별자치시장·특별자치도지사 또는 시장·군수·구청장에게 제출(전자문서로 제출하는 것을 포함)해야 합니다.
 - 용도를 변경하려는 층의 변경 후의 평면도
 - 용도변경에 따라 변경되는 내화·방화·피난 또는 건축설비에 관한 사항을 표시한 도서

(3) 용도변경 시 건축기준의 준수

건축물의 용도변경은 변경하려는 용도의 건축기준에 적합하게 해야 합니다.

입지 선정

Q. 음식점을 창업하려는 곳이 장사가 잘 될지 불안합니다. 제가 선정한 입지의 상권이 어떤지 확인할 방법이 있을까요?

A. 소상공인시장진흥공단에서는 예비창업자들이 입지를 선정하고 성공적인 창업을 할 수 있도록 상권정보시스템(http://sg.smba.go.kr)을 운영하고 있습니다.
- 상권정보시스템에서는 인구통계, 지역특성, 경쟁현황, 임대시세, 매출통계 등을 종합하여 상권분석 정보를 제공하고 있습니다.
- 또한, 창업예정인 점포의 상권, 업종, 매출특성, 예상수익 등의 정보를 분석하여 해당 점포의 평가 결과를 제공하고 있습니다.
- 그 밖에도 다양한 통계기법을 적용하여 점포의 과거 개업, 폐업 이력과 업종별 매출 예측정보, 입지특성 정보를 기존의 상권정보서비스와 결합하여 점포이력 서비스를 제공하고 있습니다.

음식점 창업에 적합한 용도 변경

Q. 제가 살고 있는 주택건물의 1층에서 제과점을 운영하려면, 어떤 절차를 거쳐야 하나요? 신고만 하면 영업을 할 수 있는 건가요?

A. 음식점을 창업하려는 경우 해당 건축물의 용도가 창업하려는 음식점의 업종에 적합한지 확인해야 해요. 만약, 음식점을 창업할 수 없는 경우라면 건축물의 용도변경이 가능한지를 검토하여 변경신고 또는 허가를 받은 후에 음식점을 창업할 수 있어요.

◇ 용도별 건축물의 종류

☞ 음식점을 창업할 수 있는 용도별 건축물의 종류는 다음과 같습니다.

1.제1종 근린생활시설

· 휴게음식점, 제과점 등 음료·차(茶)·음식·빵·떡·과자 등을 조리하거나 제조하여 판매하는 시설로서 같은 건축물에 해당 용도로 쓰는 바닥면적의 합계가 300㎡ 미만인 것

2.제2종 근린생활시설

· 휴게음식점, 제과점 등 음료·차(茶)·음식·빵·떡·과자 등을 조리하거나 제조하여 판매하는 시설로서 같은 건축물에 해당 용도로 쓰는 바닥면적의 합계가 300㎡ 이상인 것

· 일반음식점

· 단란주점으로서 같은 건축물에 해당 용도로 쓰는 바닥면적의 합계가 150㎡ 미만인 것

3.위락시설

· 단란주점으로서 제2종 근린생활시설에 해당하지 않는 것

· 유흥주점이나 그 밖에 이와 비슷한 것

◇ 용도변경

☞ 건축물의 용도가 음식점 창업에 적합하지 않은 경우에는 건축물의 용도를 변경하여 음식점을 창업할 수 있습니다.

2. 점포 계약

1) 임대차계약

(1) 임대차계약이란?

① 「민법」상 임대차계약

"임대차계약"이란 임대인이 임차인에게 목적물을 사용, 수익하게 할 것을 약정하고 임차인이 이에 대하여 차임을 지급할 것을 약정함으로서 성립하는 계약을 말합니다.

② 「상가건물 임대차보호법」상 상가건물 임대차계약

"상가건물 임대차계약"이란 사업자등록의 대상이 되는 상가건물의 임대차(주된 부분을 영업용으로 사용하는 경우 포함) 중 보증금액이 일정금액 이하인 계약을 말합니다.

③ 「민법」상 임대차계약과 「상가건물 임대차보호법」상 임대차계약의 관계

지역별로 정해진 보증금의 일정 기준금액을 초과하는 상가건물 임대차에 대해서는 「민법」의 규정이 적용됩니다. 다만, 대항력 등(「상가건물 임대차보호법」 제3조), 계약갱신 요구 등(「상가건물 임대차보호법」 제10조제1항·제2항·제3항 본문) 및 계약갱신의 특례(「상가건물 임대차보호법」 제10조의2), 권리금 정의 및 회수기회 보호, 적용 제외 등(「상가건물 임대차보호법」 제10조의3부터 제10조의7까지), 차임연체와 해지(「상가건물 임대차보호법」 제10조의8), 표준계약서의 작성 등(「상가건물 임대차보호법」 제19조)의 규정은 「상가건물 임대차보호법」 제2조제1항 단서에 따라 지역별로 정해진 보증금의 일정 기준금액을 초과하는 임대차에 대해서도 적용합니다.

(2) 임대차계약 전 확인 사항

① 건축물대장의 확인

건축물대장은 건축물의 소유·이용 상태를 나타내어 건축물과 대지의 현황 및 지하수위, 기초형식, 설계지내력, 구조설계 해석법, 내진설계 적용 여부, 내진능력, 특수구조물 해당여부, 특수구조건축물

의 유형 등 건축물의 구조내력(構造耐力)에 관한 정보를 표시하고 있는 공적장부입니다.

② 토지대장의 확인

토지대장은 토지의 소재지, 지번, 지목, 면적, 토지의 소유자가 기록되어 있는 공적장부입니다. 토지대장에 기재된 토지의 소재지와 지번이 임차하려는 상가건물의 토지 소재지 및 지번과 일치하는지를 확인해야 합니다.

③ 토지이용계획 확인서의 확인

"토지이용계획 확인서"는 지역·지구 등의 지정내용과 그 지역·지구 등 안에서의 행위제한 내용이 기재되어 토지의 이용 및 도시계획시설 결정여부 등을 알 수 있는 서류입니다. 토지이용계획 확인서에서 해당 상가건물의 용도지역, 용도지구, 용도구역의 지정여부 등을 확인해야 합니다.

④ 등기부의 확인

"등기부"란 전산정보처리조직에 의해 입력·처리된 등기정보자료를 대법원규칙으로 정하는 바에 따라 편성된 해당 등기소에 비치되어 있는 토지·건물의 등기를 하는 공부(公簿)를 말하며, 등기부는 토지등기부와 건물등기부로 구분됩니다. 부동산등기부에서 해당 건물의 소재, 지번, 지목 등에 관한 현황 및 소유권, 지상권, 전세권, 저당권 등 권리관계를 확인해야 합니다.

※ "부동산종합공부"란 다음과 같은 부동산에 관한 종합정보를 정보관리체계를 통해 기록·저장한 것을 말합니다.
 ① 토지의 표시와 소유자에 관한 사항 : 지적공부의 내용
 ② 건축물의 표시와 소유자에 관한 사항(토지에 건축물이 있는 경우만 해당) : 건축물대장의 내용
 ③ 토지의 이용 및 규제에 관한 사항 : 토지이용계획확인서의 내용
 ④ 부동산의 가격에 관한 사항 : 개별공시지가, 개별주택가격 및 공동주택가격 공시내용

⑤ 그 밖에 부동산의 효율적 이용과 부동산과 관련된 정보의 종합적 관리·운영을 위해 필요한 부동산의 권리에 관한 사항

※ 부동산종합공부를 열람하거나 부동산종합공부 기록사항의 전부 또는 일부에 관한 증명서를 발급받으려는 사람은 가까운 시·군·구청 또는 읍·면·동사무소를 방문하거나, <부동산정보 통합포털사이트 (seereal.lh.or.kr)>을 이용할 수 있습니다.

(3) 임대차계약의 체결
① 계약서 작성
임대차계약서에는 다음의 사항이 기재되어야 합니다.
  ㉠ 거래당사자의 인적 사항
  ㉡ 물건의 표시
  ㉢ 계약일
  ㉣ 거래금액·계약금액 및 그 지급일자 등 지급에 관한 사항
  ㉤ 물건의 인도일시
  ㉥ 권리이전의 내용
  ㉦ 계약의 조건이나 기한이 있는 경우에는 그 조건 또는 기한
  ㉧ 중개대상물확인·설명서 발급일자
  ㉨ 그 밖의 약정내용

② 임대차계약의 기간
일반적으로 임대차계약의 기간은 당사자의 약정에 따라 정한 기간이 만료될 때까지 존속됩니다. 「상가건물 임대차보호법」의 경우 기간을 정하지 않거나 기간을 1년 미만으로 정한 임대차는 그 기간을 1년으로 봅니다. 다만, 임차인은 1년 미만으로 정한 기간이 유효함을 주장할 수는 있습니다.

2) 임차인의 보호
(1) 임대차등기
① 「민법」에 따른 임대차의 등기

- 부동산임차인은 당사자간에 반대약정이 없으면 임대인에 대하여 그 임대차등기절차에 협력할 것을 청구할 수 있습니다.
- 임차인은 '임차권설정등기절차를 이행하라'는 취지의 이행판결을 받아 단독으로 등기를 신청할 수 있습니다.

② 등기의 신청

임대차등기는 등기권리자(임차인)와 등기의무자(임대인)가 공동으로 부동산의 소재지를 관할하는 지방법원, 그 지원(支院) 또는 등기소에 신청해야 합니다.

③ 등기의 효력

부동산임대차를 등기한 때에는 그때부터 제3자에 대하여 효력이 생깁니다.

※「상가건물 임대차보호법」에서의 임대차등기
  ㉠「상가건물 임대차보호법」상 임대차등기에 대한 규정은「상가건물 임대차보호법」제2조제1항 단서에 따라 지역별로 정해진 보증금의 일정 기준금액을 초과하지 않는 임대차에 적용됩니다.
  ㉡ 임대차등기를 마치면 임차인은 대항력(「상가건물 임대차보호법」제3조제1항)과 우선변제권(「상가건물 임대차보호법」제5조제2항)을 취득합니다. 다만, 임차인이 임대차등기 이전에 이미 대항력 또는 우선변제권을 취득한 경우에는 그 대항력 또는 우선변제권이 그대로 유지되며, 임대차등기 이후에는 대항요건을 상실하더라도 이미 취득한 대항력 또는 우선변제권을 상실하지 않습니다.
  ㉢ 임대차등기를 마친 이후에 임차한 임차인은 우선변제(「상가건물 임대차보호법」제14조)를 받을 권리가 없습니다.
  ㉣ 임차인이 대항력 또는 우선변제권을 갖추고「민법」제621조제1항에 따라 임대인의 협력을 얻어 임대차등기를 신청하는 경우에는 신청서에「부동산등기법」제74조제1호부터 제7호까지의 사항 외에 ① 사업자등록을 신청한 날, ② 임차건물을 점유한 날, ③ 임대차계약서상의 확정일자를 받은 날을 기재해야 하며, 이를 증명할 수 있는 서면

(임대차의 목적이 건물의 일부분인 경우에는 그 부분의 도면을 포함) 을 첨부해야 합니다.

(2) 「상가건물 임대차보호법」상 대항력의 취득

① 대항력이란?

- "대항력"이란 임차인이 제3자, 즉 임차상가건물의 양수인, 임대할 권리를 승계한 사람 또는 그 밖에 임차상가건물에 관해 이해관계를 가지고 있는 사람에게 임대차의 내용을 주장할 수 있는 법률상의 힘을 말합니다.
- 대항력 등(「상가건물 임대차보호법」제3조)의 규정은 「상가건물 임대차보호법」제2조제1항 단서에 따라 지역별로 정해진 보증금의 일정 기준금액을 초과하는 임대차에 대해서도 적용합니다.

② 대항력의 요건

상가건물의 임대차는 그 등기가 없는 경우에도 임차인이 대항력을 갖추려면 ① 건물의 인도와 ② 사업자등록을 신청해야 합니다.

③ 대항력의 발생

- 대항력은 위의 대항요건을 갖추면, 사업자등록을 신청한 그 다음 날부터 제3자에 대해서 효력이 생깁니다.
- 대항력을 갖춘 상가건물 임차인은 임차상가건물이 다른 사람에게 양도되더라도 새로운 상가건물 소유자에게 계속해서 임차권의 존속을 주장할 수 있습니다.
- 임차권은 임차건물에 경매가 실시된 경우에는 그 임차건물이 매각되면 소멸하지만, 보증금이 전액 변제되지 않은 대항력이 있는 임차권은 그렇지 않습니다.

(3) 「상가건물 임대차보호법」상 우선변제권의 취득

① 우선변제권이란?

우선변제권은 「상가건물 임대차보호법」상 임차인이 후순위권리자 또는 채권자보다 우선하여 임차보증금을 변제받을 수 있는 권리를 말합니다.

② 우선변제권의 요건

우선변제권을 취득하려면 「상가건물 임대차보호법」 제3조제1항에 따른 대항요건을 갖추고 임대차계약서상에 확정일자를 받아야 합니다.

③ 확정일자의 취득

상가건물 임대차 계약서에 확정일자를 받으려는 자는 관할 세무서장에게 확정일자 신청서(「상가건물 임대차계약서상의 확정일자 부여 및 임대차 정보제공에 관한 규칙」 별지 제1호서식)와 함께 임대차계약서 원본, 본인을 확인할 수 있는 서류, 임대차 목적이 상가건물의 일부분인 경우 그 부분의 도면 등을 제출해야 합니다.

④ 우선변제권의 발생

우선변제권을 취득하면, 임차인은 임차상가건물이 경매 또는 공매에 붙여졌을 때 그 경락대금에서 다른 후순위권리자보다 우선하여 보증금을 변제받을 수 있습니다.

대항력 및 우선변제권의 유지와 소멸

Q. 저는 이미 지금 운영하고 있는 음식점에 대해 대항력과 우선변제권을 취득한 상태인데요. 이번에 건물 주인이 바뀌어서 다시 임대차계약을 체결한 경우, 이미 취득한 대항력과 우선변제권은 그대로 유지되는 건가요?

A. 일반적으로 어떠한 목적물에 관하여 임차인이 「상가건물 임대차보호법」상의 대항력 또는 우선변제권 등을 취득한 후에 그 목적물의 소유권이 제3자에게 양도되면 임차인은 그 새로운 소유자에 대하여 자신의 임차권으로 대항할 수 있고, 새로운 소유자는 종전 소유자의 임대인으로서의 지위를 승계합니다(「상가건물 임대차보호법」 제3조 및 제5조제2항 참조).

그러나 새로운 소유자와 임차인이 동일한 목적물에 관하여 종전 임대차계약의 효력을 소멸시키려는 의사로 임대차계약을 새롭게 체결하여 그들 사이의 법률관계를 이 계약에 따라 정할 수 있습니다. 이런 경우에는 종전의 임대차계약은 새로운 임대차계약의 결과로 그 효력을 상실하게 되므로, 다른 특별한 사정이 없는 한 종전의 임대차계약을 기초로 발생하였던 대항력 또는 우선변제권 등도 종전 임대차계약과 함께 소멸하게 됩니다.

따라서 종전 임대차계약으로 취득한 대항력 또는 우선변제권은 이를 새로운 소유자 등에게 주장할 수 없고, 임차인은 현재 주인과 새롭게 체결한 임대차계약에 따라 대항력 또는 우선변제권을 취득해야 합니다(대법원 2013. 12. 12. 선고 2013다211919 판결 참조)

상가건물 임대차의 대항력

Q. 분식점을 창업하려고 지하철역 근처의 상가를 빌리기로 했는데요. 저는 이곳에서 오랫동안 장사를 하고 싶은데 갑자기 주인이 바뀌면 쫓겨나는 일이 생기지는 않을까 걱정이 돼요. 이런 경우를 대비할 수 있는 방법은 없나요?

A. 「상가건물 임대차보호법」에 따라 ① 건물의 인도와 ② 사업자등록을 신청하여 대항력을 취득하면 상가건물이 다른 사람에게 양도되더라도 새로운 상가건물 소유자에게 계속해서 임차권의 존속을 주장할 수 있어요.

◇ 대항력

☞ "대항력"이란 임차인이 제3자, 즉 임차상가건물의 양수인, 임대할 권리를 승계한 사람 또는 그 밖에 임차상가건물에 관해 이해관계를 가지고 있는 사람에게 임대차의 내용을 주장할 수 있는 법률상의 힘을 말합니다.

◇ 대항력의 요건

☞ 상가건물의 임대차는 그 등기가 없는 경우에도 대항력을 갖추려면 ① 건물의 인도와 ② 사업자등록을 신청해야 합니다.

◇ 대항력의 발생

☞ 대항력은 위의 대항요건을 갖추면, 사업자등록을 신청한 그 다음 날부터 제3자에 대해서 효력이 생깁니다.

☞ 대항력을 갖춘 상가건물 임차인은 임차상가건물이 다른 사람에게 양도되더라도 새로운 상가건물 소유자에게 계속해서 임차권의 존속을 주장할 수 있습니다.

☞ 임차권은 임차건물에 경매가 실시된 경우에는 그 임차건물이 매각되면 소멸하지만, 보증금이 전액 변제되지 않은 대항력이 있는 임차권은 그렇지 않습니다.

1. 영업시설 및 기반시설 설치

1) 업종별 영업시설 설치

(1) 공통시설 기준

음식점 영업을 하기 위해서는 다음의 시설기준을 공통으로 갖추어야 합니다.

구 분	내 용
영업장	① 독립된 건물이거나 식품접객업의 영업허가 또는 영업신고를 한 업종 외의 용도로 사용되는 시설과 분리, 구획 또는 구분 되어야 합니다. (일반음식점에서 「축산물가공처리법 시행령」 제21조제7호가목의 식육판매업을 하려는 경우, 휴게음식점에서 「음악산업진흥에 관한 법률」 제2조제10호에 따른 음반·음악영상물판매업을 하는 경우 및 관할세무서장의 의제 주류판매 면허를 받고 제과점에서 영업을 하는 경우는 제외함) 다만, 다음의 어느 하나에 해당하는 경우에는 분리돼야 합니다. ㉠ 식품접객업의 영업허가를 받거나 영업신고를 한 업종과 다른 식품접객업의 영업을 하려는 경우(다만, 휴게음식점에서 일반음식점영업 또는 제과점영업을 하는 경우, 일반음식점에서 휴게음식점영업 또는 제과점영업을 하는 경우 또는 제과점에서 휴게음식점영업 또는 일반음식점영업을 하는 경우는 제외함) ㉡ 「음악산업진흥에 관한 법률」 제2조제13호의 노래연습장업을 하려는 경우 ㉢ 「다중이용업소의 안전관리에 관한 특별법 시행규칙」 제2조제3호의 콜라텍업을 하려는 경우 ㉣ 「체육시설의 설치·이용에 관한 법률」 제10조제1항제2호에 따른 무도학원업 또는 무도장업을 하려는 경우

	⑩ 「동물보호법」 제2조제1호에 따른 동물의 출입, 전시 또는 사육이 수반되는 영업을 하려는 경우

② 영업장은 연기·유해가스 등의 환기가 잘 되도록 해야 합니다.
③ 음향 및 반주시설을 설치하는 영업자는 「소음·진동관리법」 제21조에 따른 생활소음·진동이 규제기준에 적합한 방음장치 등을 갖추어야 합니다.
④ 공연을 하려는 휴게음식점·일반음식점 및 단란주점의 영업자는 무대시설을 영업장 안에 객석과 구분되게 설치하되, 객실 안에 설치해서는 안 됩니다.
⑤ 「동물보호법」 제2조제1호에 따른 동물의 출입, 전시 또는 사육이 수반되는 시설과 직접 접한 영업장의 출입구에는 손을 소독할 수 있는 장치, 용품 등을 갖추어야 합니다. |
| 조리장 | ① 조리장은 손님이 그 내부를 볼 수 있는 구조로 되어 있어야 합니다. 다만, 「식품위생법 시행령」 제21조제8호바목에 따른 제과점영업소로서 같은 건물 안에 조리장을 설치하는 경우와 규제「관광진흥법 시행령」 제2조제1항제2호가목 및 제3호마목에 따른 관광호텔업 및 관광공연장업의 조리장의 경우에는 그렇지 않습니다.
② 조리장 바닥에 배수구가 있는 경우에는 덮개를 설치해야 합니다.
③ 조리장 안에는 취급하는 음식을 위생적으로 조리하기 위해 필요한 조리시설·세척시설·폐기물용기 및 손씻는 시설을 각각 설치해야 하고, 폐기물용기는 오물·악취 등이 누출되지 않도록 뚜껑이 있고 내수성 재질로 된 것이어야 합니다.
④ ①명의 영업자가 하나의 조리장을 둘 이상의 영업에 공동으로 사용할 수 있는 경우는 다음과 같습니다.
  ㉠ 같은 건물 내에서 휴게음식점, 제과점, 일반음식점 및 즉석판매제조·가공업의 영업 중 둘 이상의 영업을 하려는 경우
  ㉡ 「관광진흥법 시행령」에 따른 전문휴양업, 종합휴양업 및 |

유원시설업 시설 안의 같은 장소에서 휴게음식점·제과점영업 또는 일반음식점영업 중 둘 이상의 영업을 하려는 경우

ⓒ 제과점 영업자가 식품제조·가공업 또는 즉석판매조·가공업의 제과·제빵류 품목을 제조·가공하려는 경우

ⓔ 제과점영업자가 다음의 구분에 따라 둘 이상의 제과점을 운영하려는 경우

- 기존 제과점의 영업신고관청과 같은 관할 구역에서 제과점영업을 하는 경우

- 기존 제과점의 영업신고관청과 다른 관할 구역에서 제과점영업을 하는 경우로서 제과점 간 거리가 5킬로미터 이내인 경우

⑤ 조리장에는 주방용 식기류를 소독하기 위한 자외선 또는 전기살균소독기를 설치하거나 열탕세척소독시설(식중독을 일으키는 병원성 미생물 등이 살균될 수 있는 시설이어야 함)을 갖추어야 합니다. 다만, 주방용 식기류를 기구 등의 살균·소독제로만 소독하는 경우에는 그렇지 않습니다.

⑥ 충분한 환기를 시킬 수 있는 시설을 갖추어야 합니다. 다만, 자연적으로 통풍이 가능한 구조의 경우에는 그렇지 않습니다.

⑦ 식품 등의 기준 및 규격 중 식품별 보존 및 유통기준에 적합한 온도가 유지될 수 있는 냉장시설 또는 냉동시설을 갖추어야 합니다.

급수시설	① 수돗물이나 「먹는물관리법」 제5조에 따른 먹는 물의 수질기준에 적합한 지하수 등을 공급할 수 있는 시설을 갖추어야 합니다. ② 지하수를 사용하는 경우 취수원은 화장실·폐기물처리시설·동물사육장, 그 밖에 지하수가 오염될 우려가 있는 장소로부터 영향을 받지 않는 곳에 위치해야 합니다.
화장실	① 화장실은 콘크리트 등으로 내수처리를 해야 합니다. 다만, 공중화장실이 설치되어 있는 역·터미널·유원지 등에 위치

하는 업소, 공동화장실이 설치된 건물 안에 있는 업소 및 인근에 사용하기 편리한 화장실이 있는 경우에는 따로 화장실을 설치하지 않을 수 있습니다.
② 화장실은 조리장에 영향을 미치지 않는 장소에 설치해야 합니다.
③ 정화조를 갖춘 수세식 화장실을 설치해야 합니다. 다만, 상·하수도가 설치되지 않은 지역에서는 수세식이 아닌 화장실을 설치할 수 있습니다.
④ 수세식이 아닌 화장실을 설치하는 경우에는 변기의 뚜껑과 환기시설을 갖추어야 합니다.
⑤ 화장실에는 손을 씻는 시설을 갖추어야 합니다.

공통시설기준의 적용특례

※ 공통시설기준에 불구하고 다음의 경우에는 특별자치시장·특별자치도지사·시장·군수·구청장(시·도에서 음식물의 조리·판매행위를 하는 경우에는 시·도지사)이 시설기준을 따로 정할 수 있습니다.
① 「전통시장 및 상점가 육성을 위한 특별법」 제2조제1호에 따른 전통시장에서 음식점영업을 하는 경우
② 해수욕장 등에서 계절적으로 음식점영업을 하는 경우
③ 고속도로·자동차전용도로·공원·유원시설 등의 휴게장소에서 영업을 하는 경우
④ 건설공사현장에서 영업을 하는 경우
⑤지방자치단체 및 농림축산식품부장관이 인정한 생산자단체 등에서 국내산 농·수·축산물의 판매촉진 및 소비홍보 등을 위해 특정 장소에서 음식물의 조리·판매행위를 하려는 경우
⑥ 「전시산업발전법」 제2조제4호에 따른 전시시설에서 휴게음식점영업, 일반음식점영업 또는 제과점영업을 하는 경우
⑦ 지방자치단체의 장이 주최, 주관 또는 후원하는 지역행사 등에서 휴게음식점영업, 일반음식점영업 또는 제과점영업을 하는 경우
⑧ 「국제회의산업 육성에 관한 법률」 제2조제3호에 따른 국제회의시설에서 휴게음식점, 일반음식점, 제과점 영업을 하려는 경우

⑨ 그 밖에 특별자치시장·특별자치도지사·시장·군수·구청장이 별도로 지정하는 장소에서 휴게음식점, 일반음식점, 제과점 영업을 하려는 경우

※ 「도시와 농어촌 간의 교류촉진에 관한 법률」 제10조에 따라 농어촌체험·휴양마을 사업자가 농어촌체험·휴양프로그램에 부수하여 음식을 제공하는 경우로서 그 영업시설기준을 따로 정한 경우에는 그 시설기준에 따릅니다.
※ 다음의 경우에는 각 영업소와 영업소 사이를 분리 또는 구획하는 별도의 차단벽이나 칸막이 등을 설치하지 않을 수 있습니다.
① 백화점, 슈퍼마켓 등에서 휴게음식점영업 또는 제과점영업을 하려는 경우
② 음식물을 전문으로 조리하여 판매하는 백화점 등의 일정장소(식당가)에서 휴게음식점영업·일반음식점영업 또는 제과점영업을 하려는 경우로서 위생상 위해발생의 우려가 없다고 인정되는 경우

※ 「관광진흥법」 제70조에 따라 시·도지사가 지정한 관광특구에서 휴게음식점영업, 일반음식점영업 또는 제과점영업을 하는 경우에는 영업장 신고면적에 포함되어 있지 않은 옥외시설에서 해당 영업별 식품을 제공할 수 있습니다. 이 경우 옥외시설의 기준에 관한 사항은 시장·군수 또는 구청장이 따로 정해야 합니다.
※ 「관광진흥법」 제3조제1항제2호가목의 호텔업을 영위하는 장소 또는 시·도지사 또는 시장·군수·구청장이 별도로 지정하는 장소에서 휴게음식점영업, 일반음식점영업 또는 제과점영업을 하는 경우에는 공통시설기준에도 불구하고 시장·군수 또는 구청장이 시설기준 등을 따로 정하여 영업장 신고면적 외 옥외 등에서 음식을 제공할 수 있습니다.

(2) 업종별 시설 기준

휴게음식점영업, 일반음식점영업, 단란주점영업, 유흥주점영업, 위탁급
식업영업, 제과점영업 등 업종별로 별도의 시설기준도 갖추어야 합니
다.

(3) 위반 시 제재

시설기준을 갖추지 못한 경우에는 3년 이하의 징역 3천만원 이하의 벌
금에 처해집니다.

2) 영업에 필요한 기반시설 설치
(1) 액화석유가스 사용시설의 설치 및 사용
① 액화석유가스 사용시설의 설치

액화석유가스를 사용하려는 자는 「액화석유가스의 안전관리 및 사업
법 시행규칙」 별표 20에 따른 시설기준과 기술기준에 맞도록 액화석
유가스의 사용시설과 가스용품을 갖추어야 합니다.

② 액화석유가스 사용시설에 대한 완성검사

- 가스시설시공업자는 액화석유가스를 사용하여 식품접객업의 영업을
하는 자(이하 "액화석유가스 특정사용자"라 함)의 액화석유가스 사
용시설의 설치공사를 완공하면 액화석유가스 특정사업자가 그 시설
을 사용하기 전에 시장·군수·구청장의 완성검사를 받아야 합니다.

- 액화석유가스 특정사용시설의 완성검사를 받으려는 가스시설시공
업자는 액화석유가스 특정사용시설 완성검사 신청서(「액화석유가
스의 안전관리 및 사업법 시행규칙」 별지 제44호 서식)에 해당 시
설에 대한 한국가스안전공사 사장이 정하는 완공도면과 시공현황
을 첨부하여 해당 액화석유가스 특정사용시설의 사용 시작 7일 전
까지 한국가스안전공사에 제출해야 합니다.

③ 액화석유가스 사용시설의 사용

액화석유가스 특정사용자는 해당 액화석유가스 사용시설에 대하여 완
성검사에 합격한 경우에만 해당 액화석유가스 사용시설을 사용할 수
있습니다.

④ 완성검사증명서 발급

액화석유가스 사용시설이 「액화석유가스의 안전관리 및 사업법 시행규칙」 별표 20에 따른 완성검사 기준에 합격한 경우에는 한국가스안전공사로부터 완성검사 증명서(「액화석유가스의 안전관리 및 사업법 시행규칙」 별지 제46호서식)를 발급받습니다.

⑤ 위반 시 제재

이를 위반하여 완성검사에 합격하지 않고 액화석유가스 사용시설을 사용한 액화석유가스 특정사용자는 200만원 이하의 과태료가 부과됩니다.

(2) 소방시설 등의 안전시설의 설치

① 안전시설 등의 설치

다중이용업주 및 다중이용업을 하려는 자는 영업장에 다음의 안전시설 등을 「다중이용업소의 안전관리에 관한 특별법 시행규칙」 별표 2에 따라 설치·유지해야 합니다.

　㉠ 소방시설 등

　-소화설비 : 소화기 또는 자동확산소화기 및 간이스프링클러설비(캐비닛형 간이스프링클러설비를 포함). 다만, 간이스프링클러설비는 지하층에 설치된 영업장 및 밀폐구조의 영업장에만 설치

　-경보설비 : 비상벨설비·자동화재탐지설비·가스누설경보기

　-피난설비 : 피난기구, 피난유도선, 유도등·유도표지·비상조명등·휴대용비상조명등

　㉡ 비상구

　㉢ 영업장 내부 피난통로(구획된 실(室)이 있는 단란주점영업과 유흥주점영업의 영업장에만 설치)

　㉣ 그 밖의 안전시설 : 영상음향차단장치·누전차단기

② 다중이용업주 및 다중이용업을 하려는 경우에는 위의 규정에 따라 설치·유지하는 안전시설등 중 영업장의 위치가 4층 이하(지하층인 경우는 제외)인 경우 그 영업장에 설치하는 비상구에 추락위험을 알리는 표지 등 추락 등의 방지를 위한 장치를 「다중이용업소의

안전관리에 관한 특별법 시행규칙」 별표 2 제2호다목의 기준에 따라 갖추어야 합니다. 이를 위반하여 비상구에 추락 등의 방지를 위한 장치를 기준에 따라 갖추지 아니한 경우에는 300만원 이하의 과태료가 부과됩니다.

※ "다중이용업"이란 불특정 다수인이 이용하는 영업 중 화재 등 재난 발생 시 생명·신체·재산상의 피해가 발생할 우려가 높은 것으로서 식품접객업 중 다음의 어느 하나에 해당하는 것을 말합니다.
  ㉠ 휴게음식점영업·제과점영업 또는 일반음식점영업으로서 영업장으로 사용하는 바닥면적(「건축법 시행령」 제119조제1항제3호에 따라 산정한 면적을 말함)의 합계가 100제곱미터(영업장이 지하층에 설치된 경우에는 그 영업장의 바닥면적 합계가 66제곱미터) 이상인 것. 다만, 영업장(내부계단으로 연결된 복층구조의 영업장을 제외)이 지상 1층 또는 지상과 직접 접하는 층에 설치되고 그 영업장의 주된 출입구가 건축물 외부의 지면과 직접 연결되는 곳에서 하는 영업을 제외합니다.
  ㉡ 단란주점영업과 유흥주점영업

※ 종전에 안전시설등의 설치신고 등을 한 다중이용업주에 관한 경과조치
이 법 시행 당시 종전의 규정에 따라 안전시설등의 설치신고 또는 영업장 내부구조 변경신고를 한 다중이용업주는 이 법 시행일부터 2년 이내에 제9조의2의 개정규정에 따른 추락 등의 방지를 위한 장치를 비상구에 갖추어야 합니다.
  ③ 안전시설 등의 설치신고
  다중이용업을 하려는 자는 다중이용업소에 안전시설 등을 설치하거나 영업자 내부구조를 변경하는 등의 경우에는 안전시설 등을 설치하기 전에 미리 소방본부장이나 소방서장에게 다음의 서류(전자문서를 포함)를 제출하여 신고해야 합니다.
  ㉠ 안전시설등 설치(완공)신고서
  ㉡ 제4조제1항에 따라 소방시설 설계업자가 작성한 안전시설 등의

설계도서(소방시설의 계통도, 실내장식물의 재료 및 설치면적, 내부구획의 재료, 비상구 및 창호도 등이 표시된 것을 말함) 1부

ⓒ 안전시설등의 설치내역서(「다중이용업소의 안전관리에 관한 특별법 시행규칙」 별지 제6호 서식) 1부

ⓔ 구획된 실의 세부용도 등이 표시된 영업장의 평면도(복도, 계단 등 해당 영업장의 부수시설이 포함된 평면도를 말함) 1부

④ 안전시설 등의 완공신고

다중이용업을 하려는 자는 다중이용업소에 안전시설 등을 공사를 마친 경우에는 소방본부장이나 소방서장에게 다음의 서류(전자문서를 포함)를 제출하여 신고해야 합니다.

㉠ 안전시설등 설치(완공)신고서

ⓛ 「소방시설공사업법」 제4조제1항에 따라 소방시설 설계업자가 작성한 안전시설 등의 설계도서(소방시설의 계통도, 실내장식물의 재료 및 설치면적, 내부구획의 재료, 비상구 및 창호도 등이 표시된 것을 말함) 1부 : 설치신고 시 제출한 설계도서와 달라진 내용이 있는 경우에만 제출

ⓒ 안전시설등의 설치내역서(「다중이용업소의 안전관리에 관한 특별법 시행규칙」 별지 제6호 서식) 1부 : 설치내용이 설치신고 시와 달라진 경우에만 제출

ⓔ 구획된 실의 세부용도 등이 표시된 영업장의 평면도(복도, 계단 등 해당 영업장의 부수시설이 포함된 평면도를 말함) 1부 : 설치내용이 설치신고 시와 달라진 경우에만 제출

ⓜ 화재배상책임보험 증권 사본 등 화재배상책임보험 가입을 증명할 수 있는 서류 1부

⑤ 안전시설 등 완비증명서 발급

- 소방본부장 또는 소방서장이 현장을 확인한 결과, 안전시설 등이 「다중이용업소의 안전관리에 관한 특별법 시행규칙」 별표 2에 따라 적합하게 설치되었다고 인정되는 경우에는 안전시설등 완비증

명서(「다중이용업소의 안전관리에 관한 특별법 시행규칙」별지 제7호서식)를 발급받습니다.
- 만약, 안전시설 등이 「다중이용업소의 안전관리에 관한 특별법 시행규칙」별표 2에 맞지 않는 경우에는 그 사유를 통보받고, 보완·시정이 될 때까지 안정시설등 완비증명서를 발급받지 못합니다.

⑥ 위반 시 제재

안전시설 등을 기준에 따라 설치·유지하지 않거나 설치신고를 하지 않고 안전시설 등을 설치하거나 영업장 내부구조를 변경한 경우 또는 안전시설 등의 공사를 마친 후 신고를 하지 않은 경우에는 300만원 이하의 과태료가 부과됩니다

(3) 하수처리시설의 설치
① 개인하수처리시설의 설치
- 오수를 배출하는 건물·시설 등(이하 "건물 등"이라 함)을 설치하는 자는 단독 또는 공동으로 개인하수처리설을 「하수도법 시행령」별표 1의5에 따라 설치해야 합니다
㉠ 하수처리구역 밖
ⓐ 1일 오수 발생량이 2세제곱미터를 초과하는 건물 등을 설치하려는 자는 오수처리시설(개인하수처리시설로서 건물 등에서 발생하는 오수를 처리하기 위한 시설을 말함)을 설치할 것
ⓑ 1일 오수 발생량 2세제곱미터 이하인 건물 등을 설치하려는 자는 정화조(개인하수처리시설로서 건물 등에 설치한 수세식 변기에서 발생하는 오수를 처리하기 위한 시설을 말함)를 설치할 것
㉡ 하수처리구역 안(합류식하수관로 설치지역만 해당): 수세식 변기를 설치하려는 자는 정화조를 설치할 것
- 건물 등의 증축 또는 용도변경으로 인해 이미 설치된 개인하수처리시설의 처리용량을 초과하거나 하수처리구역 밖에서 1일 오수 발생량이 2세제곱미터를 초과하여 개인하수처리시설(오수처리시설로 한정함)을 새로이 설치하여야 하는 경우로서 해당 건물 등에서 발생하는 오수의 양이 증가되는 때에는 해당 건물 등의 소유자는 개인하수처리시설을 설치하거나 개인하수처리시설의 처리용량을

증대시켜야 합니다.

- 개인하수처리시설을 설치 또는 변경하고자 하는 자는「하수도법」제
51조에 따른 처리시설설계·시공업자(「하수도법」제51조제1항 단서에
따른 건설업자를 포함)로 하여금 설계·시공하도록 해야 합니다.

② 개인하수처리시설의 준공검사
- 개인하수처리시설을 설치 또는 변경하고자 하는 자가 그 설치 또
는 변경공사를 완료한 때에는 특별자치시장·특별자치도지사·시장·
군수·구청장에게 준공검사신청서(「하수도법 시행규칙」별지 제15
호서식)를 제출하여 준공검사를 받아야 합니다.
- 준공검사 신청을 받은 특별자치시장·특별자치도지사·시장·군수·구
청장은 5일 이내에 그 시설에 대하여 현장 조사를 하여 해당 시설
의 설계도서 등에 비추어 해당 시설의 설치기준에 맞는지를 확인
하고 준공검사조사서(「하수도법 시행규칙」별지 제16호서식)를 작
성해야 합니다.
- 특별자치시장·특별자치도지사·시장·군수·구청장은 확인 결과 해당
시설이 설치기준에 맞으면 신청인에게 적합 통지를 하고, 맞지 않
으면 그 사유를 구체적으로 밝혀 신청인에게 부적합 통지를 해야
합니다.

③ 위반 시 제재
개인하수처리시설을 설치하지 않은 경우에는 다음에 따른 처벌을 받
습니다.

- ㉠ 설치 또는 증대하여야 하는 개인하수처리시설의 처리용량이 1일
2세제곱미터를 초과하는 경우 : 2년 이하의 징역 또는 2천만원
이하의 벌금
- ㉡ 설치 또는 증대하여야 하는 개인하수처리시설의 처리용량이 1일
2세제곱미터 이하인 경우 : 1년 이하의 징역 또는 1천만원 이하
의 벌금

액화석유가스 사용자 등의 보험가입 의무

Q. 음식점에서 일하던 중에 주방에서 액화석유가스를 사용하던 중에 사고가 발생했어요. 사고가 난 지점과 멀리 떨어져 있어서 큰 부상은 면했지만, 화상을 입는 바람에 일을 할 수 없게 되었는데요. 이런 경우 제가 입은 손해를 보상받을 수 있을까요?

A. 해당 음식점에서 가스사고배상책임보험에 가입되어 있는 경우에는 그 손해에 따라 보상을 받을 수 있고, 그 손해에 책임이 있는 사람에게 손해배상을 청구할 수도 있어요.

음식점 영업의 경우에는 사고 위험에 노출되는 경우가 많기 때문에 배상보험 또는 책임보험에 가입해야 하는 경우가 많은데요. 특히, 제1종 보호시설이나 지하실에서 「식품위생법」에 따른 식품접객업소로서 그 영업장의 면적이 100제곱미터 이상인 업소를 운영하는 자는 액화석유가스를 사용하려면, 반드시 사고로 인한 타인의 생명·신체나 재산상의 손해를 보상하기 위해 보험에 가입해야 해요.

만약, 이를 위반하여 보험에 가입하지 않은 경우에는 3백만원 이하의 과태료가 부과됩니다.

2. 상호 선정 및 옥외광고물 설치

1) 상호 선정

(1) 상호의 선정

① 상호사용권

- 음식점을 창업하는 사람은 그 성명 그 밖의 명칭으로 상호를 정할 수 있습니다.
- 동일한 영업에는 동일한 상호를 사용해야 하고, 지점의 상호에는 본점과의 종속관계를 표시해야 합니다.

② 상호전용권

- 누구든지 부정한 목적으로 타인의 영업으로 오인할 수 있는 상호를 사용하지 못합니다.
- 타인이 부정한 목적으로 자신의 영업으로 오인할 수 있는 상호를 사용할 경우 이로 인하여 손해를 받을 염려가 있는 자 또는 상호를 등기한 자는 그 폐지를 청구할 수 있습니다.

③ 위반 시 제재

부정한 목적으로 타인의 영업으로 오인할 수 있는 상호를 사용한 경우에는 200만원 이하의 과태료가 부과됩니다.

(2) 상호의 보호

① 상호의 등기

- 등기는 당사자의 신청에 따라 영업소 소재지를 관할하는 법원의 상업등기부에 등기합니다.
- 상호를 등기하려는 사람은 등기 당사자의 영업소 소재지를 관할하는 지방법원, 그 지원 또는 등기소에 상호신설등기 신청서(전자문서로 된 것을 포함)를 제출하면 됩니다.

②상호등기의 효력

- 타인이 등기한 상호는 동일한 특별시·광역시·시·군에서 동종 영업의 상호로 등기하지 못합니다.
- 동일한 특별시·광역시·시·군에서 동종 영업으로 타인이 등기한 상호를 사용하는 사람은 부정한 목적으로 사용하는 것으로 추정됩니다.

- 상호를 등기한 자가 정당한 사유없이 2년간 상호를 사용하지 않으면 이를 폐지한 것으로 봅니다.
- 상호를 변경 또는 폐지한 경우에 2주간 내에 그 상호를 등기한 자가 변경 또는 등기하지 않으면 이해관계인이 그 말소를 청구할 수 있습니다.

(3)「부정경쟁방지 및 영업비밀보호에 관한 법률」상 상호 등의 보호
① 부정경쟁행위의 금지
다음의 어느 하나에 해당하는 부정경쟁행위를 통한 상호 등의 사용은 금지됩니다.
  ㉠ 국내에 널리 인식된 타인의 성명, 상호, 상표, 상품의 용기·포장, 그 밖에 타인의 상품임을 표시한 표지(標識)와 동일하거나 유사한 것을 사용하거나 이러한 것을 사용한 상품을 판매·반포(頒布) 또는 수입·수출하여 타인의 상품과 혼동하게 하는 행위
  ㉡ 국내에 널리 인식된 타인의 성명, 상호, 표장(標章), 그 밖에 타인의 영업임을 표시하는 표지와 동일하거나 유사한 것을 사용하여 타인의 영업상의 시설 또는 활동과 혼동하게 하는 행위
  ㉢ 위 ㉠ 또는 ㉡의 혼동하게 하는 행위 외에 다음의 어느 하나에 해당하는 정당한 사유 없이 국내에 널리 인식된 타인의 성명, 상호, 상표, 상품의 용기·포장, 그 밖에 타인의 상품 또는 영업임을 표시한 표지와 동일하거나 유사한 것을 사용하거나 이러한 것을 사용한 상품을 판매·반포 또는 수입·수출하여 타인의 표지의 식별력이나 명성을 손상하는 행위
- 비상업적으로 사용하는 경우
- 뉴스보도 및 뉴스논평에 사용하는 경우
- 타인의 성명, 상호, 상표, 상품의 용기·포장, 그 밖에 타인의 상품 또는 영업임을 표시한 표지(이하 "표지"라 함)가 국내에 널리 인식되기 전에 그 표지와 동일하거나 유사한 표지를 사용해온 자(그 승계인을 포함)가 이를 부정한 목적 없이 사용하는 경우
- 그 밖에 해당 표지의 사용이 공정한 상거래 관행에 어긋나지 않다고 인정되는 경우

② 부정경쟁행위에 따른 보호
 - 국내에 널리 인식된 음식점의 상호를 부정하게 사용하는 행위로 자신의 영업상의 이익이 침해되거나 침해될 우려가 있는 경우에는 부정경쟁행위를 하거나 하려는 자에 대해 법원에 그 행위의 금지 또는 예방을 청구할 수 있습니다.
 - 고의 또는 과실에 따른 부정경쟁행위로 타인의 영업상 이익을 침해하여 손해를 입힌 자는 그 손해를 배상할 책임을 집니다.
 - 법원은 고의 또는 과실에 따른 부정경쟁행위로 타인의 영업상의 신용을 실추시킨 자에게는 부정경쟁행위로 인하여 자신의 영업상의 이익이 침해된 자의 청구에 따라 손해배상을 갈음하거나 손해배상과 함께 영업상의 신용을 회복하는 데에 필요한 조치를 명할 수 있습니다.

③ 위반 시 제재
부정경쟁행위를 한 경우에는 3년 이하의 징역 또는 3천만원 이하의 벌금에 처해집니다.

내 음식점 상호와 똑같은 상호를?

Q. 저는 "대박이네 호두공장"이라는 상호를 등기하고 작은 가게를 운영하고 있는데요. 얼마 전, 저희 가게에서 얼마 떨어지지 않은 곳에서 동일한 상호로 호두가게를 운영하고 있다는 얘기를 들었어요. 이렇게 저희 가게의 상호를 무단으로 사용하는 경우에는 어떻게 해야 하나요?

A. 상인은 그 성명 그 밖의 명칭으로 상호를 정할 수 있어요(「상법」 제18조). 만약, 그 상호가 이미 등기된 상호라면, 동일한 특별시·광역시·시·군에서 동종영업의 상호로 등기하지 못하고 타인이 등기한 상호를 사용하는 자는 부정한 목적으로 사용하는 것으로 추정됩니다(「상법」 제23조제4항).
따라서 위 사례는 등기된 상호를 사용하여 동일한 지역에서 동일한 업종을 운영하고 있으므로, 해당 상호는 부정한 목적으로 사용한 경우에 해당한다고 볼 수 있어요. 이와 같이 타인의 상호를 부정으로 사용하는 경우에는 200만원 이하의 과태료가 부과되고, 동일한 상호사용의 폐지를 청구할 수 있으며, 손해배상의 청구도 가능합니다(「상법」 제23조제2항, 제3항 및 제28조).

상호의 보호

Q. "대박이네 호두공장"이라는 상호를 등기하고 작은 호두과자 가게를 운영하고 있는데요. 얼마 전, 누군가 저희 가게 근처에 똑같은 이름으로 호두과자 가게를 냈더라고요. 다른 업종도 아니고 같은 동네에서 그것도 같은 상호로 장사를 하다니... 이를 막을 수 있는 방법은 없나요?

A. 이미 등기된 상호를 사용하여 동일한 지역에서 동일한 업종으로 영업을 하는 경우에는 상호의 부정사용으로 과태료 처분을 받을 수 있고, 이로 인하여 손해를 받을 염려가 있는 자 또는 상호를 등기한 자는 부정한 목적으로 사용된 상호의 폐지를 청구할 수도 있어요.

◇ 상호전용권

☞ 누구든지 부정한 목적으로 타인의 영업으로 오인할 수 있는 상호를 사용하지 못합니다.

☞ 타인이 부정한 목적으로 자신의 영업으로 오인할 수 있는 상호를 사용할 경우 이로 인하여 손해를 받을 염려가 있는 자 또는 상호를 등기한 자는 그 폐지를 청구할 수 있습니다.

☞ 부정한 목적으로 타인의 영업으로 오인할 수 있는 상호를 사용한 경우에는 200만원 이하의 과태료가 부과됩니다.

◇ 상호등기의 효력

☞ 타인이 등기한 상호는 동일한 특별시·광역시·시·군에서 동종 영업의 상호로 등기하지 못합니다.

☞ 동일한 특별시·광역시·시·군에서 동종 영업으로 타인이 등기한 상호를 사용하는 사람은 부정한 목적으로 사용하는 것으로 추정됩니다.

2) 옥외광고물 설치

 (1) 옥외광고물의 설치

  ① 옥외광고물 등의 허가·신고

다음 중 어느 하나에 해당하는 지역·장소 및 물건에 광고물 또는 게시시설(이하 "광고물 등"이라 함)을 표시하거나 설치하려는 자는 특별자치시장·특별자치도지사·시장·군수 또는 자치구의 구청장(이하 "시장 등"이라 함)에게 허가를 받거나 신고해야 합니다.

　㉠「국토의 계획 및 이용에 관한 법률」 제36조에 따른 도시지역

　㉡「문화재보호법」에 따른 문화재 및 보호구역

　㉢「산지관리법」에 따른 보전산지

　㉣「자연공원법」에 따른 자연공원

　㉤ 도로·철도·공항·항만·궤도·하천 및 그 경계지점으로부터 직선거리 1킬로미터 이내의 지역으로서 경계지점의 지상 2미터의 높이에서 직접 보이는 지역

　㉥ 철도차량 및 도시철도차량, 자동차, 기선 및 범선, 항공기 및 초경량비행장치, 덤프트럭

　㉦ 그 밖에 아름다운 경관과 도시환경을 보전하기 위해 다음에서 정하는 지역·장소 및 물건

　- 「국토의 계획 및 이용에 관한 법률」에 따른 지구단위계획구역

　- 「관광진흥법」에 따른 관광지 또는 관광단지

　- 특별시장·광역시장·특별자치시장·도지사 또는 특별자치도지사가 해당 특별시·광역시·특별자치시·도 또는 특별자치도에 설치된 옥외광고심의위원회의 심의를 거쳐 고시하는 지역·장소 및 물건

 (2) 옥외광고물 등의 설치 허가

  ① 허가대상 광고물

허가를 받아 표시 또는 설치(이하 "표시"라 함)해야 하는 광고물은 다음과 같습니다.

　㉠ 벽면 이용 간판 중 다음 중 어느 하나에 해당하는 것

　- 한 변의 길이가 10미터 이상인 것

- 건물의 4층 이상 층의 벽면 등에 설치하는 것으로서 타사광고(건물·토지·시설물·점포 등을 사용하고 있는 자와 관련이 없는 광고내용을 표시하는 광고물)를 표시하는 것
ⓛ 돌출간판(다만, 다음 중 어느 하나에 해당하는 것은 제외)
- 의료기관·약국의 표지 등("+" 또는 "약" 표시) 또는 이용업소·미용업소의 표지 등을 표시하는 것
- 윗부분까지의 높이가 지면으로부터 5미터 미만인 것
- 한 면의 면적이 1제곱미터 미만인 것
ⓒ 공연간판으로서 최초로 표시하는 것
ⓔ 옥상간판
ⓜ 지주 이용 간판 중 윗부분까지의 높이가 지면으로부터 4미터 이상인 것
ⓗ 애드벌룬
ⓢ 공공시설물 이용 광고물
ⓞ 교통시설 이용 광고물(다만, 지하도·지하철역·철도역·공항 또는 항만의 시설 내부에 표시하는 것 제외)
ⓩ 교통수단 이용 광고물 중 다음의 어느 하나에 해당하는 교통수단을 이용하는 것
- 「여객자동차 운수사업법」에 따른 사업용 자동차
- 「화물자동차 운수사업법」에 따른 사업용 화물자동차
- 항공기 등 중 비행선
- 「자동차관리법」 제3조제1항제3호에 따른 화물자동차로서 이동용 음식판매 용도인 소형·경형화물자동차 또는 같은 항 제4호에 따른 특수자동차로서 이동용 음식판매 용도인 특수작업형 특수자동차(음식판매자동차)
ⓩ 선전탑
ⓚ 아치광고물
ⓔ 전기를 이용하는 광고물로서 다음 중 어느 하나에 해당하는 광고물
- 네온류(유리관 내부에 수은·네온·아르곤 등의 기체를 집어넣어 문자 또는 모양을 나타내는 것을 말함) 광고물 또는 전광류[발광다이오드, 액정표시장치 등의 발광(發光) 장치를 이용한 것을 말함]

광고물 중 광원(光源)이 직접 노출되어 표시되는 광고물로서 광고
내용의 변화를 주지 않는 광고물
- 네온류 또는 전광류 등을 이용하여 동영상 등 광고내용을 평면적
으로 수시로 변화하도록 한 디지털광고물
- 디지털홀로그램, 전자빔 등을 이용하여 광고내용을 공간적·입체적
으로 수시로 변화하도록 한 디지털광고물
㉚ 특정광고물
② 허가대상 게시시설
허가를 받아 설치해야 하는 게시시설은 다음과 같습니다.
- 허가를 받아야 하는 광고물을 설치하기 위한 게시시설
- 면적이 30제곱미터를 초과하는 현수막 게시시설
③ 위반 시 제재
허가를 받지 않고 광고물 등(입간판·현수막·벽보 또는 전단은 제외)을
표시하거나 설치한 경우는 1년 이하의 징역 또는 1천만원 이하의 벌
금에 처해집니다.

(3) 옥외광고물 등의 설치 신고
① 신고대상 광고물
신고를 하고 표시해야 하는 광고물은 다음과 같습니다.
㉠ 벽면 이용 간판 중 다음 중 어느 하나에 해당하는 것(다만, 허가
대상 광고물 제외)
- 면적이 5제곱미터 이상인 것(다만, 건물의 출입구 양 옆에 세로로
표시하는 것 제외)
- 건물의 4층 이상 층에 표시하는 것
㉡ 최초로 표시하는 공연간판을 제외한 공연간판
㉢ 다음 중 어느 하나에 해당하는 돌출간판
- 의료기관·약국의 표지 등("+" 또는 "약" 표시) 또는 이용업소·미용
업소의 표지 등을 표시하는 것
- 윗부분까지의 높이가 지면으로부터 5미터 미만인 것
- 한 면의 면적이 1제곱미터 미만인 것
㉣ 윗부분까지의 높이가 지면으로부터 4미터 미만인 지주 이용 간판

ⓜ 입간판

ⓗ 현수막(가로등 현수기(懸垂旗) 포함)

ⓢ 허가 대상 교통수단 이용 광고물을 제외한 교통수단 이용 광고물

ⓞ 벽보

ⓩ 전단

② 신고대상 게시시설

신고를 하고 표시해야 하는 게시시설은 위의 신고를 해야 하는 광고물을 설치하기 위한 게시시설로 합니다. 다만, 면적이 30제곱미터를 초과하는 현수막 게시시설은 제외합니다.

③위반 시 제재

신고를 하지 않고 광고물 등(입간판·현수막·벽보·전단은 제외)을 표시하거나 설치한 경우는 500만원 이하의 벌금에 처해집니다.

(4) 옥외광고물 등의 표시 및 설치 제한

① 광고물 등의 표시가 제한되는 지역 및 장소

 - 아름다운 경관과 미풍양속을 보존하고 공중에 대한 위해를 방지하며 건강하고 쾌적한 생활환경을 조성하기 위해 다음의 지역·장소에는 광고물 등을 표시하거나 설치해서는 안 됩니다.

ⓐ 「국토의 계획 및 이용에 관한 법률」에 따른 전용주거지역·일반주거지역·녹지지역 및 중요시설물보호지구 등

ⓑ 「국토의 계획 및 이용에 관한 법률」에 따른 경관지구 및 보호지구 중 시·도지사가 시·도 심의위원회의 심의를 거쳐 고시한 지역

ⓒ 공원자연보존지구 및 공원자연환경지구

ⓓ 하천

ⓔ 공유수면

ⓕ 산림보호구역

ⓢ 생태·경관보전지역 및 자연유보지역

ⓞ 지정문화재 및 보호구역

ⓩ 관공서·학교·도서관·박물관, 병원급 의료기관, 공회당·사찰·교회 및

그 부속시설

㋜ 화장장·장례식장 및 묘지

㋡ 도시지역 외의 지역의 고속국도·일반국도·지방도·군도의 도로경계
선 및 철도·고속철도의 철도경계선으로부터 수평거리 500미터 이
내의 지역. 다만, 10대 이상의 대형승합자동차가 한꺼번에 주차할
수 있는 시설을 갖춘 휴게소, 버스정류장과 도로경계선 및 철도경
계선으로부터 직접 보이지 않는 지역은 제외합니다.

㋢ 다리·축대·육교·터널·고가도로 및 삭도(索道)

- 위의 규정에도 불구하고 다음의 광고물 등은 위의 지역 및 장소에
표시할 수 있습니다.
  ㉠ 자사광고
  ㉡ 지정게시판 또는 지정벽보판에 표시하는 벽보
  ㉢ 공공시설물 이용 광고물
  ㉣ 지정게시대나 시공 또는 철거 중인 건물의 가림막에 표시하는 현
  수막
  ㉤ 교통수단 이용 광고물
  ㉥ 다음 중 어느 하나에 해당하는 가림간판(자연적인 방법 또는 다
  른 인위적인 방법으로 가리는 것이 불가능한 경우만 해당)
  ⓐ 국방부장관이 승인한 군사시설의 가림간판
  ⓑ 국토교통부장관이 승인한 철도의 주요 경계시설의 가림간판
  ⓒ 국가 등이 「폐기물관리법」에 따라 폐기물을 수집·보관 또는 처분
  하는 지역으로서 시·도지사가 시·도 심의위원회의 심의를 거쳐
  고시한 지역의 가림간판
  ⓓ 「건축법」 및 「건축물관리법」 등 관계 법령에 따라 적법하게 건
  물·시설물 등을 시공하거나 해체하는 경우로서 시공 또는 해체에
  따른 위해를 방지하기 위하여 설치하는 가설울타리에 표시하는
  광고물
  ㉦ 문화·예술·관광·체육·종교·학술 등의 진흥을 위한 행사·공연 또는
  국가등의 주요 시책 등을 홍보하기 위한 가로등 현수기(다만, 가로
  등 기둥에, 전기를 사용하지 않고, 현수기 표시방법을 따라야 함)

② 광고물 등의 표시가 금지되는 물건

아름다운 경관과 미풍양속을 보존하고 공중에 대한 위해를 방지하며 건강하고 쾌적한 생활환경을 조성하기 위해 다음의 물건에는 광고물 등을 표시하거나 설치해서는 안 됩니다.

- ㉠ 도로표지·교통안전표지·교통신호기 및 보도분리대
- ㉡ 전봇대
- ㉢ 가로등 기둥
- ㉣ 가로수
- ㉤ 동상 및 기념비
- ㉥ 발전소·변전소·송신탑·송전탑·가스탱크·유류탱크 및 수도탱크
- ㉦ 우편함·소화전 및 화재경보기
- ㉧ 전망대 및 전망탑
- ㉨ 담장(가설울타리는 제외)
- ㉩ 재배 중인 농작물
- ㉪ 도로교통안전과 주거 또는 생활 환경을 위한 시설물로서 시·도 조례로 정하는 물건

③ 위반 시 제재

이를 위반해서 광고물을 표시하거나 설치하면 1년 이하의 징역 또는 1천만 원 이하의 벌금에 처해집니다.

1. 건강진단 및 식품위생교육

1) 건강진단

(1) 건강진단의 실시

① 건강진단 대상자

- 식품 또는 식품첨가물(화학적 합성품 또는 기구 등의 살균·소독제
는 제외)을 채취·제조·가공·조리·저장·운반 또는 판매하는 일에 직
접 종사하는 영업자 및 그 종업원은 건강진단을 받아야 합니다.
다만, 다른 법령에 따라 같은 내용의 건강진단을 받는 경우에는
이 법에 따른 건강진단을 받은 것으로 봅니다.
- 영업자는 위 규정을 위반하여 건강진단을 받지 아니한 자나 건강
진단 결과 타인에게 위해를 끼칠 우려가 있는 질병이 있는 자를
그 영업에 종사시키지 못합니다.

② 건강진단 시기

건강진단을 받아야 하는 영업자는 영업 시작 전에 미리 건강진단을
받아야 합니다.

③ 건강검진의 항목 및 횟수

건강진단을 받아야 하는 사람의 진단항목 및 횟수는 다음과 같습니다.

대 상	건강진단 항목	횟 수
식품 또는 식품첨가물(화학적 합성품 또는 기구등의 살균·소독제를 제외)을 채취·제조·가공·조리·저장·운반 또는 판매하는데 직접	㉠장티푸스(식품위생 관련 영업 및 집단급식소 종사자만 해당) ㉡폐결핵 ㉢전염성 피부질환(한센병 등	1회/년 (건강진단 검진을 받은 날을 기준으로 함)

종사하는 사람(다만, 영업자 또는 종업원 중 완전 포장된 식품 또는 식품첨가물을 운반 또는 판매하는데 종사하는 사람은 제외)	세균성 피부질환을 말함)	
「청소년 보호법 시행령」 제6조제2항제1호에 따른 영업소의 여성종업원	매독	1회/6개월
	HIV검사	1회/6개월
	그 밖의 성병검사	1회/6개월
「식품위생법 시행령」 제22조에 따른 유흥접객원	매독	1회/3개월
	HIV검사	1회/6개월
	그 밖의 성병검사	1회/3개월

④ 위반 시 제재

이를 위반하여 건강진단을 받지 않는 경우에는 500만원 이하의 과태료가 부과됩니다.

(2) 질병인정 시 영업 종사의 제한

① 영업 종사의 제한

건강진단을 받은 결과 타인에게 위해를 끼칠 우려가 있는 질병이 있다고 인정된 경우에는 그 영업에 종사할 수 없습니다.

② 영업에 종사하지 못하는 질병의 종류

건강진단 결과 다음의 질병에 걸린 사람은 영업에 종사하지 못합니다.

  ⓐ「감염병의 예방 및 관리에 관한 법률」제2조제3호가목에 따른 결핵(비감염성인 경우는 제외)

  ⓑ「감염병의 예방 및 관리에 관한 법률 시행규칙」제33조제1항 각

호의 어느 하나에 해당하는 감염병

ⓒ 피부병 또는 그 밖의 화농성(化膿性)질환

ⓓ 후천성면역결핍증(「감염병의 예방 및 관리에 관한 법률」제19조에 따라 성매개감염병에 관한 건강진단을 받아야 하는 영업에 종사하는 사람만 해당)

③ 위반 시 제재

이를 위반하여 건강진단 결과 타인에게 위해를 끼칠 우려가 있는 질병이 있는 자가 그 영업에 종사하는 경우에는 500만원 이하의 과태료가 부과됩니다.

2) 식품위생교육

(1) 식품위생교육의 수료

① 식품위생교육 대상자

- 식품접객업의 영업자는 매년 식품위생교육을 받아야 합니다.
- 또한, 식품접객업 영업을 하려는 자는 미리 식품위생교육을 받아야 합니다. 다만, 부득이한 사유로 미리 식품위생교육을 받을 수 없는 경우에는 영업을 시작한 뒤에 식품위생교육을 받을 수 있습니다.

② 식품위생교육의 대리

- 식품위생교육을 받아야 하는 자가 영업에 직접 종사하지 않거나 두 곳 이상의 장소에서 영업을 하는 경우에는 종업원 중에서 식품위생에 관한 책임자를 지정하여 영업자 대신 교육을 받게 할 수 있습니다.
- 다만, 집단급식소에 종사하는 조리사 및 영양사(「국민영양관리법」제15조에 따라 영양사 면허를 받은 사람을 말함)가 식품위생에 관한 책임자로 지정되어 「식품위생법」제56조제1항 단서에 따라 교육을 받은 경우에는 해당 연도의 식품위생교육을 받은 것으로 봅니다

③ 식품위생교육 대상 제외

다음의 어느 하나에 해당하는 면허를 받은 자가 식품접객업을 하려는 경우에는 식품위생교육을 받지 않아도 됩니다.

ⓐ 「식품위생법」에 따른 조리사 면허

ⓑ 「국민영양관리법」에 따른 영양사 면허

ⓒ 「공중위생관리법」에 따른 위생사 면허

(2) 식품위생교육의 예외

① 식품위생교육의 면제

식품위생교육을 받은 자가 다음의 어느 하나에 해당하는 경우에는 해당 영업에 대한 신규 식품위생교육을 받은 것으로 봅니다.

- 신규 식품위생교육을 받은 날부터 2년이 지나지 않은 자 또는 식품위생교육을 받은 날로부터 1년이 지나지 아니한 자가 교육받은 업종과 같은 업종으로 영업을 하려는 경우
- 신규 식품위생교육을 받은 날부터 2년이 지나지 않은 자 또는 식품위생교육을 받은 날로부터 1년이 지나지 아니한 자가 다음의 어느 하나에 해당하는 업종 중에서 다른 업종으로 영업을 하려는 경우(ⓐ에서 ⓐ의 다른 업종으로 영업을 하려는 경우 또는 ⓑ에서 ⓑ의 다른 업종으로 영업을 하려는 경우, ⓒ에서 ⓒ의 다른 업종으로 영업을 하려는 경우, ⓓ에서 ⓓ의 다른 업종으로 영업을 하려는 경우)

ⓐ식품제조·가공업, 즉석판매제조·가공업 및 식품첨가물제조업

ⓑ식품소분업, 식용얼음판매업, 유통전문판매업, 집단급식소 식품판매업 및 기타 식품판매업

ⓒ휴게음식점영업, 일반음식점영업 및 제과점영업

ⓓ단란주점영업 및 유흥주점영업

② 식품위생교육의 유예

식품위생교육 대상자 중 영업준비상 사전교육을 받기가 곤란하다고 허가관청, 신고관청 또는 등록관청이 인정하는 자에 대해서는 영업허가를 받거나 영업신고를 한 후 3개월 이내에 허가관청 또는 신고관청이 정하는 바에 따라 식품위생교육을 받게 할 수 있습니다.

(3) 식품위생교육의 실시

① 식품위생교육 시간

식품접객업 영업을 하려는 자는 6시간의 식품위생교육을 받아야 합니다.

② 식품위생교육 기관

영업을 하려는 자는 다음의 기관에서 위생교육을 받아야 합니다.

교육대상	교육기관
위탁급식영업의 영업자 및 영업을 하고자 하는 자	
일반음식점영업자 및 영업을 하고자 하는 자	
휴게음식점영업자 및 영업을 하고자 하는 자	
제과점영업자 및 영업을 하고자 하는 자	
단란주점영업자 및 영업을 하고자 하는 자	
유흥주점영업자 및 영업을 하고자 하는 자	

③ 위반 시 제재

이를 위반하여 식품위생교육을 받지 않은 경우에는 500만원 이하의 과태료가 부과됩니다.

식품위생관리책임자 지정 및 교육

Q. 제가 운영하는 음식점의 2호점을 다른 지역에서 열게 되었어요. 저는 1호점 운영에 집중하고 2호점은 매니저를 고용해서 운영을 맡길 생각인데요. 이런 경우에도 2호점을 창업하려면 제가 직접 식품위생교육을 받아야 하나요?

A. 일반적으로 식품위생교육은 음식점을 영업하려는 사람이 받아야 하지만, 일정한 경우에는 식품위생에 관한 책임자를 지정하여 영업자를 대신하여 교육을 받도록 할 수 있어요.

◇ 식품위생교육

☞ 식품접객업 영업을 하려는 자는 미리 식품위생교육을 받아야 합니다.

◇ 식품위생교육의 대리

☞ 식품위생교육을 받아야 하는 자가 영업에 직접 종사하지 않거나 두 곳 이상의 장소에서 영업을 하는 경우에는 종업원 중에서 식품위생에 관한 책임자를 지정하여 영업자 대신 교육을 받게 할 수 있습니다.

1. 영업신고 및 영업허가

1) 영업신고

(1) 영업의 신고

① 영업신고 대상

다음 중 어느 하나에 해당하는 영업을 하려는 자는 영업 종류별 또는 영업소별로 식품의약품안전처장 또는 특별자치시장·특별자치도지사·시장·군수·구청장(이하 "신고관청"이라 함)에게 신고해야 합니다.

- ⓐ 휴게음식점영업
- ⓑ 일반음식점영업
- ⓒ 위탁급식영업
- ⓓ 제과점영업

② 영업신고 제한요건

다음 중 어느 하나에 해당하는 경우에는 영업신고를 할 수 없습니다.

- 식품위생법령 위반으로 영업소 폐쇄명령(「식품위생법」 제44조제2항제1호를 위반하여 영업소 폐쇄명령을 받은 경우와 「식품위생법」 제75조제1항제19호에 따라 영업소 폐쇄명령을 받은 경우 제외)이나 「식품 등의 표시·광고에 관한 법률」 제16조제1항부터 제4항까지에 따른 영업소 폐쇄명령을 받고 6개월이 지나기 전에 같은 장소에서 같은 종류의 영업을 하려는 경우. 다만, 영업시설의 전부를 철거하여 영업소 폐쇄명령을 받은 경우에는 영업신고를 할 수 있습니다.
- 청소년을 유흥접객원으로 고용하여 유흥행위를 하게 하여(「식품위생법」 제44조제2항제1호) 영업소의 폐쇄명령을 받거나 「성매매알선 등 행위의 처벌에 관한 법률」 제4조에 따른 금지행위(「식품위생법」 제75조제1항제19호)를 하여 영업소 폐쇄명령을 받은 후 1년이 지나기 전에 같은 장소에서 식품접객업을 하려는 경우
- 식품위생법령 위반으로 영업소 폐쇄명령(「식품위생법」제4조부터 제6조까지, 제8조 또는 제44조제2항제1호를 위반하여 영업소 폐

쇄명령을 받은 경우와 「식품위생법」제75조제1항제19호에 따라
영업소 폐쇄명령을 받은 경우는 제외)이나 「식품 등의 표시·광고
에 관한 법률」제16조제1항부터 제4항까지에 따른 영업소 폐쇄명
령을 받고 2년이 지나기 전에 같은 자(법인인 경우에는 그 대표
자를 포함)가 폐쇄명령을 받은 영업과 같은 종류의 영업을 하려
는 경우
- 청소년을 유흥접객원으로 고용하여 유흥행위를 하게 하여(「식품위
생법」제44조제2항제1호) 영업소의 폐쇄명령을 받거나 「성매매알
선 등 행위의 처벌에 관한 법률」제4조에 따른 금지행위(「식품위
생법」제75조제1항제19호)를 하여 영업소 폐쇄명령을 받고 2년이
지나기 전에 같은 자(법인의 경우 대표자 포함)가 식품접객업을
하려는 경우
- 위해식품 등 판매(「식품위생법」제4조), 병든 고기 등의 판매(「식
품위생법」제5조), 기준·규격이 정해지지 않은 화학적 합성품 등
의 판매(「식품위생법」제6조), 유독기구 등의 판매(「식품위생법」
제8조) 금지를 위반하여 영업소 폐쇄명령을 받고 5년이 지나지 않
은 자(법인인 경우 대표자 포함)가 폐쇄명령을 받은 영업과 같은
종류의 영업을 하려는 경우

(2) 영업신고 절차
①영업신고 시 제출서류
영업신고를 하려면 영업에 필요한 시설을 갖춘 후 다음의 서류(전자
문서 포함)를 첨부하여 신고관청에 제출해야 합니다.
ⓐ 영업신고서
ⓑ 교육이수증
ⓒ「먹는물관리법」에 따른 먹는물 수질검사기관이 발행한 수질검사(시
험)성적서(수돗물이 아닌 지하수 등을 먹는 물 또는 식품 등의 제조
과정이나 식품의 조리·세척 등에 사용하는 경우만 해당)
ⓓ 유선 및 도선사업 면허증 또는 신고필증(수상구조물로 된 유선장
및 도선장에서 휴게음식점영업, 일반음식점영업 및 제과점영업을
하려는 경우만 해당)

ⓔ「다중이용업소의 안전관리에 관한 특별법」에 따라 소방본부장 또는 소방서장이 발행하는 안전시설등 완비증명서

ⓕ 식품자동판매기의 종류 및 설치장소가 기재된 서류(2대 이상의 식품자동판매기를 설치하고 일련관리번호를 부여하여 일괄 신고를 하는 경우만 해당)

ⓖ 수상레저사업 등록증(수상구조물로 된 수상레저사업장에서 휴게음식점영업 및 제과점영업을 하려는 경우만 해당)

ⓗ 국유재산 사용허가서(군사시설 또는 국유철도의 정거장시설에서 휴게음식점영업, 일반음식점영업 및 제과점영업을 하려는 경우)

ⓘ 해당 도시철도사업자와 체결한 도시철도시설 사용계약에 관한 서류(도시철도의 정거장시설에서 휴게음식점영업, 일반음식점영업 및 제과점영업을 하려는 경우만 해당)

ⓙ 예비군식당 운영계약에 관한 서류(군사시설에서 일반음식점영업을 하려는 경우만 해당)

ⓚ 영업장과 연접하는 외부 장소를 영업장으로 사용하려는 경우에는 해당 외부 장소에 대해 정당한 사용 권한이 있음을 증명하는 서류(휴게음식점영업, 일반음식점영업 또는 제과점영업을 하려는 자가 해당 외부 장소에서 음식류 등을 제공하는 경우만 해당)

ⓛ 이동용 음식판매 용도인 소형·경형화물자동차(「자동차관리법 시행규칙」 별표 1 제1호·제2호 및 비고 제1호가목)에 따른 또는 이동용 음식판매 용도인 특수작업형 특수자동차(「자동차관리법 시행규칙」 별표 1 제2호)를 사용하여 휴게음식점영업 및 제과점영업을 하려는 경우는 「식품위생법 시행규칙」 별표 15의2에 따른 서류

ⓜ 어린이놀이시설 설치검사합격증(「어린이놀이시설 안전관리법」 제12조제1항 및 「어린이놀이시설 안전관리법 시행령」 제7조제4항) 또는 어린이놀이시설 정기시설검사합격증(「어린이놀이시설 안전관리법」 제12조제2항 및 「어린이놀이시설 안전관리법 시행령」 제8조제5항)(해당 영업장에 어린이놀이시설을 설치하는 경우만 해당)

② 영업소 시설의 확인

신고를 받은 신고관청은 해당 영업소의 시설에 대한 확인이 필요한 경우에는 반드시 신고증 발급 후 1개월 이내에 해당 영업소의 시설에 대하여 신고받은 사항을 확인해야 합니다.

③ 영업신고증 발급

영업신고 절차가 완료되면 신고관청으로부터 영업신고증

(3) 등록면허세의 납부

- 영업신고를 하여 다음의 면허를 받는 사람은 면허증서를 발급받거나 송달받기 전까지 납세지를 관할하는 지방자치단체의 장에게 그 등록면허세를 신고하고 납부해야 합니다.
  @ 제1종 : 영업장 연면적 1,000㎡ 이상인 휴게음식점영업, 제과점영업 및 일반음식점영업
  ⓑ 제2종 : 영업장 연면적 500㎡ 이상 1,000㎡ 미만인 휴게음식점영업, 제과점영업 및 일반음식점영업
  ⓒ 제3종 : 영업장 연면적 300㎡ 이상 500㎡ 미만인 휴게음식점영업, 제과점영업 및 일반음식점영업
  ⓓ 제4종 : 제1종부터 제3종까지에 속하지 않는 휴게음식점영업, 제과점영업 및 일반음식점영업
- 면허에 대한 등록면허세의 세율은 다음의 구분에 따릅니다.

구 분	인구 50만명 이상	그 밖의 시	군
제1종	67,500원	45,000원	27,000원
제2종	54,000원	34,000원	18,000원
제3종	40,500원	22,500원	12,000원
제4종	27,000원	15,000원	9,000원

(4) 위반 시 제재

① 영업소 폐쇄 조치

- 식품의약품안전처장, 특별시장·광역시장·특별자치시장·도지사·특별
  자치도지사(이하 "시·도지사"라 함) 또는 시장·군수·구청장은 신고
  하지 않고 영업을 하는 경우에는 해당 영업소를 폐쇄하기 위해 관
  계 공무원에게 다음의 조치를 하게 할 수 있으며 조치는 그 영업
  을 할 수 없게 하는 데에 필요한 최소한의 범위에 그쳐야 합니다.

ⓐ 해당 영업소의 간판 등 영업 표지물의 제거나 삭제

ⓑ 해당 영업소가 적법한 영업소가 아님을 알리는 게시문 등의 부착

ⓒ 해당 영업소의 시설물과 영업에 사용하는 기구 등을 사용할 수 없
  게 하는 봉인(封印)

- 식품의약품안전처장, 시·도지사 또는 시장·군수·구청장은 위 3.에 따
  라 봉인한 후 봉인을 계속할 필요가 없거나 해당 영업을 하는 자
  또는 그 대리인이 해당 영업소 폐쇄를 약속하거나 그 밖의 정당한
  사유를 들어 봉인의 해제를 요청하는 경우에는 봉인을 해제할 수
  있습니다. 위 2.에 따른 게시문 등의 경우에도 또한 같습니다.

- 식품의약품안전처장, 시·도지사 또는 시장·군수·구청장은 위에 따
  른 조치를 하려면 해당 영업을 하는 자 또는 그 대리인에게 문서
  로 미리 알려야 합니다. 다만, 급박한 사유가 있으면 문서로 미리
  알리지 않아도 됩니다.

② 형사처벌

영업신고를 하지 않은 경우에는 3년 이하의 징역 또는 3천만원 이하
의 벌금에 처해집니다.

영업신고

Q. 제과점을 운영하려고 점포 마련, 영업시설 설치, 인테리어 공사 등 모든 준비를 마쳤습니다. 이제부터 제과점 영업을 시작하면 되나요?

A. 제과점 창업 준비가 완료된 후, 영업을 시작하기 위해서는 관할 특별자치시장·특별자치도지사·시장·군수·구청장(이하 "신고관청"이라 함)에게 필요한 서류를 제출하여 영업신고를 해야 해요.

◇ 영업신고

☞ 신고관청에 신고를 해야 하는 음식점 영업의 종류는 휴게음식점, 일반음식점, 위탁급식, 제과점 영업입니다.

☞ 영업신고 절차는 다음과 같습니다.

① 신고서 작성

② 신고관청에 신고서 및 관련 서류 접수

③ 신고관청의 서류 검토

④ 신고증 발급

⑤ 시설 확인(시설조사가 필요한 경우에는 신고 수리 후 1개월 이내에 실시)

2) 영업허가

(1) 영업의 허가

① 영업허가 대상

다음 중 어느 하나에 해당하는 영업을 하려는 자는 영업 종류별 또는
영업소별로 특별자치시장·특별자치도지사·시장·군수·구청장(이하 "허가
관청"이라 함)의 허가를 받아야 합니다.

ⓐ 단란주점영업

ⓑ 유흥주점영업

② 영업허가 제한요건

다음 중 어느 하나에 해당하는 경우에는 영업허가를 받을 수 없습니다.

ⓐ 해당 영업의 시설이 시설기준

ⓑ 식품위생법령 위반으로 영업허가가 취소(「식품위생법」 제44조제2항
제1호를 위반하여 영업허가가 취소된 경우와 「식품위생법」 제75조
제1항제19호에 따라 영업허가가 취소된 경우는 제외)되거나 「식품
등의 표시·광고에 관한 법률」 제16조제1항·제2항에 따라 영업허가
가 취소되고 6개월이 지나기 전에 같은 장소에서 같은 종류의 영업
을 하려는 경우. 다만, 영업시설의 전부를 철거하여 영업허가가 취
소된 경우에는 영업허가를 받을 수 있습니다.

ⓒ 청소년을 유흥접객원으로 고용하여 유흥행위를 하게 하여(「식품위
생법」제44조제2항제1호) 영업허가가 취소되거나「성매매알선 등 행
위의 처벌에 관한 법률」 제4조에 따른 금지행위(「식품위생법」제75
조제1항제19호)를 하여 영업허가가 취소되고 2년이 지나기 전에 같
은 장소에서 식품접객업을 하려는 경우

ⓓ 식품위생법령 위반으로 영업허가가 취소(「식품위생법」 제4조부터 제
6조까지, 제8조 또는 제44조제2항제1호를 위반하여 영업허가가 취
소된 경우와 「식품위생법」제75조제1항제19호에 따라 영업허가가
취소된 경우는 제외)되거나「식품 등의 표시·광고에 관한 법률」제16
조제1항·제2항에 따라 영업허가가 취소되고 2년이 지나기 전에 같
은 자(법인인 경우에는 그 대표자를 포함)가 취소된 영업과 같은 종
류의 영업을 하려는 경우

ⓔ 청소년을 유흥접객원으로 고용하여 유흥행위를 하게 하여(「식품위

생법」제44조제2항제1호) 영업허가가 취소되거나 「성매매알선 등 행위의 처벌에 관한 법률」 제4조에 따른 금지행위(「식품위생법」제75조제1항제19호)를 하여 영업허가가 취소된 후 3년이 지나기 전에 같은 자(법인의 경우 대표자 포함)가 식품접객업을 하려는 경우
(f) 위해식품 등 판매(「식품위생법」제4조), 병든 고기 등의 판매(「식품위생법」제5조), 기준·규격이 정해지지 않은 화학적 합성품 등의 판매(「식품위생법」제6조), 유독기구 등의 판매(「식품위생법」 제8조) 금지를 위반하여 영업허가가 취소되고 5년이 지나기 전에 같은 자(법인인 경우에는 그 대표자를 포함)가 취소된 영업과 같은 종류의 영업을 하려는 경우
(g) 식품접객업 중 국민의 보건위생을 위해 허가를 제한할 필요가 뚜렷하다고 인정되어 특별시장·광역시장·특별자치시장·도지사·특별자치도지사(이하 "시·도지사"라 함)가 지정하여 고시하는 영업에 해당하는 경우
(h) 영업허가를 받으려는 자가 피성년후견인이거나 파산선고를 받고 복권되지 않은 자인 경우

(2) 영업허가 절차
① 영업허가 신청 시 제출서류
영업허가를 받으려면 영업에 필요한 시설을 갖춘 후 다음의 서류(전자문서를 포함)를 첨부하여 허가관청에 제출해야 합니다.
ⓐ영업허가신청서
ⓑ교육이수증(미리 교육을 받은 경우만 해당)
ⓒ유선 및 도선사업 면허증 또는 신고필증(수상구조물로 된 유선장 및 도선장에서 영업을 하려는 경우만 해당)
ⓓ「먹는물관리법」에 따른 먹는물 수질검사기관이 발행한 수질검사(시험)성적서(수돗물이 아닌 지하수 등을 먹는 물 또는 식품 등의 제조과정이나 식품의 조리·세척 등에 사용하는 경우만 해당)

※ 영업허가를 신청하는 경우에는 28,000원의 수수료를 납부해야 합니다.

② 영업허가증 발급

- 식품의약품안전처장 또는 특별자치시장·특별자치도지사·시장·군수·구청장은 영업허가를 할 때에는 필요한 조건을 붙일 수 있습니다.
- 허가관청은 영업허가를 할 경우에는 영업허가증(「식품위생법 시행규칙」 별지 제32호서식)을 발급해야 합니다.

(3) 등록면허세 등의 납부

① 등록면허세 납부

- 유흥주점영업 또는 단란주점영업에 대한 영업허가 면허(제1종)를 받은 사람은 면허증서를 발급받기 전까지 납세지를 관할하는 지방자치단체의 장에게 그 등록면허세를 신고하고 납부해야 합니다.
- 제1종 면허에 대한 등록면허세의 세율은 다음과 같습니다.

구분	인구 50만명 이상	그 밖의 시	군
제1종	67,500원	45,000원	27,000원

② 도시철도채권 매입

영업허가를 받는 자는 다음의 구분에 따른 범위에서 시·도 조례로 정한 금액의 도시철도채권을 매입해야 합니다.

매입 대상	매입 금액의 범위
유흥주점영업 신규허가	2,100,000원
단란주점영업 신규허가	1,500,000원

(4) 위반 시 제재

① 영업소 폐쇄 조치

- 식품의약품안전처장, 시·도지사 또는 시장·군수·구청장은 허가를 받지 않고 영업을 하는 경우에는 해당 영업소를 폐쇄하기 위해 관

계 공무원에게 다음의 조치를 하게 할 수 있습니다.
ⓐ 해당 영업소의 간판 등 영업 표지물의 제거나 삭제
ⓑ 해당 영업소가 적법한 영업소가 아님을 알리는 게시문 등의 부착
ⓒ 해당 영업소의 시설물과 영업에 사용하는 기구 등을 사용할 수 없
  게 하는 봉인(封印)
- 식품의약품안전처장, 시·도지사 또는 시장·군수·구청장은 위 3.에 따
  라 봉인한 후 봉인을 계속할 필요가 없거나 해당 영업을 하는 자
  또는 그 대리인이 해당 영업소 폐쇄를 약속하거나 그 밖의 정당한
  사유를 들어 봉인의 해제를 요청하는 경우에는 봉인을 해제할 수
  있습니다. 위 2.에 따른 게시문 등의 경우에도 또한 같습니다.
- 식품의약품안전처장, 시·도지사 또는 시장·군수·구청장은 위에 따
  른 조치를 하려면 해당 영업을 하는 자 또는 그 대리인에게 문서
  로 미리 알려야 합니다. 다만, 급박한 사유가 있으면 문서로 미리
  알리지 않아도 됩니다.

② 형사처벌
- 영업허가를 받지 않은 경우에는 10년 이하의 징역 또는 1억원 이
  하의 벌금에 처해지거나 이를 병과할 수 있습니다.
- 영업허가를 받으면서 「식품위생법」 제37조제2항에 따라 요청받은
  조건을 갖추지 못한 경우에는 3년 이하의 징역 또는 3천만원 이
  하의 벌금에 처해집니다.

2. 영업 승계

1) 영업자 지위의 승계

(1) 영업자 지위승계

영업자가 영업을 양도하거나 사망한 경우 또는 법인이 합병한 경우에는 그 양수인·상속인 또는 합병 후 존속하는 법인이나 합병에 따라 설립되는 법인은 그 영업자의 지위를 승계합니다.

(2) 영업자 지위승계 신고

① 지위승계 신고

영업자의 지위를 승계한 자는 1개월 이내에 그 사실을 식품의약품안전처장 또는 특별자치시장·특별자치도지사·시장·군수·구청장에게 신고해야 합니다.

② 제출서류

- 영업자의 지위승계신고를 하려는 자는 다음의 서류(전자문서를 포함)를 첨부하여 제출해야 합니다. 이 경우 허가관청, 신고관청 또는 등록관청은 「전자정부법」 제36조제1항에 따른 행정정보의 공동이용을 통해 건강진단결과서(제49조에 따른 건강진단 대상자만 해당)를 확인해야 하며, 신청인이 확인에 동의하지 않는 경우에는 그 사본을 첨부하도록 해야 합니다.
  - ㉠ 영업자 지위승계 신고서(전자문서로 된 신고서를 포함, 「식품위생법 시행규칙」 별지 제49호서식)
  - ㉡ 영업허가증, 영업신고증 또는 영업등록증
  - ㉢ 다음에 따른 권리의 이전을 증명하는 서류(전자문서를 포함)
    - ⓐ 양도의 경우에는 양도·양수를 증명할 수 있는 서류 사본
    - ⓑ 상속의 경우에는 가족관계증명서와 상속인임을 증명하는 서류
    - ⓒ 그 밖에 해당 사유별로 영업자의 지위를 승계하였음을 증명할 수 있는 서류
  - ㉣ 교육이수증(미리 식품위생교육을 받은 경우만 해당)
  - ㉤ 위임인의 자필서명이 있는 위임인의 신분증명서 사본 및 위임장(양수인이 영업자 지위승계 신고를 위임한 경우만 해당)
  - ㉥「다중이용업소의 안전관리에 관한 특별법」에 따라 화재배상책임보

험에 가입하였음을 증명하는 서류(「다중이용업소의 안전관리에 관한 특별법 시행령」 제2조제1호에 따른 영업의 경우만 해당)
- 영업자의 지위승계 신고를 하려는 상속인이 폐업신고를 함께 하려는 경우에는 영업허가증, 영업신고증 또는 영업등록증 및 가족관계증명서와 상속인임을 증명하는 서류[상속인이 영업자 지위승계 신고를 위임한 경우에는 위임인의 자필서명이 있는 위임인의 신분증명서 사본 및 위임장(양수인이 영업자 지위승계 신고를 위임한 경우만 해당)]만을 첨부하여 제출할 수 있습니다.

③ 영업소 명칭 또는 상호의 변경

영업자 지위승계 신고를 하는 자가 영업소의 명칭 또는 상호를 변경하려는 경우에는 이를 함께 신고할 수 있습니다.

④ 위반 시 제재

영업자의 지위를 승계받고도 1개월 이내에 영업자지위승계신고를 하지 않은 경우에는 3년 이하의 징역 또는 3천만원 이하의 벌금에 처하게 됩니다.

※ 영업승계의 제한
- 영업허가 및 신고 대상 업종을 승계하는 경우 영업허가 및 신고 영업허가 등의 제한 사유에 해당하면 영업승계를 할 수 없습니다.
- 영업승계를 받으려는 자가 피성년후견인이거나 파산선고를 받고 복권되지 않은 경우에는 상속받은 날부터 3개월 동안은 영업승계를 할 수 있습니다.
- 허가관청은 신청인이 「식품위생법」 제38조제1항제8호에 해당하는지 여부를 내부적으로 확인할 수 없는 경우에는 신고 시 필요한 제출서류 외 신원 확인에 필요한 자료를 제출하게 할 수 있습니다

(3) 영업자 지위승계의 효력

① 영업자 지위승계 신고 수리 전 양수인의 책임

사실상 영업이 양도·양수되었지만 아직 승계신고 및 그 수리처분이 있기 이전에는 여전히 종전의 영업자인 양도인이 영업허가자이고, 양수인은 영업허가자가 되지 못합니다. 행정 제재처분의 사유가 있는지

여부 및 그 사유가 있다고 하여 행하는 행정 제재처분은 영업허가자인 양도인을 기준으로 판단하여 그 양도인에 대하여 행해야 할 것이고, 한편 양도인이 그의 의사에 따라 양수인에게 영업을 양도하면서 양수인으로 하여금 영업을 하도록 허락하였다면 그 양수인의 영업 중 발생한 위반행위에 대한 행정적인 책임은 영업허가자인 양도인에게 귀속된다고 보아야 할 것입니다.

② 행정 제재처분 효과의 승계

영업자가 영업을 양도하거나 법인이 합병되는 경우에는 「식품위생법」제75조제1항, 제2항 또는 제76조제1항을 위반한 사유로 종전의 영업자에게 행한 행정 제재처분의 효과는 그 처분기간이 끝난 날부터 1년간 양수인이나 합병 후 존속하는 법인에 승계되며, 행정 제재처분 절차가 진행 중인 경우에는 양수인이나 합병 후 존속하는 법인에 대하여 행정 제재처분 절차를 계속할 수 있습니다. 다만, 양수인이나 합병 후 존속하는 법인이 양수하거나 합병할 때에 그 처분 또는 위반사실을 알지 못하였음을 증명하는 때에는 행정 제재처분 효과가 승계되지 않습니다.

③ 행정처분 등의 내용 고지 및 가중처분 대상업소 확인서 작성

 - 양도인은 다음과 같이 행정처분 등의 내용을 고지하고, 가중처분 대상업소 확인서를 작성해야 합니다.

 ㉠ 양도인은 최근 1년 이내에 다음과 같이 행정처분을 받았다는 사실 및 행정제재처분의 절차가 진행 중인 사실(최근 1년 이내에 행정처분을 받은 사실이 없는 경우에는 없다는 사실)을 양수인에게 알려야 합니다.

  ⓐ 최근 1년 이내에 양도인이 받은 행정처분

  처분받은 일, 행정처분의 내용, 행정처분의 사유

  ⓑ 행정제재처분 절차 진행사항

  적발일, 식품위생법령 위반내용, 진행 중인 내용

 ㉡ 양수인은 위 행정처분에서 지정된 기간 내에 처분 내용대로 이행하지 않거나, 행정처분을 받은 위반사항이 다시 적발된 때에는 양도인이 받은 행정처분의 효과가 양수인에게 승계되어 가중·처분된다

는 사실을 알고 있음을 확인해야 합니다.
- 양도·양수 허가담당 공무원은 위 행정처분의 내용을 행정처분대장과 대조하여 일치하는가의 여부를 확인해야 하며, 일치하지 않는 경우에는 양도인 및 양수인에게 그 사실을 알리고, 영업자지위승계신고서의 내용을 보완하도록 합니다.

(4) 증여세 감면
① 영업자지위승계 시 가업승계에 대한 증여세 감면
- 음식점 영업을 한 60세 이상의 부모(증여 당시 아버지나 어머니가 사망한 경우에는 그 사망한 아버지나 어머니의 부모를 포함)가 18세 이상의 자녀에게 이를 승계하는 경우에는 증여세 감면 혜택이 있습니다. 음식점의 출자지분을 증여받아 가업을 승계한 경우에는 증여세과세가액 100억원을 한도로 5억원 공제 후 100분의 10(과세표준이 30억을 초과하는 경우 그 초과금액에 대해서는 100분의 20)의 특례세율로 증여세를 과세한 후 상속시점에서 정산하는 특례를 두고 있습니다.
- 다만, 가업의 승계 후 가업의 승계 당시 최대주주 또는 최대출자자에 해당하는 사람(가업의 승계 당시 해당 주식등의 증여자 및 해당 주식등을 증여받은 자 제외)로부터 증여받는 경우에는 그렇지 않습니다.

영업승계 및 행정 제재처분 효과의 승계

Q. 6개월 전에 설렁탕 가게를 인수해서 운영하고 있는데요. 얼마 전, 이전 가게 주인이 영업장 면적변경 신고의무를 위반했다면서 저한테 행정처분을 한다고 연락이 왔어요. 제가 하지도 않은 일 때문에 처벌을 받는 것이 말이 되나요?

A. 양도인이 기존의 신고의무 사항을 이행하지 않은 음식점을 인수한 경우, 양수인이 이러한 사실을 알고 있는데도 불구하고 그 신고의무를 이행하지 않은 채 영업을 계속했다면 양수인은 그 위반행위에 대해 처벌을 받을 수 있어요.

◇ 행정 제재처분 효과의 승계

☞ 영업자가 영업을 양도하거나 법인이 합병되는 경우에는 「식품위생법」 제75조제1항, 제2항 또는 제76조제1항을 위반한 사유로 종전의 영업자에게 행한 행정 제재처분의 효과는 그 처분기간이 끝난 날부터 1년간 양수인이나 합병 후 존속하는 법인에 승계되며, 행정 제재처분 절차가 진행 중인 경우에는 양수인이나 합병 후 존속하는 법인에 대하여 행정 제재처분 절차를 계속할 수 있습니다.

☞ 다만, 양수인이나 합병 후 존속하는 법인이 양수하거나 합병할 때에 그 처분 또는 위반사실을 알지 못하였음을 증명하는 때에는 행정 제재처분 효과가 승계되지 않습니다.

◇ 행정처분 등의 내용 고지 및 가중처분 대상업소 확인서 작성

☞ 양도인은 다음과 같이 행정처분 등의 내용을 고지하고, 가중처분 대상업소 확인서를 작성해야 합니다.

1. 사업자등록

1) 사업자 유형의 결정

(1) 사업자의 유형

① 사업자란?

- "사업자"란 사업 목적이 영리이든 비영리이든 관계없이 사업상 독립적으로 재화 또는 용역을 공급하는 자를 말합니다.
- 사업자로서 개인, 법인(국가·지방자치단체와 지방자치단체조합을 포함), 법인격이 없는 사단·재단 또는 그 밖의 단체는 부가가치세를 납부할 의무가 있습니다.

② 일반과세자 및 간이과세자

부가가세를 납부해야 하는 사업자는 사업의 규모 등에 따라 일반과세자와 간이과세자로 구분됩니다.

※ "간이과세자"는 직전 연도의 재화와 용역의 공급에 대한 대가(부가가치세가 포함된 대가를 말하며, 이하 "공급대가"라 함)의 합계액이 8,000만원에 미달하는 사업자로서, 간편한 절차로 부가가치세를 신고·납부하는 개인사업자를 말합니다.

※ "일반과세자"는 간이과세자가 아닌 사업자를 말합니다.

(2) 과세유형의 결정

① 간이과세의 신고

- 신규로 음식점을 시작하는 개인사업자는 사업을 시작한 날이 속하는 연도의 공급대가의 합계액이 8,000만원에 미달될 것으로 예상되면 사업자등록을 신청할 때, 납세지 관할 세무서장에게 간이과세의 적용여부를 함께 신고해야 합니다.
- 간이과세에 대한 규정을 적용받으려는 사업자는 사업자등록신청서와 함께 다음의 사항을 적은 간이과세적용신고서(「부가가치세법 시행규칙」 별지 제43호서식)를 관할 세무서장에게 제출(국세정보통신망에 의한 제출을 포함)해야 합니다.

ⓐ 사업자의 인적사항

ⓑ 사업시설착수 연월일 또는 사업 개시 연월일

ⓒ 연간공급대가예상액

ⓓ 그 밖의 참고 사항

② 간이과세의 적용

- 간이과세 적용 신고를 한 개인사업자는 최초의 과세기간에는 간이 과세자로 합니다.

- 사업자등록을 하지 않은 개인사업자로서 사업을 시작한 날이 속하 는 연도의 공급대가의 합계액이 8,000만원에 미달하면 최초의 과 세기간에는 간이과세자로 합니다.

③ 간이과세의 배제

간이과세 대상 사업자라고 하더라도 다음의 어느 하나에 해당하는 사 업자는 간이과세자에서 제외됩니다.

ⓐ 간이과세가 적용되지 않는 다른 사업장을 보유하고 있는 사업자

ⓑ 업종, 규모, 지역 등을 고려하여 「부가가치세법 시행령」 제109조제 2항으로 정하는 사업자

ⓒ「개별소비세법」 제1조제4항에 따른 과세유흥장소를 경영하는 사업자 로서 해당 업종의 직전 연도의 공급대가의 합계액이 4,800만원 이 상인 사업자

ⓓ 둘 이상의 사업장이 있는 사업자로서 그 둘 이상의 사업장의 직전 연도의 공급대가의 합계액이 4,800만원 이상인 사업자 [다만, 과세 유흥장소에 해당하는 사업장을 둘 이상 경영하고 있는 사업자의 경 우 그 둘 이상의 사업장의 직전 연도의 공급대가(하나의 사업장에 서 둘 이상의 사업을 겸영하는 사업자의 경우 부동산임대업 또는 과세유흥장소의 공급대가만을 말함)의 합계액이 4,800만원 이상인 사업자]

④ 간이과세의 포기

- 신규로 사업을 시작하는 개인사업자가 사업자등록을 신청할 때 간 이과세자에 관한 규정의 적용을 포기하고 일반과세자에 관한 규정 을 적용받으려는 경우에는 납세지 관할 세무서장에게 다음의 사항 을 적은 간이과세포기신고서(「부가가치세법 시행규칙」 별지 제43

호서식)를 제출하여(국세정보통신망에 의한 제출을 포함) 신고해야 합니다.

㉠ 사업자의 인적사항

㉡ 간이과세를 포기하려는 과세기간

㉢ 그 밖의 참고 사항

- 간이과세를 포기한 개인사업자는 사업 개시일이 속하는 달의 1일부터 3년이 되는 날이 속하는 과세기간까지는 간이과세자에 관한 규정을 적용받지 못합니다.

과세유형의 변경

Q. 한번 간이과세자로 신고하고 나면, 그 유형이 변하지 않고 계속 적용되는 건가요?

A. 일반과세자 또는 간이과세자로 등록했다고 하여 그 유형이 변하지 않고 계속 적용되는 것은 아니에요. 사업 개시일부터 그 과세기간 종료일까지의 공급대가를 합한 금액을 12개월로 환산한 금액을 기준으로 하여 과세유형을 다시 판정합니다.

간이과세자로 등록했다고 하더라도 직전 과세기간에 신규로 사업을 시작한 개인사업자에 대해서는 그 사업 개시일부터 그 과세기간 종료일까지의 공급대가를 합한 금액을 12개월로 환산한 금액이 8,000만원 이상이면, 다음해의 7월1일부터 일반과세자로 전환되고 7월 1일부터 다음 해의 6월 30일까지 일반과세자 규정이 적용돼요(「부가가치세법」 제62조제2항 및 「부가가치세법 시행령」 제109조제1항). 만약, 1년으로 환산한 공급대가가 8,000만원 미만이면 계속해서 간이과세자로 남아 있을 수 있습니다.

최초로 사업을 개시하면서 일반과세자로 신고할 경우에도 1년으로 환산한 공급대가가 8,000만원에 미달하면 간이과세자로 변경되는데요. 이때, 간이과세 포기 신고를 하면 계속 일반과세자로 남아 있을 수 있어요.

2) 사업자등록 신청

(1) 사업자등록

① 사업자등록 신청

- 사업자는 사업장마다 사업 개시일부터 20일 이내에 사업장 관할 세무서장에게 사업자등록을 신청해야 합니다. 다만, 신규로 사업을 시작하려는 사람은 사업 개시일 이전이라도 사업자등록을 할 수 있습니다.
- 사업자는 사업자 관할 세무서장이 아닌 다른 세무서장에게도 사업자등록의 신청을 할 수 있으며, 이 경우 사업장 관할 세무서장에게 사업자등록을 신청한 것으로 봅니다.

② 신청 시 제출서류

- 사업자등록을 하려는 사업자는 사업장마다 다음의 사항을 적은 사업자등록 신청서를 관할 세무서장이나 그 밖에 신청인의 편의에 따라 선택한 세무서장에게 제출(국세정보통신망에 의한 제출을 포함함)해야 합니다.
  ㉠ 사업자의 인적사항
  ㉡ 사업자등록 신청 사유
  ㉢ 사업 개시 연월일 또는 사업장 설치 착수 연월일
  ㉣ 그 밖의 참고 사항
- 위의 신청서에는 다음의 구분에 따른 서류를 첨부해야 합니다.

구분	첨부서류
법령에 따라 허가를 받거나 등록 또는 신고를 해야 하는 사업의 경우	사업허가증 사본, 사업등록증 사본 또는 신고확인증 사본
사업장을 임차한 경우	임대차계약서 사본
「상가건물 임대차보호법」 제2조제1항에 따른 상가건물의 일부분만 임차한 경우	해당 부분의 도면
「조세특례제한법 제106조의3제1항에 따른 금지금(이하 "금지금"이라 함) 도매 및 소매업	사업자금 명세 또는 재무상황 등을 확인할 수 있는 「부가가치세법 시행규칙」 별지 제6호서식의 자금출처명세서

「개별소비세법」 제1조제4항에 다른 과세유흥장소에서 영업을 경영하는 경우	사업자금 명세 또는 재무상황 등을 확인할 수 있는 「부가가치세법 시행규칙」 별지 제6호서식의 자금출처명세서
「부가가치세법」 제8조제3항 부터 제5항에 따라 사업자 단위로 등록하려는 사업자	사업자 단위 과세 적용 사업장 외의 사업장(이하 "종된 사업장"이라 함)에 대한 이 표 제1호부터 5호까지의 규정에 따른 서류 및 사업장 소재지·업태(業態)·종목 등이 적힌 기획재정부령으로 정하는 서류
액체연료 및 관련제품 도매업 기체연료 및 관련제품 도매업 차량용 주유소 운영업 차량용 가스 충전업 가정용 액체연료 소매업 가스연료 소매업	사업자금 명세 또는 재무상황 등을 확인할 수 있는 「부가가치세법 시행규칙」 별지 제6호서식의 자금출처명세서
재생용 재료 수집 및 판매업	사업자금 명세 또는 재무상황 등을 확인할 수 있는 「부가가치세법 시행규칙」 별지 제6호서식의 자금출처명세서

※ 사업자 단위 과세 사업자등록
 - 사업장이 둘 이상인 사업자는 사업자 단위로 해당 사업자의 본점 또는 주사무소 관할 세무서장에게 등록을 신청할 수 있으며, 이에 따라 등록한 사업자를 사업자 단위 과세 사업자라고 합니다.
 - 사업자 단위 과세 사업자로 등록을 신청하려는 사업자는 본점 또는 주사무소(이하 "사업자 단위 과세 적용 사업장"이라 함)에 대하여 「부가가치세법 시행령」 제11조제1항의 사항을 적은 사업자 등록신청서를 사업자 단위 과세 적용 사업장 관할 세무서장에게 제출해야 합니다.

(2) 사업자등록증의 발급
① 등록번호 부여 및 등록증 발급
 - 사업자등록 신청을 받은 사업장 관할 세무서장(사업자 단위 과세 사업자등록의 경우는 본점 또는 주사무소 관할 세무서장을 말함)

은 사업자등록을 하고, 사업장마다 등록번호가 부여된 사업장등록
증을 발급해야 합니다. 사업자 단위로 등록신청을 한 경우에는 사
업자 단위 과세 적용 사업장에 한 개의 등록번호를 부여합니다
- 사업장 관할 세무서장은 사업자의 인적사항과 그 밖에 필요한 사
  항을 적은 사업자등록증을 신청일부터 2일 이내(토요일, 「관공서
  의 공휴일에 관한 규정」 제2조에 따른 공휴일 또는 「근로자의 날
  제정에 관한 법률」에 따른 근로자의 날은 산정에서 제외)에 신청
  자에게 발급해야 합니다.

② 현지확인 조사
사업장 관할 세무서장은 사업장시설이나 사업현황을 확인하기 위해
국세청장이 필요하다고 인정하는 경우에는 발급기한을 5일 이내에서
연장하고 조사한 사실에 따라 사업자등록증을 발급할 수 있습니다.

③ 사업자등록의 거부
신규로 사업을 시작하려는 자가 사업 개시일 이전에 사업자등록을 신
청한 경우 사업자등록의 신청을 받은 사업장 관할 세무서장은 신청자
가 사업을 사실상 시작하지 않을 것이라고 인정될 때에는 등록을 거
부할 수 있습니다.

(3) 사업자등록의 강제
① 직권등록
사업자가 「부가가치세법」 제8조제1항부터 제3항까지의 규정에 따라
사업자등록을 하지 않는 경우에는 사업장 관할 세무서장이 조사하여
직권으로 등록할 수 있습니다

② 매입세액 불공제
공급시기가 속하는 과세기간이 끝난 후 20일 이내에 등록을 신청한
경우 등록신청일부터 공급시기가 속하는 과세기간 기산일(「부가가치
세법」 제5조제1항에 따른 과세기간의 기산일을 말함)까지 역산한 기
간 내의 매입세액을 제외하고, 사업등록을 신청하기 전의 매입세액은
매출세액에서 공제받을 수 없습니다.

③ 미등록 가산세 부담

사업자가 사업을 개시한 날부터 20일 이내(「부가가치세법」 제8조제1항)에 사업자등록을 신청하지 않은 경우에는 사업 개시일부터 등록을 신청한 날의 직전일까지의 공급가액의 합계액에 1%의 가산세를 부담해야 합니다.

④ 무신고 가산세 및 납부불성실 가산세 부담

사업자가 부가가치세를 신고하지 않거나 이를 납부하지 않은 경우에는 무신고납부세액 또는 납부하지 않은 세액에 따라 일정한 비율의 가산세를 부담해야 합니다.

다른 사람의 명의로 사업자등록을 신청해도 되나요?

Q. 친구가 명의만 빌려주면 음식점을 창업하여 사업자등록만 한 후에 바로 폐업하겠다고 해서 친구에게 사업자등록 명의를 빌려줬어요. 아무런 문제가 없을까요

A. 사업자등록은 반드시 사업을 영위하는 사람의 이름으로 해야 합니다. 본인은 실제로 사업을 하지 않으면서 다른 사람이 본인 명의로 사업자등록을 할 수 있도록 허락하는 것은 불법이에요.
사업이 개시된 이후에는 명의자 본인이 실제 사업자가 아니라는 것을 입증하기 어렵기 때문에 명의를 빌려간 사람이 세금을 신고하지 않거나 납부하지 않으면 명의자가 체납자가 되어 소유재산의 압류·공매처분, 체납내역의 금융기관 통보, 출국금지 등의 불이익을 받을 수 있어요. 그리고 명의를 빌려주면 실질적인 소득이 없음에도 불구하고 명의자의 소득이 늘어남에 따라 국민연금 및 건강보험료를 더 낼 수도 있어요.
따라서 사업자등록은 반드시 실제로 사업을 영위하는 자가 해야 하며, 다른 사람에게 함부로 이름을 빌려줘서는 절대로 안 됩니다.

사업자등록

Q. 이탈리안 레스토랑을 창업하려고 영업신고 절차를 마쳤습니다. 사업자등록은 언제까지 하면 되나요?

A. 사업자등록은 사업 개시일부터 20일 이내 또는 사업개시일 전에 사업자 관할 세무서장에게 할 수 있어요. 만약, 사업자등록을 하지 않고 영업을 하는 경우에는 매입세액 불공제, 미등록 가산세 또는 부가가치세 무신고·납부불성실 가산세 등을 부담할 수 있어요.

◇ 직권등록

☞ 사업자가 사업자등록을 하지 않는 경우에는 사업장 관할 세무서장이 조사하여 직권으로 등록할 수 있습니다.

◇ 매입세액 불공제

☞ 공급시기가 속하는 과세기간이 끝난 후 20일 이내에 등록을 신청한 경우 등록신청일부터 공급시기가 속하는 과세기간 기산일(「부가가치세법」 제5조제1항에 따른 과세기간의 기산일을 말함)까지 역산 기간 내의 매입세액을 제외하고, 사업등록을 신청하기 전의 매입세액은 매출세액에서 공제받을 수 없습니다.

◇ 미등록 가산세 부담

☞ 사업자가 사업을 개시한 날부터 20일 이내에 사업자등록을 신청하지 않은 경우에는 사업 개시일부터 등록을 신청한 날의 직전일까지의 공급가액의 합계액에 1%의 가산세를 부담해야 합니다.

◇ 무신고 가산세 및 납부불성실 가산세 부담

☞ 사업자가 부가가치세를 신고하지 않거나 이를 납부하지 않은 경우에는 무신고납부세액 또는 납부하지 않은 세액에 따라 일정한 비율의 가산세를 부담해야 합니다.

3) 확정일자 신청

(1) 확정일자의 의의

① 확정일자란?

"확정일자"란 건물소재지 관할 세무서장이 그 날짜에 임대차계약서의 존재 사실을 인정하여 임대차계약서에 기입한 날짜를 말합니다.

② 확정일자의 효력

「상가건물 임대차보호법」에 따르면, 건물을 임차하고 사업자등록을 한 사업자가 확정일자를 받으면 등기를 한 것과 같은 효력을 가지므로 임차한 건물이 경매나 공매로 넘어갈 때 확정일자를 기준으로 보증금을 우선하여 변제받을 수 있습니다.

③ 적용대상

확정일자를 받은 임차인이 우선변제권을 갖기 위해서는 「상가건물 임대차보호법」 제2조제1항 단서에 따라 지역별로 정해진 보증금의 일정 기준금액을 초과하지 않는 임대차에 해당해야 합니다.

(2) 확정일자 신청 절차

① 확정일자 신청

- 상가건물 임대차 계약증서 원본을 소지한 임차인은 「상가건물 임대차보호법」 제4조제1항에 따라 상가건물의 소재지 관할 세무서장에게 확정일자 부여를 신청할 수 있습니다(다만, 「부가가치세법」 제8조제3항에 따라 사업자 단위 과세가 적용되는 사업자의 경우 해당 사업자의 본점 또는 주사무소 관할 세무서장에게 확정일자 부여를 신청할 수 있음).
- 임차인은 상가건물 소재지 세무서장(이하 "관할 세무서장"이라 함)에게 「상가건물 임대차계약서상의 확정일자 부여 및 임대차 정보제공에 관한 규칙」 별지 제1호서식의 확정일자 신청서를 작성하여 제출하여야 합니다. 다만, 임대차의 목적이 상가건물의 일부분인 경우 확정일자 신청서와 함께 그 부분의 도면을 제출하여야 합니다.
- 사업자등록 신청 또는 사업자등록 정정신고와 동시에 확정일자 부여를 신청하는 경우 확정일자 신청서를 갈음하여 사업자등록 신청

서 또는 사업자등록 정정신고서에 확정일자 부여 신청 의사를 표시하여 제출할 수 있습니다.

② 확정일자 신청 시 제출 서류

임차인은 위에 따른 확정일자 신청 시 다음의 서류를 제시하여야 합니다.

　㉠ 다음의 사항이 적혀 있는 계약서 원본

　　ⓐ 임대인·임차인의 인적사항, 임대차 목적물·면적, 임대차기간, 보증금·차임

　　ⓑ 계약당사자(대리인에 의하여 계약이 체결된 경우에는 그 대리인을 말함)의 서명 또는 기명날인

　㉡ 주민등록증, 운전면허증, 여권 또는 외국인등록증 등 본인을 확인할 수 있는 서류

(3) 확정일자 부여 및 교부

　① 확정일자 부여

　- 확정일자는 관할 세무서장이 확정일자 번호, 확정일자 부여일 및 관할 세무서장을 상가건물 임대차 계약증서 원본에 표시하고 관인을 찍는 방법으로 부여합니다.

　㉠ 관할 세무서장은 계약서 원본의 여백(여백이 없는 경우에는 뒷면을 말함)에 「상가건물 임대차계약서상의 확정일자 부여 및 임대차 정보제공에 관한 규칙」 별지 제2호서식의 확정일자인을 찍고, 확정일자인의 인영(印影) 안에 날짜와 확정일자번호를 아라비아숫자로 적은 후 같은 서식의 확정일자용 관인(官印)을 날인하는 방법으로 확정일자를 부여합니다.

　㉡ 계약서가 두 장 이상인 경우에는 간인(間印)하여야 합니다. 다만, 간인은 천공(穿孔) 방식으로 갈음할 수 있습니다.

　- 관할 세무서장은 임대차계약이 변경되거나 갱신된 경우 임차인의 신청에 따라 새로운 확정일자를 부여합니다.

　② 확정일자 교부

관할 세무서장은 확정일자를 부여한 계약서를 복사하여 사본과 원본을 간인한 후 원본을 신청인에게 내줍니다.

제 2 장

음식점 운영

1.운영 시 준수사항

1) 음식점 영업자 등의 준수사항

(1) 영업의 질서 유지 등의 의무

① 영업의 제한

- 특별자치시장·특별자치도지사·시장·군수·구청장은 영업질서와 선량한 풍속을 유지하는 데에 필요한 경우에는 영업자 중 식품접객영업자 및 그 종업원에 대해 영업시간 및 영업행위에 관한 필요한 제한을 할 수 있습니다.
- 영업시간 및 영업행위에 관한 제한사항은 해당 특별자치시·특별자치도·시·군·구(이하 "시·군"라 함)의 조례로 정하며, 시·군의 조례로 영업을 제한하는 경우 영업시간의 제한은 1일당 8시간 이내로 해야 합니다.

② 위반 시 제재

영업 제한을 위반한 경우에는 5년 이하의 징역 또는 5천만원 이하의 벌금에 처해지거나 징역과 벌금이 병과(倂科)될 수 있습니다.

(2) 영업자 등의 준수사항

① 음식점 영업자 및 종업원의 준수사항

음식점 영업자와 그 종업원은 영업의 위생관리와 질서유지, 국민의 보건위생 증진을 위해 영업의 종류에 따라 다음에 해당하는 사항을 지켜야 합니다.

- ㉠ 축산물 검사를 받지 않은 축산물 또는 실험 등의 용도로 사용한 동물은 운반·보관·진열·판매하거나 식품의 제조·가공에 사용하지 말 것
- ㉡ 「야생생물 보호 및 관리에 관한 법률」을 위반하여 포획·채취한 야생생물을 식품의 제조·가공에 사용하거나 판매하지 말 것
- ㉢ 유통기한이 경과된 제품·식품 또는 그 원재료를 제조·가공·조리·판매의 목적으로 소분·운반·진열·보관하거나 이를 판매 또는 식품의 제

조가공·조리에 사용하지 말 것

ⓔ 수돗물이 아닌 지하수 등을 먹는 물 또는 식품의 조리·세척 등에 사용하는 경우 먹는물 수질검사기관에서 검사를 받아 마시기에 적합하다고 인정된 물을 사용할 것(다만, 둘 이상의 업소가 같은 건물에서 같은 수원(水源)을 사용하는 경우에는 하나의 업소에 대한 시험결과로 나머지 업소에 대한 검사 갈음 가능)

ⓜ 식품에 대한 위해평가가 완료되기 전까지 일시적으로 금지된 식품 등을 제조·가공·판매·수입·사용 및 운반하지 말 것

ⓗ 식중독 발생 시 보관 또는 사용 중인 식품은 역학조사가 완료될 때까지 폐기하거나 소독 등으로 현장을 훼손해서는 안 되고 원상태로 보존해야 하며, 식중독 원인규명을 위한 행위를 방해하지 말 것

ⓐ 손님을 꾀어서 끌어들이는 행위를 하지 말 것

ⓞ 그 밖에 영업의 원료관리, 제조공정 및 위생관리와 질서유지, 국민의 보건위생 증진 등을 위하여 「식품위생법 시행규칙」 별표 17에서 정하는 사항

② 위반 시 제재
- 영업자가 지켜야 할 사항을 지키지 않은 경우에는 3년 이하의 징역 또는 3천만원 이하의 벌금에 처해집니다.
- 영업자가 지켜야 할 사항 중 다음에 해당하는 경우에는 300만원 이하의 과태료가 부과됩니다.
ⓐ 음식점 영업자가 영업신고증, 영업허가증 또는 조리사면허증 보관 의무를 준수하지 않은 경우
ⓛ 유흥주점영업자가 종업원명부 비치·기록 및 관리 의무를 준수하지 않은 경우

(3) 영업자 등의 금지 행위
① 미성년자의 출입·고용 금지
식품접객영업자는「청소년 보호법」 제2조에 따른 청소년(이하 "청소년"이라 함)에게 다음 중 어느 하나에 해당하는 행위를 해서는 안 됩니다.
ⓐ 청소년을 유흥접객원으로 고용하여 유흥행위를 하게 하는 행위
ⓛ 청소년출입·고용 금지업소에 청소년을 출입시키거나 고용하는 행위

ⓒ 청소년고용금지업소에 청소년을 고용하는 행위

ⓔ 청소년에게 주류(酒類)를 제공하는 행위

② 유흥을 돋우는 접객행위 및 알선 금지

- 누구든지 영리를 목적으로 음식점 영업을 하는 장소(유흥종사자를 둘 수 있도록 유흥주점영업을 하는 장소는 제외)에서 손님과 함께 술을 마시거나 노래 또는 춤으로 손님의 유흥을 돋우는 접객행위(공연을 목적으로 하는 가수, 악사, 댄서, 무용수 등이 하는 행위는 제외)를 하거나 다른 사람에게 그 행위를 알선해서는 안 됩니다.

- 이를 위반하여 접객행위를 하거나 다른 사람에게 그 행위를 알선한 경우에는 1년 이하의 징역 또는 1천만원 이하의 벌금에 처해집니다.

③ 유흥종사자 고용알선 및 호객행위 금지

- 위에 따른 음식점 영업자는 유흥종사자를 고용·알선하거나 호객행위를 해서는 안 됩니다.

- 식품의약품안전처장 또는 특별자치시장·특별자치도지사·시장·군수·구청장은 영업자가 영업 제한(「식품위생법」 제43조), 준수사항(「식품위생법」 제44조제1항), 미성년자 출입·고용 금지(「식품위생법」 제44조제2항) 및 유흥종사자 고용·알선·호객행위 금지(「식품위생법」 제44조제4항)에 관한 규정을 위반한 경우에는 ⓐ 영업허가를 취소하거나 ⓑ 6개월 이내의 기간을 정하여 그 영업의 전부 또는 일부를 정지하거나 ⓒ 영업소 폐쇄(신고한 영업만 해당함)를 명할 수 있습니다.

(4) 풍속영업영위자의 준수사항

① 단란·유흥주점업자 등의 준수사항

풍속영업을 하는 자(허가나 인가를 받지 않거나 등록이나 신고를 하지 않고 풍속영업을 하는 자를 포함. 이하 "풍속영업자"라 함) 및 「풍속영업의 규제에 관한 법률 시행령」 제3조에 따른 종사자는 풍속영업을 하는 장소(이하 "풍속영업소"라 함)에서 다음의 행위를 해서는 안 됩니다.

ⓐ「성매매알선 등 행위의 처벌에 관한 법률」 제2조제1항제2호에 따른

성매매알선 등 행위

ⓛ 음란행위를 하게 하거나 이를 알선 또는 제공하는 행위

ⓒ 음란한 문서·도화(圖畵)·영화·음반·비디오물, 그 밖의 음란한 물건에
대한 다음 의 행위

  ⓐ 반포(頒布)·판매·대여하거나 이를 하게 하는 행위

  ⓑ 관람·열람하게 하는 행위

  ⓒ 반포·판매·대여·관람·열람의 목적으로 진열하거나 보관하는 행위

ⓔ 도박이나 그 밖의 사행(射倖)행위를 하게 하는 행위

② 위반 시 제재

- 위 ⓐ을 위반하여 풍속영업소에서 성매매알선 등 행위를 한 경우
에는 3년 이하의 징역 또는 3천만원 이하의 벌금에 처해집니다.

- 위 ⓛ부터 ⓔ까지의 규정을 위반하여 음란행위를 하게 하는 등 풍
속영업소에서 준수할 사항을 지키지 않은 경우에는 3년 이하의 징
역 또는 2천만원 이하의 벌금에 처해집니다.

음식점 가격 표시

Q. 한우 숯불구이 음식점을 운영하고 있는데요. 가격은 어떻게 표시하나요? 별도의 방법이 정해져있나요?

A. 일정 면적 이상의 음식점 운영자는 음식의 가격을 표시할 때에는 정해진 형식에 따라 최종 가격을 표시해야 해요.

◇ 가격표 게시

☞ 영업장 면적이 150 제곱미터 이상인 휴게음식점 및 일반음식점은 영업소의 외부와 내부에 가격표를 붙이거나 게시해야 해요.

☞ 가격표에는 불고기, 갈비 등 식육의 가격을 100그램당 가격으로 표시해야 하며, 조리하여 제공하는 경우에는 조리하기 이전의 중량을 표시할 수 있어요. 100그램당 가격과 함께 1인분의 가격도 표시하려는 경우에는 다음의 예와 같이 1인분의 중량과 가격을 함께 표시해야 해요.

예) 불고기 100그램 원(1인분 120그램 △△원)

갈비 100그램 원(1인분 150그램 △△원)

☞ 그리고 음식점에서 판매하는 음식물의 가격은 부가가치세를 포함한 최종 가격으로 표시해야 해요.

◇위반 시 제재

☞ 영업자가 지켜야 할 사항을 지키지 않은 경우에는 3년 이하의 징역 또는 3천만원 이하의 벌금에 처해집니다.

가격 표시 방법

Q. 고기를 판매하는 음식점을 운영하고 있는데, 가격은 고기의 종류별로만 표시하면 되는 건가요? 부가가치세는 어떻게 표시해야 되나요?

A. 음식점에서 판매하는 음식물의 가격은 부가가치세를 포함한 최종가격으로 표시해야 해요. 그리고 영업장 면적이 150 제곱미터 이상인 휴게음식점 및 일반음식점은 영업소의 외부와 내부에 가격표를 붙이거나 게시해야 해요.

그리고 가격표에는 불고기, 갈비 등 식육의 가격을 100그램당 가격으로 표시해야 하며, 조리하여 제공하는 경우에는 조리하기 이전의 중량을 표시할 수 있어요. 100그램당 가격과 함께 1인분의 가격도 표시하려는 경우에는 다음의 예와 같이 1인분의 중량과 가격을 함께 표시하여야 해요.

예) 불고기 100그램 OO원(1인분 120그램 △△원), 갈비 100그램 OO원(1인분 150그램 △△원)

2) 청소년유해업소 영업자의 준수사항

(1) 청소년 유해업소의 의미

① 청소년유해업소란?

"청소년유해업소"란 청소년의 출입과 고용이 청소년에게 유해한 것으로 인정되는 청소년 출입·고용금지업소와 청소년의 출입은 가능하나 고용이 청소년에게 유해한 것으로 인정되는 청소년고용금지업소를 말합니다.

㉠ 청소년 출입·고용금지업소 : 유흥주점영업 및 단란주점영업

㉡ 청소년고용금지업소 : 다음의 어느 하나에 해당하는 영업

ⓐ 휴게음식점영업으로서 주로 차 종류를 조리·판매하는 영업 중 종업원에게 영업장을 벗어나 차 종류 등을 배달·판매하게 하면서 소요 시간에 따라 대가를 받게 하거나 이를 조장 또는 묵인하는 형태로 운영되는 영업

ⓑ 일반음식점영업 중 음식류의 조리·판매보다는 주로 주류의 조리·판매를 목적으로 하는 소주방·호프·카페 등의 형태로 운영되는 영업

※ "청소년"이란 만 19세 미만인 사람(다만, 만 19세가 되는 해의 1월 1일을 맞이한 사람은 제외)을 말합니다.

(2) 청소년유해업소의 고용 및 출입 제한

① 청소년 고용금지

청소년유해업소의 업주는 청소년을 고용해서는 안 되며, 청소년유해업소의 업주가 종업원을 고용하려면 미리 나이를 확인해야 합니다.

② 청소년 출입 제한

청소년 출입·고용금지업소의 업주와 종사자는 출입자의 나이를 확인하여 청소년이 그 업소에 출입하지 못하게 해야 합니다. 청소년이 친권을 행사하는 사람 또는 친권자를 대신하여 청소년을 보호하는 사람을 동반한 경우에는 청소년과 친권자 등의 관계를 확인하여 청소년 출입·고용금지업소에 출입하게 할 수 있지만, 단란주점영업소 및 유흥주점영업소는 친권자가 동반한 경우에도 출입할 수 없습니다.

③ 청소년유해업소의 나이 확인

청소년유해업소의 업주 및 종사자는 나이 확인을 위해 필요한 경우 주민등록증이나 그 밖에 나이를 확인할 수 있는 증표의 제시를 요구할 수 있으며, 증표 제시를 요구받고도 정당한 사유 없이 증표를 제시하지 않는 사람에게는 그 업소의 출입을 제한할 수 있습니다.

④ 위반 시 제재

- 청소년을 청소년유해업소에 고용한 경우에는 3년 이하의 징역 또는 3천만원 이하의 벌금에 처해집니다.
- 청소년을 청소년 출입·고용금지업소에 출입시킨 경우에는 2년 이하의 징역 또는 2천만원 이하의 벌금에 처해집니다.

(3) 청소년출입·고용금지업소의 표시

① 청소년 출입·고용 제한의 표시

청소년 출입·고용금지업소(청소년실을 갖춘 노래연습장업소를 제외)의 업주 및 종사자는 해당 업소의 출입구 중 가장 잘 보이는 곳에 「청소년 보호법 시행령」 별표 8에 따른 방법으로 청소년의 출입·이용과 고용을 제한하는 내용의 표지를 부착해 청소년의 출입과 고용을 제한하는 내용을 표시해야 합니다.

② 위반 시 제재

청소년출입·고용금지업소에서 청소년의 출입과 고용을 제한하는 내용을 표시하지 않은 경우에는 2년 이하의 징역 또는 2천만원 이하의 벌금에 처해집니다.

2. 고객 관리

1) 고객과의 분쟁 해결

(1) 분실물에 대한 책임

① 손해배상 책임

- 음식점 영업자는 자기 또는 그 사용인이 고객으로부터 임치(任置)받은 물건의 보관에 관하여 주의를 게을리 하지 않았음을 증명하

지 않으면 그 물건의 멸실 또는 훼손으로 인한 손해를 배상할 책임이 있습니다.

- 음식점 영업자는 고객으로부터 임치받지 않은 경우에도 그 시설 내에 휴대한 물건이 자기 또는 그 사용인의 과실로 인하여 멸실 또는 훼손되었을 때에는 그 손해를 배상할 책임이 있습니다.
- 고객의 휴대물에 대해 책임이 없음을 알린 경우에도 음식점 영업자는 위의 책임을 면하지 못합니다.

② 고가물에 대한 책임

화폐, 유가증권, 그 밖의 고가물(高價物)에 대해서는 고객이 그 종류와 가액(價額)을 명시하여 임치하지 않으면 음식점 영업자는 그 물건의 멸실 또는 훼손으로 인한 손해를 배상할 책임이 없습니다.

③ 책임의 소멸시효

- 손해배상 책임(「상법」 제152조)과 고가물에 대한 책임(「상법」 제153조)은 음식점 영업자가 임치물을 반환하거나 고객이 휴대물을 가져간 후 6개월이 지나면 소멸시효가 완성됩니다.
- 물건이 전부 멸실된 경우에는 소멸시효의 기간은 고객이 그 시설에서 퇴거한 날부터 기산합니다.
- 소멸시효는 음식점 영업자나 그 사용인이 악의인 경우에는 적용하지 않습니다.

(2) 음식점에서 식중독이 발생한 경우

① 위해식품의 판매에 따른 처벌

- 음식점에서 만든 음식을 먹고 식중독 등에 걸린 경우, 해당 음식물이 인체에 건강을 해하거나 해할 우려가 있는 음식물에 해당하면 위해식품 판매 금지 의무를 위반한 것으로 볼 수 있습니다.
- 위해식품 등의 판매 등 금지 의무를 위반한 경우에는 10년 이하의 징역 또는 1억원 이하의 벌금에 처해지거나 징역과 벌금이 병과될 수 있습니다.
- 위해식품 등의 판매 등 금지 의무 위반에 따라 금고이상의 형을 선고받고 그형이 확정된 후 5년 이내에 다시 이를 위반한 경우에는 1년 이상 10년 이하의 징역에 처해집니다.

※ 오징어가 곰팡이가 피거나 냄새가 심하게 난다는 등의 이유로 반품되어 상품가치가 전혀 없는 폐기대상이 되는 것들이고 실제로 그 일부에는 곰팡이가 피어 있는 상태였음이 명백한 이상, 비록 그 오징어 전량이 이미 조리·판매되어 얼마나 불결한 상태였는지 객관적인 확인이 불가능하고 이를 물로 씻은 후 불에 조리하여 만든 음식을 취식한 사람들에게서 인체의 건강을 해하는 결과가 발생되지 아니하였다 하더라도, 위 오징어는 곰팡이가 피고 변질되는 등 불결하거나 기타의 사유로 인체의 건강을 해할 우려가 있는 식품에 해당한다고 보지 않을 수 없다고 할 것입니다(대법원 2005. 5. 13. 선고 2004도7294 판결 참조).

② 조리사에 대한 처벌

조리사가 식중독이나 그 밖에 위생과 관련한 중대한 사고 발생에 직무상의 책임이 있는 경우에는 그 면허가 취소되거나 6개월 이내의 업무정지 처분을 받을 수 있습니다.

(3) 음식점 이용 관련 분쟁 해결

① 소비자피해구제기구를 통한 분쟁 해결

 - 소비자의 불만이나 피해를 신속하고 공정하게 처리하기 위해 국가 및 지방자치단체는 소비자정보센터, 소비자보호센터, 소비생활센터 등이 소비자피해구제기구를 설치히고 있습니다.
 - 소비자는 음식점을 이용하면서 피해가 발생하면 소비자피해구제기구에 전화·팩스·우편, 방문 또는 인터넷 등을 통해 피해구제를 신청할 수 있습니다.

② 한국소비자원을 통한 분쟁 해결

한국소비자원을 통해 음식점 이용에 따른 피해에 대한 상담 및 합의 권고 등의 구제를 받을 수 있습니다.

③ 민사소송을 통한 해결

음식점을 이용하면서 피해를 입은 경우에는 그 상대방에 대해 불법행위에 따른 손배배상청구를 제기할 수 있으며, 그 상대방의 고의 또는 과실로 인한 위법행위로 손해가 발생했다면 상대방은 그 손해를 배상할 책임이 있습니다.

음식점에서 발생한 사고의 처리

Q. 저희 가게의 종업원이 음식을 서빙하다가 손님의 옷에 쏟았는데요. 손님은 자기 옷의 세탁비와 정신적인 위자료를 달라며 주장하는데, 제가 이를 보상해야 하나요?

A. 음식점 영업자는 음식점에서 발생한 사고에 대해서 그 손해를 배상할 책임이 있는데요. 이러한 손해배상책임에 대해 고객과 분쟁이 있는 경우에는 소비자피해구제기구나 한국소비자원을 통해 분쟁 조정을 신청하는 것이 좋습니다.

◇ 소비자피해구제기구를 통한 분쟁 해결

☞ 소비자는 음식점을 이용하면서 피해가 발생하면 소비자피해구제기구에 전화·팩스·우편, 방문 또는 인터넷 등을 통해 피해구제를 신청할 수 있습니다.

◇ 한국소비자원을 통한 분쟁 해결

☞ 한국소비자원을 통해 음식점 이용에 따른 피해에 대한 상담 및 합의권고 등의 구제를 받을 수 있습니다.

◇ 민사소송을 통한 해결

☞ 음식점을 이용하면서 피해를 입은 경우에는 그 상대방에 대해 불법행위에 따른 손해배상청구를 할 수 있으며, 그 상대방의 고의 또는 과실로 인한 위법행위로 손해가 발생했다면 상대방은 그 손해를 배상할 책임이 있습니다.

3. 모범업소 지정 및 지원

1) 모범업소 지정

(1) 모범업소의 지정

① 지정 대상

'모범업소 지정기준'에 따라 위생관리 상태 등이 우수한 일반음식점은 식품의약품안전처장 또는 특별자치시장·특별자치도지사·시장·군수·구청장으로부터 모범업소로 지정받을 수 있습니다.

② 대상 업소

모범음식점으로 지정될 수 있는 업소는 일반음식점으로 영업신고를 하고 영업신고증을 교부받은 업소로 합니다.

(2) 모범업소 지정 절차

① 지정 신청

모범음식점으로 지정을 받고자 하는 업소의 영업자는 모범음식점 지정신청서(「모범업소 지정 및 운영관리 규정」 별지 제1호서식)를 작성하여 해당 특별자치시장·특별자치도지사 또는 시장·군수·구청장(이하 "시장·군수·구청장"이라 함)에게 제출해야 합니다.

② 심의·의결

- 지정신청을 받은 시장·군수·구청장은 15일 이내에 음식문화개선운동추진위원회(이하 "위원회"라 함)에 이송해야 하며, 위원장은 민간위원 및 시·군·구의 담당공무원과 함께 지정기준에 적합한지 여부를 매분기 단위로 현지 조사한 후 위원회를 소집하여 그 지정여부를 심의·의결해야 합니다.
- 심의는 「식품위생법 시행규칙」 별표 19 제2호, 「모범업소 지정 및 운영관리 규정」 별표 1과 별표 4의 지정기준에 따라야 하며, 지정기준 외에 고객의 평판 등을 고려해야 합니다. 이 경우 조리사 또는 영양사를 고용하여 위생적으로 운영하는 업소를 우선적으로 지정 추천합니다.

③ 지정여부 결정

위원장은 위원회의 심의결과를 7일 이내에 시장·군수·구청장에게 추천·통보해야 하고, 시장·군수·구청장은 지정여부를 결정한 후 그 결과를 7일 이내에 위원장 및 영업자에게 서면으로 통보해야 합니다.

④ 지정증 및 표지판의 교부

- 시장·군수·구청장은 모범업소로 지정하는 경우에는 모범업소 지정증(「모범업소 지정 및 운영관리 규정」 별지 제2호서식)과 모범업소 표지판(「모범업소 지정 및 운영관리 규정」 별표 3)을 교부해야 합니다.
- 이 경우 시장·군수·구청장은 영업자에게 표지판 제작에 따른 비용을 부담시켜서는 안 됩니다.

(3) 표지판 및 지정증의 관리

① 모범업소 표지판 부착

모범업소로 지정을 받은 업소는 시장·군수·구청장이 교부한 모범업소 표지판을 업소에 부착해야 합니다.

② 지정증의 재교부

- 모범음식점으로 지정된 업소의 영업자는 단순히 업소의 명칭이나 상호가 변경되거나 영업자가 모범업소 지정 특례(「모범업소 지정 및 운영관리 규정」 제18조제1항)에 해당하는 경우 지정증의 재교부를 시장·군수·구청장에게 신청할 수 있습니다.
- 지정증의 재교부신청을 받은 시장·군수·구청장은 담당 공무원으로 하여금 변경된 사실을 확인하게 한 후 지정증을 재교부해야 합니다.

(4) 모범업소 지정 재심사

① 지정 재심사

- 시장·군수·구청장은 모범업소에 대해 매년 10월에 정기적으로 모범업소 지정의 적합여부를 재심사해야 합니다. 다만 재심사일을 기준으로 모범업소 지정을 받은 지 1년이 경과하지 않은 업소에 대해서는 재심사를 하지 않을 수 있습니다. 시장·군수·구청장은 모범업소가 이 규정을 위반하거나 기준에 미달한다고 판단될 때에는

수시로 적합여부를 재심사할 수 있습니다.

- 시장·군수·구청장은 모범업소가 다음에 해당하게 될 경우 1개월 이내에 그 지정을 재심사해야 합니다.

㉠ 영업자가 변경되었을 때(「모범업소 지정 및 운영관리 규정」제18조에 해당하는 경우는 제외)

㉡ 영업소의 소재지가 변경되었을 때

㉢ 주 취급음식이 변경되었을 때

② 모범업소 지정의 특례

모범업소 지정업소 영업자가 1명에서 공동명의자로 변경되거나, 공동명의자중 일부가 변경되더라도 당초 지정 당시의 영업자가 공동명의자로 남아 있는 경우에는 모범업소 지정업소로 봅니다.

(5) 모범업소 지정 취소

① 취소 사유

모범업소로 지정된 업소가 다음에 해당하게 될 경우에는 지체 없이 그 지정이 취소됩니다.

㉠ 재심사결과 부적합하다고 판단될 때

㉡ 영업정지 이상의 행정처분을 받은 때

㉢ 해당 시·군·구 관할지역 외로 영업소의 소재지를 변경하였을 때

② 취소에 따른 조치

시장·군수·구청장은 모범업소의 지정을 취소할 경우 다음의 조치를 취해야 합니다.

㉠ 모범업소 지정증의 회수

㉡ 모범업소 표지판의 회수

㉢ 그 밖에 해당 업소에 대한 모범업소 지정에 따른 지원의 중지

③ 지정증 등의 반납

지정이 취소된 우수업소 또는 모범업소의 영업자 또는 운영자는 그 지정증 및 표지판을 지체없이 시장·군수·구청장에게 반납해야 합니다.

2) 모범업소에 대한 지원
 (1) 모범업소에 대한 지원
  ① 검사 등의 면제
  모범업소로 지정된 일반음식점은 다음에 해당하는 경우를 제외하고는
  관계 공무원으로 하여금 모범업소로 지정된 날부터 2년 동안은 출입·
  검사를 받지 않을 수 있습니다.
    ㉠ 시정명령 또는 시설개수명령을 받은 업소
    ㉡「식품위생법」을 위반하여 징역 또는 벌금형이 확정된 영업자가 운영
      하는 업소
    ㉢ 과태료 처분을 받은 업소
  ② 융자 및 사업의 우선 지원
  모범업소로 지정된 일반음식점은 영업자의 위생관리시설 및 위생설비
  시설 개선을 위한 융자 사업과 음식문화 개선과 좋은 식단 실천을 위
  한 사업에 대해 우선 지원 등을 받을 수 있습니다.

  ③ 안내홍보책자 발간·배부
  다음의 안내홍보책자의 발간·배부 지원을 받을 수 있습니다.
    - 내용 : 모범업소의 위치, 메뉴, 가격, 전화번호, 교통편 등 (영어,
      일어, 한자 병기)
    - 배부 : 관광호텔, 관광안내소, 주요기업 홍보실, 관공서 등
  ④ 모범업소 표지판 제작교부
  모범업소로 지정된 일반음식점은 다음의 모범업소 표지판을 해당 업
  소의 외부 또는 내부에 붙일 수 있습니다.
    ㉠ 규격 및 재질
    - 규격 : 가로330㎜ × 세로430㎜
    - 재질 및 인쇄 : 10㎜ 투명아크릴판, 실사이미지 UV코팅
※ 조명장치를 위한 광원, 코팅, 발수보호캡 장치를 할 수 있습니다.

ⓛ 모범업소 표지판 도안

⑤ 그 밖의 지원시책

그 밖에 다음의 사항을 지원받을 수 있습니다.

지원기관	지원내용
시·군·구	ⓐ상·하수도료 및 지하수 수질검사비 지원 ⓑ공동찬통, 소형·복합찬기 구입비 지원 ⓒ음식물쓰레기 처리기기 설비자금 융자 ⓓ쓰레기봉투 구입비 지원 ⓔ영업자의 위생관리시설 개선을 위한 융자사업과 음식문화의 개선 및 좋은식단 실천을 위한 사업의 우선지원
중앙부처, 시·도, 시·군·구	유관업소 포상시 우선적으로 고려
한국외식업중앙회	ⓐ모범업소 관련 책자발간 배포 등 ⓑ정기간행물에 모범업소 지정업소 게재

모범업소에 대한 지원

Q. 이번에 모범업소 지정 신청을 통해 제가 운영하고 있는 음식점이 모범업소로 지정을 받았어요. 모범업소로 지정되면 어떤 지원을 받을 수 있나요?

A. 모범업소로 지정된 일반음식점은 검사 등의 면제, 융자지원, 안내홍보책자 발간·배부 등 각종 지원을 받게 돼요.

◇ 검사 등의 면제

☞ 모범업소로 지정된 일반음식점은 대해 다음의 어느 하나에 해당하는 경우를 제외하고는 관계 공무원으로 하여금 모범업소로 지정된 날부터 2년 동안은 출입·검사를 받지 않을 수 있습니다.

◇ 융자 및 사업의 우선 지원

☞ 모범업소로 지정된 일반음식점은 영업자의 위생관리시설 및 위생설비시설 개선을 위한 융자 사업과 음식문화 개선과 좋은 식단 실천을 위한 사업에 대해 우선 지원 등을 받을 수 있습니다.

◇ 안내홍보책자 발간·배부

☞ 모범업소의 위치, 메뉴, 가격, 전화번호, 교통편 등의 내용이 담긴안내홍보책자의 발간·배부 지원을 받을 수 있습니다.

◇ 모범업소 표지판 제작교부

☞ 모범업소로 지정된 일반음식점은 모범업소 표지판을 해당 업소의 외부 또는 내부에 붙일 수 있습니다.

1. 식품의 위생 관리

1) 식품 취급 및 판매 등의 준수사항

(1) 식품 등의 위생적 취급의무

① 식품 등의 취급

- 누구든지 판매(판매 외의 불특정 다수인에 대한 제공을 포함)를 목적으로 식품 또는 식품첨가물을 채취·제조·가공·사용·조리·저장·소분·운반 또는 진열을 할 때에는 깨끗하고 위생적으로 해야 합니다.
- 영업에 사용하는 기구 및 용기·포장은 깨끗하고 위생적으로 다루어야 합니다.

※ 식품, 식품첨가물, 기구 또는 용기·포장(이하 "식품 등"이라 함)의 위생적인 취급에 관한 기준은 「식품위생법 시행규칙」 별표 1에서 확인할 수 있습니다.

② 위반 시 제재

- 식품의약품안전처장, 특별시장·광역시장·특별자치시장·도지사·특별자치도지사(이하 "시·도지사"라 함) 또는 시장·군수·구청장은 식품 등의 위생적 취급에 관한 기준에 맞지 않게 영업하는 자와 「식품위생법」을 지키지 않는 자에게는 필요한 시정을 명해야 합니다.
- 또한, 이를 위반한 경우에는 500만원 이하의 과태료가 부과됩니다.

(2) 식품 및 식품첨가물에 대한 금지의무

① 위해식품 등의 판매 등 금지

누구든지 다음의 어느 하나에 해당하는 식품 등을 판매하거나 판매할 목적으로 채취·제조·수입·가공·사용·조리·저장·소분·운반 또는 진열해서는 안 됩니다.

㉠ 썩거나 상하거나 설익어서 인체의 건강을 해칠 우려가 있는 것
㉡ 유독·유해물질이 들어 있거나 묻어 있는 것 또는 그러할 염려가 있는 것(다만, 식품의약품안전처장이 인체의 건강을 해칠 우려가 없다고 인정하는 것은 제외)

ⓒ 병(病)을 일으키는 미생물에 오염되었거나 그러할 염려가 있어 인체의 건강을 해칠 우려가 있는 것

ⓔ 불결하거나 다른 물질이 섞이거나 첨가(添加)된 것 또는 그 밖의 사유로 인체의 건강을 해칠 우려가 있는 것

ⓜ「식품위생법」에 따른 안전성 심사대상인 농·축·수산물 등 가운데 안전성 심사를 받지 않았거나 안전성 심사에서 식용(食用)으로 부적합하다고 인정된 것

ⓗ 수입이 금지된 것 또는「수입식품안전관리 특별법」제20조제1항에 따른 수입신고를 하지 않고 수입한 것

ⓢ 영업자가 아닌 자가 제조·가공·소분한 것

② 병든 동물 고기 등의 판매 등 금지

누구든지 다음의 질병에 걸렸거나 걸렸을 염려가 있는 동물이나 그 질병에 걸려 죽은 동물의 고기·뼈·젖·장기 또는 혈액을 식품으로 판매하거나 판매할 목적으로 채취·수입·가공·사용·조리·저장·소분 또는 운반하거나 진열해서는 안 됩니다.

ⓖ「축산물 위생관리법 시행규칙」별표 3 제1호다목에 따라 도축이 금지되는 가축전염병

ⓛ 리스테리아병, 살모넬라병, 파스튜렐라병 및 선모충증

③ 기준·규격이 정해지지 않은 화학적 합성품 등의 판매 등 금지

누구든지 다음의 어느 하나에 해당하는 행위를 해서는 안 됩니다. 다만, 식품의약품안전처장이 식품위생심의위원회의 심의를 거쳐 인체의 건강을 해칠 우려가 없다고 인정하는 경우에는 그렇지 않습니다.

ⓖ「식품위생법」에 따라 기준·규격이 정해지지 않은 화학적 합성품인 첨가물과 이를 함유한 물질을 식품첨가물로 사용하는 행위

ⓛ 위 ⓖ에 따른 식품첨가물이 함유된 식품을 판매하거나 판매할 목적으로 제조·수입·가공·사용·조리·저장·소분·운반 또는 진열하는 행위

④ 위반 시 제재

- 위해식품 등의 판매 등 금지 의무를 위반한 자는 10년 이하의 징역 또는 1억원 이하의 벌금에 처해지거나 징역과 벌금이 병과될 수 있습니다.

- 위해식품 등의 판매 등 금지 의무 위반에 따라 형을 선고받고 그

형이 확정된 후 5년 이내에 다시 이를 위반한 경우에는 1년 이상 10년 이하의 징역에 처해집니다. 이 경우 그 해당 식품을 판매하였을 때에는 그 판매금액의 4배 이상 10배 이하에 해당하는 벌금이 병과됩니다.

(3) 유독기구 등의 사용 금지 의무

① 유독기구 등의 사용 금지

유독·유해물질이 들어 있거나 묻어 있어 인체의 건강을 해칠 우려가 있는 기구 및 용기·포장과 식품 또는 식품첨가물에 접촉되어 이에 유해한 영향을 줌으로써 인체의 건강을 해칠 우려가 있는 기구 및 용기·포장은 영업상 사용 등을 금지하고 있습니다.

② 위반 시 제재

- 이를 위반한 경우에는 10년 이하의 징역 또는 1억원 이하의 벌금에 처하거나 징역과 벌금이 병과될 수 있습니다.
- 유독기구 등을 사용하여 금고이상의형을 선고받고 그 형이 확정된 후 5년 이내에 다시 유독기구 등을 판매한 자는 1년 이상 10년 이하의 징역에 처해집니다.

※ 식품 취급 및 판매 등의 준수사항 위반 시 제재

① 폐기처분 등

식품의약품안전처장, 시·도지사 또는 시장·군수·구청장은 영업자가 위의 식품 취급 및 판매 등의 준수사항을 위반한 경우에는 관계 공무원에게 그 식품 등을 압류 또는 폐기하게 하거나 용도·처리방법 등을 정하여 영업자에게 위해를 없애는 조치를 하도록 명해야 합니다.

② 위해식품 등의 공표

식품의약품안전처장, 시·도지사 또는 시장·군수·구청장은 영업자가 위의 식품 취급 및 판매 등의 준수사항을 위반하여 식품위생에 관한 위해가 발생했다고 인정되는 때에는 그 사실의 공표를 명할 수 있습니다.

③ 허가취소 등

식품의약품안전처장 또는 특별자치시장·특별자치도지사·시장·군수·구청장은 영업자가 식품 및 식품첨가물에 대한 금지 의무(「식품위생법」 제4조부터 제7조까지) 및 유독기구 등의 사용 금지 의무(「식품위생법」 제8조)에 관한 규정을 위반한 경우에는 영업허가를 취소하거나 6개월 이내의 기간을 정하여 그 영업의 전부 또는 일부를 정지하거나 영업소 폐쇄(신고한 영업만 해당함)를 명할 수 있습니다.

④ 위해식품 등의 판매 등에 따른 과징금 부과
식품의약품안전처장 또는 특별자치도지사·시장·군수·구청장은 다음의 어느 하나에 해당하는 자에 대해 그가 판매한 해당 식품 등의 소매가격에 상당하는 금액을 과징금으로 부과합니다.

- 위해식품 등의 판매 등 금지에 관한 규정을 위반하여 영업정지 2개월 이상의 처분, 영업허가 및 등록의 취소 또는 영업소의 폐쇄명령을 받은 자
- 병든 동물 고기 등의 판매 등 금지(「식품위생법」 제5조), 기준·규격이 고시되지 않은 화학적 합성품 등의 판매 등 금지(「식품위생법」 제6조) 또는 유독기구 등의 판매·사용 금지(「식품위생법」 제8조)에 관한 규정을 위반하여 영업허가 및 등록의 취소 또는 영업소의 폐쇄명령을 받은 자

2) 쓰레기 및 음식물 쓰레기 처리
(1) 쓰레기의 처리
① 쓰레기란?
"쓰레기"란 사람의 생활이나 사업활동에 필요하지 않게 된 물질을 말하며, 음식점에서 발생하는 쓰레기는 주로 생활폐기물에 해당합니다.
② 생활폐기물이란?
-"생활폐기물"이란 사업장폐기물 외의 폐기물로서, 쓰레기, 연소재(燃燒滓), 오니(汚泥), 폐유(廢油), 폐산(廢酸), 폐알칼리 및 동물의 사체(死體) 등으로서 사람의 생활이나 사업활동에 필요하지 않게 된 물질을 말합니다.
- 특별시장·광역시장·특별자치시장·도지사·특별자치 도지사 또는 시장·군수·구청장은 관할 구역에서 배출되는 생활폐기물을 처리해야 합니다.

③ 생활폐기물의 처리 수수료

- 특별시장·광역시장·특별자치시장·도지사·특별자치 도지사 또는 시장·군수·구청장은 「폐기물관리법」 제14조제1항에 따라 생활폐기물을 처리할 때에는 배출되는 생활폐기물의 종류, 양 등에 따라 수수료를 징수할 수 있습니다.
- 이 경우 수수료는 해당 지방자치단체의 조례로 정하는 바에 따라 폐기물 종량제(從量制) 봉투 또는 폐기물임을 표시하는 표지 등을 판매하는 방법으로 징수합니다.

(2) 음식물 쓰레기의 처리

① 음식물류 폐기물 배출자의 준수사항

- 음식물류 폐기물을 다량으로 배출하는 자로서 사업장 규모가 200 제곱미터 이상인 휴게음식점영업 또는 일반음식점영업을 하는 자 [다만, 음식물류 폐기물의 발생량, 폐기물 재활용시설의 용량 등을 고려하여 특별자치시, 특별자치도 또는 시·군·구의 조례로 사업장 규모(200제곱미터 이상에 한함) 또는 휴게음식점영업 중 일부 제외 대상 업종을 정하는 경우에는 그 조례에 따름]는 음식물류 폐기물의 발생 억제 및 적정 처리를 위해 관할 특별자치시·특별자치도 또는 시·군·구의 조례로 정하는 사항을 준수해야 합니다.
- 음식물류 폐기물 배출자는 음식물류 폐기물을 스스로 수집·운반 또는 재활용하거나 다음의 어느 하나에 해당하는 자에게 위탁하여 수집·운반 또는 재활용해야 합니다.
㉠ 폐기물처리시설을 설치·운영하는 자
㉡ 폐기물 수집·운반업의 허가를 받은 자
㉢ 폐기물 재활용업의 허가를 받은 자
㉣ 폐기물처리 신고자(음식물류 폐기물을 재활용하기 위해 신고한 자에 한함)

전자정보처리프로그램에 따른 음식물의 처리

Q. 음식물류 폐기물 배출자가 아닌 경우에는 음식물 쓰레기를 어떻게 처리해야 하나요?

A. 음식물 쓰레기를 별도로 위탁처리해야 하는 음식점이 아니면, 종량제 봉투 등을 이용하여 음식물 쓰레기를 처리하면 돼요

최근에는 전자정보처리프로그램을 이용하여 음식물 쓰레기 종량제를 도입하여 운영하고 있는데요. 이와 같은 제도를 "RFID기반 음식물쓰레기 관리 시스템"이라고 하며, 장비에 RFID태그를 인식하거나 배출하면 배출자와 배출된 음식물쓰레기의 무게정보가 중앙시스템에 자동 전송되어 수수료를 관리할 수 있도록 하는 방식이에요.

RFID방식의 음식물 쓰레기 종량제는 계량방식에 따라 개별계량, 차량수거, 휴대형리더기방식으로 구분할 수 있는데, 음식점에는 주로 차량수거방식과 휴대형리더기 방식이 이용된답니다.

3) 위생등급의 지정

(1) 위생등급의 지정 절차

① 지정 대상

- 식품의약품안전처장, 특별시장·광역시장·특별자치시장·도지사·특별
자치도지사(이하 "시·도지사"라 함) 또는 시장·군수·구청장은 식품
접객업소의 위생 수준을 높이기 위하여 식품접객영업자의 신청을
받아 식품접객업소의 위생상태를 평가하여 위생등급을 지정할 수
있습니다.
- 신청인은 다음에 해당하는 경우에 한하여 위생등급을 지정 신청할
수 있습니다.
㉠ 신규로 위생등급을 지정받으려고 하는 경우
㉡ 위생등급을 지정받은 날부터 6개월이 경과된 경우
㉢ 위생등급 지정을 위한 평가 또는 재평가 결과 최종적으로 등급 보
류조치를 통보받은 경우 그 날부터 6개월이 경과된 경우

② 지정 신청 및 절차

- 위생등급을 지정받으려는 식품접객영업자(일반음식점영업자에 한
함)는 위생등급 지정신청서(「식품위생법 시행규칙」별지 제51호의
2서식)에 영업신고증 및 식품접객업소 위생등급 자율평가 결과서
(「음식점 위생등급 지정 및 운영관리 규정」별지 제2호서식)를 첨
부하여 식품의약품안전처장, 시·도지사 또는 시장·군수·구청장에게
제출해야 합니다.
- 식품의약품안전처장, 시·도지사 또는 시장·군수·구청장은 지정신청
서를 접수받고 위생등급 지정을 위하여 직접 평가하거나, 평가기
관에 송부합니다.
- 지정기관(위생등급 지정을 받고자 하는 신청인으로부터 위생등급
지정신청을 받아 평가하여 그 결과를 신청인에게 통보하는 기관을
말함. 이하 같음) 또는 평가기관(지정기관으로부터 위생상태 평가
업무를 위탁받고 그 업무를 수행하는 기관을 말함. 이하 같음)에
서는 음식점 위생상태 평가기준 및 평가항목(「음식점 위생등급 지
정 및 운영관리 규정」별지 제2호서식)에 따라 평가를 실시하며,
평가기관에서 평가하는 경우 평가 결과를 민원처리기간 만료 14
일 전까지 지정기관에게 송부해야 합니다.

③ 위생등급 지정서 및 표지판 발급

- 식품의약품안전처장, 시·도지사 또는 시장·군수·구청장은 신청을 받은 날부터 60일 이내에 위에 따라 평가한 결과를 바탕으로 위생등급을 지정하고 위생등급 지정서

- 지정서를 발급하는 경우 지정기관은 신청인에게 위생등급 표지판 (「음식점 위생등급 지정 및 운영관리 규정」 별표 2)을 제작·발급해야 합니다.

④ 위생등급 지정 결과 공표

식품의약품안전처장, 시·도지사 또는 시장·군수·구청장은 인터넷 홈페이지에 게재하는 방법으로 위생등급 지정 결과를 공표할 수 있습니다.

⑤ 위생등급 재평가 신청

- 위의 평가결과가 신청인이 희망하는 위생등급 기준에 미달하는 경우 지정기관은 등급 지정을 보류하고 식품접객업소 위생등급 보류 통보서(「음식점 위생등급 지정 및 운영관리 규정」 별지 제4호서식)를 신청인에게 통보해야 합니다.

- 신청인은 위에 따라 보류 통보서를 받을 경우 통보서를 받은 날부터 60일 이내에 식품접객업소 위생등급 재평가 신청서(「음식점 위생등급 지정 및 운영관리 규정」 별지 제5호서식)를 제출하여 재평가를 신청할 수 있습니다.

- 재평가를 신청하는 경우 이에 대한 평가 절차는 「음식점 위생등급 지정 및 운영관리 규정」 제7조제4항과 같은 조 제5항의 규정을 따르며, 재평가를 신청하는 횟수는 최초 지정 신청일로부터 6개월 동안 총 2회로 제한합니다.

(2) 위생등급 지정

① 위생등급 지정 표시

- 위생등급을 지정받은 식품접객영업자는 그 위생등급을 표시해야 하며, 광고할 수 있습니다.

- 위생등급을 표시할 때에는 위생등급 표지판을 그 영업장의 주된 출입구 또는 소비자가 잘 볼 수 있는 장소에 부착하는 방법으로 합니다.

② 지정 기간

위생등급의 유효기간은 위생등급을 지정한 날부터 2년으로 합니다.

③ 지정 기간의 연장

- 다만, 위생등급의 유효기간을 연장하려는 자는 위생등급 유효기간 연장신청서(「식품위생법 시행규칙」 별지 제51호의4서식)에 위생등급 지정서(「식품위생법 시행규칙」 별지 제51호의3서식), 위생등급 표지판 및 영업신고증을 첨부하여 위생등급의 유효기간이 끝나기 60일 전까지 식품의약품안전처장, 시·도지사 또는 시장·군수·구청장에 신청해야 합니다.

- 지정기관 또는 평가기관에서는 「음식점 위생등급 지정 및 운영관리 규정」 별표 1의 음식점 위생상태 평가기준 및 평가항목에 따라 평가를 실시하며, 평가기관에서 평가하는 경우 평가 결과를 민원처리기간 만료 14일 전까지 지정기관에게 송부해야 합니다.

- 유효기간의 연장신청을 받은 식품의약품안전처장, 시·도지사 또는 시장·군수·구청장은 식품의약품안전처장이 정하여 고시하는 절차와 방법에 따라 위생등급을 지정하고, 위생등급 지정서(「식품위생법 시행규칙」 별지 제51호의3서식)를 발급해야 합니다.

④ 위생등급 지정의 변경

- 음식점위생등급 지정을 받은 영업자가 지정받은 해당 업소의 영업의 형태(한식, 일식, 중식 등 주요 판매식품)를 변경하거나 영업장 소재지를 변경한 경우에는 이전 한 날로부터 30일 이내에 품접객업소 위생등급 지정사항 변경신청서(「음식점 위생등급 지정 및 운영관리 규정」 별지 3호서식)에 영업신고증 및 위생등급지정서(위생등급표지판을 포함함)을 첨부하여 지정기관에 제출해야 합니다.

- 위에 따라 위생등급 지정사항 변경신청서가 제출된 경우 식품의약품안전처장, 시·도지사 또는 시장·군수·구청장은 신청서를 접수받고 위생등급 지정을 위하여 직접 평가하거나, 평가기관에 송부해야 합니다.

- 지정기관 또는 평가기관에서는 음식점 위생상태 평가항목·기준에 따라 평가를 실시하며, 평가 결과를 민원처리기간 만료 3일 전까지 지정기관에 송부해야 합니다.

⑤ 위생등급 지정의 취소

식품의약품안전처장, 시·도지사 또는 시장·군수·구청장은 위생등급을 지정받은 식품접객영업자가 다음의 어느 하나에 해당하는 경우 그 지정을 취소하거나 시정을 명할 수 있습니다.

　㉠ 위생등급을 지정받은 후 그 기준에 미달하게 된 경우
　㉡ 위생등급을 표시하지 아니하거나 허위로 표시·광고하는 경우
　㉢「식품위생법」제75조에 따라 영업정지 이상의 행정처분을 받은 경우
　㉣ 그 밖에 위 ㉠부터 ㉢까지에 준하는 사항으로서 부정한 방법으로
　　 위생등급을 지정받은 경우

⑥ 위생등급 지정서 및 표지판 반납

위생등급 지정업소 중 영업을 폐업하는 경우, 지정 취소되는 경우, 또는 유효기한 종료 시에는 발급된 위생등급 지정서 및 표지판을 발급기관인 식품의약품안전처장, 시·도지사 또는 시장·군수·구청장에게 지체 없이 반납해야 하며, 영업자가 반납처리를 하지 않은 경우 관할 시장·군수·구청장은 폐업의 여부 등을 확인하여 자체적으로 처리할 수 있습니다.

(3) 위생등급 지정 음식점에 대한 지원

① 기술적 지원

위생등급 지정을 받았거나 받으려는 식품접객영업자는 다음에 따른 기술적 지원을 받을 수 있습니다.

　㉠ 위생등급 지정에 관한 교육
　㉡ 위생등급 지정 등에 필요한 검사

② 검사 등의 면제

위생등급을 지정받은 식품접객업소은 규제「식품위생법」제22조에 따른 출입·검사·수거 등을 2년 동안 받지 않을 수 있습니다.

③ 융자 및 위생등급 지정 사업 우선 지원

시·도지사 또는 시장·군수·구청장은 식품진흥기금을 영업자의 위생관리시설 및 위생설비시설 개선을 위한 융자 사업과 식품접객업소의 위생등급 지정 사업에 다음과 같은 사항을 우선 지원할 수 있습니다.

○ 방역, 포충등, 청소비 등 위생관리에 관한 사항

○ 물티슈, 손소독제, 쓰레기봉투, 앞치마, 위생복, 행주 등 위생용품에 관한 사항

○ 사전컨설팅 비용 등 위생등급 평가에 관한 사항

○ 손소독기, 방충·방서시설, 영업장, 조리장, 창고, 간판 등 시설 개선에 관한 사항

○ 공통찬통, 소형 복합찬기, 영문 메뉴판 등 음식문화개선에 관한사항

○ 상하수도요금 및 지하수 수질 검사비 등 부대비용에 관한 사항

○ 광고, 안내책자, 공중파, SNS 등 홍보에 관한 사항

○ 기타 시 도지사 또는 시군구 청장이 필요하다고 정하는 사항

2. 원산지 표시 의무

1) 농수산물 및 가공품의 원산지 표시

(1) 원산지의 표시

① 원산지 표시대상

- 휴게음식점영업, 일반음식점영업, 위탁급식영업 또는 집단급식소를 설치·운영하는 자는 다음에 해당하는 것을 조리하여 판매·제공하는 경우(조리하여 판매 또는 제공할 목적으로 보관·진열하는 경우 포함)에 그 농수산물이나 그 가공품의 원료에 대해 원산지(쇠고기는 식육의 종류 포함)를 표시해야 합니다.

○ 쇠고기(식육·포장육·식육가공품 포함)

○ 돼지고기(식육·포장육·식육가공품 포함)

○ 닭고기(식육·포장육·식육가공품 포함)

○ 오리고기(식육·포장육·식육가공품 포함)

○ 양고기(식육·포장육·식육가공품 포함)

○ 염소(유산양을 포함)고기(식육·포장육·식육가공품을 포함)

○ 밥, 죽, 누룽지에 사용하는 쌀(쌀가공품, 찹쌀, 현미 및 찐쌀 포함)

○ 배추김치(배추김치가공품 포함)의 원료인 배추(얼갈이배추, 봄동배추 포함)와 고춧가루

○ 두부류(가공두부, 유바 제외), 콩비지, 콩국수에 사용하는 콩(콩가공품 포함)

○ 넙치, 조피볼락, 참돔, 미꾸라지, 뱀장어, 낙지, 명태(황태, 북어 등

건조한 것 제외), 고등어, 갈치, 오징어, 꽃게 및 참조기(해당 수산
물가공품 포함)

ㅋ 조리하여 판매·제공하기 위해 수족관 등에 보관·진열하는 살아있는
수산물

- 다만, 원산지인증 표시를 한 경우에는 원산지를 표시한 것으로 보
며, 쇠고기의 경우에는 식육의 종류를 별도로 표시해야 합니다.

② 원산지를 표시한 것으로 보는 경우

다음 중 어느 하나에 해당하는 때에는 원산지를 표시한 것으로 봅니다.

ㄱ「농수산물 품질관리법」 또는「소금산업 진흥법」에 따른 표준규격품의
표시를 한 경우

ㄴ 우수관리인증의 표시, 품질인증품의 표시 또는 우수천일염인증의
표시를 한 경우

ㄷ 천일염생산방식인증의 표시를 한 경우

ㄹ 친환경천일염인증의 표시를 한 경우

ㅁ「농수산물 품질관리법」에 따른 이력추적관리의 표시를 한 경우

ㅂ「농수산물 품질관리법」또는「소금산업 진흥법」에 따라 지리적표시를
한 경우

ㅅ「식품산업진흥법」에 따른 원산지인증 표시를 한 경우

ㅇ「대외무역법」에 따라 수출입 농수산물이나 수출입 농수산물 가공품
의 원산지를 표시한 경우

ㅈ 다른 법률에 따라 농수산물의 원산지 또는 농수산물 가공품의 원료
의 원산지를 표시한 경우

③ 원산지의 표시기준 및 방법

원산지의 표시기준은 「농수산물의 원산지 표시에 관한 법률 시행령」
별표 1과 같고, 원산지의 표시방법은 「농수산물의 원산지 표시에 관
한 법률 시행규칙」 별표 4와 같습니다.

④ 위반 시 제재

이를 위반하여 원산지 표시를 하지 않거나 원산지의 표시방법을 위반
한 경우에는 1천만원 이하의 과태료가 부과됩니다.

배추김치 원산지 표시 방법

Q. 저희 음식점에서는 칼국수를 판매하면서 배추김치를 직접 담궈 손님들에게 함께 제공하고 있는데요. 배추가 국내산이면, 배추김치에 대한 원산지를 국내산으로 표시할 수 있는 건가요? 고춧가루를 사용한 경우에 그 원산지도 표시해야 하나요?

A. 국내에서 배추김치를 조리하여 만들어 제공하는 경우에는 "배추김치"로 표시하고, 그 옆에 괄호로 배추김치의 원료인 배추(절인 배추를 포함)의 원산지를 표시해야 해요. 고춧가루를 사용한 배추김치의 경우에는 고춧가루의 원산지도 함께 표시해야 하고요. 그리고 고춧가루를 사용하지 않은 배추김치는 배추에 대한 원산지만 표시하면 돼요.
(예시)
 -배추김치(배추 국내산, 고춧가루 중국산)
 -배추김치(배추 중국산, 고춧가루 국내산)
 -고춧가루를 사용하지 않은 배추김치 : 배추김치(배추 국내산)

(2) 원산지 거짓 표시 등의 금지

① 혼동 또는 위장표시 등의 금지

- 농수산물이나 그 가공품을 조리하여 판매·제공하는 자는 다음의 행위를 해서는 안 됩니다.

㉠ 원산지 표시를 거짓으로 하거나 이를 혼동하게 할 우려가 있는 표시를 하는 행위

㉡ 원산지를 위장하여 조리·판매·제공하거나, 조리하여 판매·제공할 목적으로 농수산물이나 그 가공품의 원산지 표시를 손상·변경하여 보관·진열하는 행위

㉢ 원산지 표시를 한 농수산물이나 그 가공품에 원산지가 다른 동일 농수산물이나 그 가공품을 혼합하여 조리·판매·제공하는 행위

- 「방송법」에 따라 승인을 받고 상품소개와 판매에 관한 전문편성을 하는 방송채널사용사업자는 해당 방송채널 등에 물건 판매중개를 의뢰하는 사업자가 위의 행위를 하도록 방치해서는 안 됩니다.

② 위반 시 제재

- 혼동 또는 위장표시 금지조항을 위반한 경우에는 7년 이하의 징역이나 1억원 이하의 벌금에 처해지거나 징역과 벌금이 병과될 수 있습니다.

- 위에 해당하여 형을 선고받고 그 형이 확정된 후 5년 이내에 다시 혼동 또는 위장표시 금지 조항을 위반한 자는 1년 이상 10년 이하의 징역 또는 500만원 이상 1억5천만원 이하의 벌금에 처해 지거나 하거나 징역과 벌금이 병과될 수 있습니다.

- 방송채널사용사업자가 해당 방송채널 등에 물건 판매중개를 의뢰한 자가 혼동 또는 위장표시 행위를 하는 것을 알았거나 알 수 있었음에도 방치한 경우에는 1천만원 이하의 과태료가 부과됩니다.

(3) 영수증이나 거래명세서 등의 비치·보관 의무

① 원산지 등이 기재된 영수증 등의 비치

원산지를 표시해야 하는 자는 다른 법률에 따라 발급받은 원산지 등이 기재된 영수증이나 거래명세서 등을 매입일부터 6개월간 비치·보관해야 합니다.

② 위반 시 제재

이를 위반하여 영수증이나 거래명세서 등을 비치·보관하지 않은 경우에는 1천만원 이하의 과태료가 부과됩니다.

식재료 원산지 표시

Q. 닭볶음탕을 파는 작은 음식점을 운영하고 있는데요. 저희 식당도 식재료들의 원산지를 표시해야 하나요?

A. 음식점 운영자는 닭고기를 조리하여 판매·제공하는 식품 등에 대한 원산지를 표시해야 하고, 원산지를 표시하지 않거나 원산지의 표시방법을 위반한 경우에는 처벌을 받을 수 있어요.

◇ 원산지 표시대상

☞ 휴게음식점영업, 일반음식점영업 또는 위탁급식영업을 설치·운영하는 자는 닭고기(식육, 포장육, 식육가공품 포함)를 조리하여 판매·제공하는 경우 그 농수산물이나 그 가공품의 원료에 대해 원산지를 표시해야 합니다.

◇ 원산지의 표시기준 및 방법

☞ 원산지의 표시기준은 「농수산물의 원산지 표시에 관한 법률 시행령」 별표 1에서, 원산지의 표시방법은 「농수산물의 원산지 표시에 관한 법률 시행규칙」 별표 4에서 확인할 수 있습니다.

◇ 위반 시 제재

☞ 이를 위반하여 원산지 표시를 하지 않거나 원산지의 표시방법을 위반한 경우에는 1천만원 이하의 과태료가 부과됩니다.

1. 시설 관리 시 준수사항

1) 소방안전 등에 관한 관리

(1) 화재배상책임보험 가입

① 의무 가입 대상

다음의 어느 하나에 해당하는 영업(이하 "다중이용업"이라 함)을 하는 음식점은 화재(폭발을 포함)로 인해 다른 사람이 사망·부상하거나 재산상의 손해를 입은 경우 피해자(피해자가 사망한 경우에는 손해배상을 받을 권리를 가진 자를 말함)에게 「다중이용업소의 안전관리에 관한 특별법 시행령」 제9조의2제1항에 따른 금액을 지급할 책임을 지는 책임보험(이하 "화재배상책임보험"이라 함)에 가입해야 합니다.

  ㉠ 휴게음식점영업·제과점영업 또는 일반음식점영업으로서 영업장으로 사용하는 바닥면적(「건축법 시행령」 제119조제1항제3호에 따라 산정한 면적을 말함)의 합계가 100제곱미터(영업장이 지하층에 설치된 경우에는 그 영업장의 바닥면적 합계가 66제곱미터) 이상인 것. 다만, 영업장(내부계단으로 연결된 복층구조의 영업장을 제외)이 지상 1층 또는 지상과 직접 접하는 층에 설치되고 그 영업장의 주된 출입구가 건축물 외부의 지면과 직접 연결되는 곳에서 하는 영업을 제외합니다.

  ㉡ 단란주점영업과 유흥주점영업

② 다른 보험에 가입한 경우

「화재로 인한 재해보상과 보험가입에 관한 법률」 제2조제3호에 따른 특수건물에서 음식점을 운영하는 경우에는 화재배상책임보험에 가입하지 않아도 됩니다.

③ 위반 시 제재

화재배상책임보험을 가입하지 않은 음식점은 300만원 이하의 과태료가 부과됩니다.

(2) 다중이용업소의 안전관리

① 안전시설 등의 설치 및 신고

- 다중이용업주 및 다중이용업을 하려는 경우에는 「다중이용업소의 안전관리에 관한 특별법 시행령」 별표 1의2에 해당하는 안전시설 등을 「다중이용업소의 안전관리에 관한 특별법 시행규칙」 별표 2에 따라 설치·유지해야 합니다.
- 다중이용업을 하려는 자(다중이용업을 하고 있는 자를 포함)는 다음의 어느 하나에 해당하는 경우에는 안전시설등을 설치하기 전에 미리 소방본부장이나 소방서장에게 신고해야 합니다.

  ㉠ 안전시설 등을 설치하려는 경우
  ㉡ 영업장 내부구조를 변경하려는 경우로서 다음의 어느 하나에 해당하는 경우
  ⓐ 영업장 면적의 증가
  ⓑ 영업장의 구획된 실의 증가
  ⓒ 내부통로 구조의 변경
  ㉢ 안전시설 등의 공사를 마친 경우

- 다중이용업주 및 다중이용업을 하려는 경우에는 「다중이용업소의 안전관리에 관한 특별법 시행령」 제9조제1항에 따라 설치·유지하는 안전시설등 중 영업장의 위치가 4층 이하(지하층인 경우는 제외)인 경우 그 영업장에 설치하는 비상구에 추락위험을 알리는 표지 등 추락 등의 방지를 위한 장치를 「다중이용업소의 안전관리에 관한 특별법 시행규칙」 별표 2제2호다목의 기준에 따라 갖추어야 합니다.
- 이를 위반하여 비상구에 추락 등의 방지를 위한 장치를 기준에 따라 갖추지 아니한 경우에는 300만원 이하의 과태료가 부과됩니다.

※ 종전에 안전시설등의 설치신고 등을 한 다중이용업주에 관한 경과조치
  이 법 시행 당시 종전의 규정에 따라 안전시설등의 설치신고 또는 영업장 내부구조 변경신고를 한 다중이용업주는 이 법 시행일부터 2년 이내에 제9조의2의 개정규정에 따른 추락 등의 방지를 위한 장치를 비상구에 갖추어야 합니다.

② 실내장식물의 설치

다중이용업소에 설치하거나 교체하는 실내장식물(반자돌림대 등의 너비가 10센티미터 이하인 것은 제외)은 불연재료(不燃材料) 또는 준불연재료로 설치해야 합니다.

※ "실내장식물"이란 건축물 내부의 천장이나 벽에 붙이는(설치하는) 것으로서 다음의 어느 하나에 해당하는 것을 말합니다. 다만, 가구류(옷장, 찬장, 식탁, 식탁용 의자, 사무용 책상, 사무용 의자, 계산대 및 그 밖에 이와 비슷한 것을 말함)와 너비 10센티미터 이하인 반자돌림대 등과 「건축법」 제52조에 따른 내부마감재료는 제외합니다.

　㉠ 종이류(두께 2밀리미터 이상인 것을 말함)·합성수지류 또는 섬유류를 주원료로 한 물품

　㉡ 합판이나 목재

　㉢ 공간을 구획하기 위해 설치하는 간이 칸막이(접이식 등 이동 가능한 벽체나 천장 또는 반자가 실내에 접하는 부분까지 구획하지 않는 벽체를 말함)

　㉣ 흡음(吸音)이나 방음(防音)을 위해 설치하는 흡음재(흡음용 커튼을 포함) 또는 방음재(방음용 커튼을 포함)

③ 피난시설, 방화구획 및 방화시설의 유지·관리

다중이용업주는 해당 영업장에 설치된 「건축법」 제49조에 따른 피난시설, 방화구획과 「건축법」 제50조부터 제53조까지의 규정에 따른 방화벽, 내부 마감재료 등을 「화재예방, 소방시설 설치·유지 및 안전관리에 관한 법률」 제10조제1항에 따라 유지하고 관리해야 합니다.

④ 위반 시 제재

다중이용업소에 대한 안전관리 의무를 위반한 경우에는 300만원 이하의 과태료가 부과됩니다.

(3) 소방시설 등의 유지·관리

① 소방시설 등의 설치 등

다음의 어느 하나에 해당하는 음식점(이하"특정소방대상물"이라 함)의 영업자는 소방시설을 화재안전기준에 따라 설치 또는 유지·관리해야 합니다. 이 경우 장애인·노인·임산부 등 일상생활에서 이동, 시설이용

및 정보접근 등에 불편을 느끼는 사람(이하 "장애인 등"이라 함)이 사용하는 소방시설(경보설비 및 피난구조설비를 말함)은 장애인등에 적합하게 설치 또는 유지·관리하여야 합니다.

ⓐ 근린생활시설
휴게음식점, 제과점, 일반음식점 및 단란주점(단란주점은 같은 건축물에 해당 용도로 쓰는 바닥면적의 합계가 150㎡ 미만인 것)

ⓑ 위락시설
  ⓐ 단란주점으로서 근린생활시설에 해당하지 않는 것
  ⓑ 유흥주점, 그 밖에 이와 비슷한 것

② 피난시설 및 방화시설의 관리
특정소방대상물의 관계인은 「건축법」 제49조에 따른 피난시설, 방화구획(防火區劃) 및 「건축법」 제50조부터 제53조까지에 따른 방화벽, 내부 마감재료 등(이하 "방화시설"이라 함)에 대해 다음 행위를 해서는 안 됩니다.

ⓐ 피난시설, 방화구획 및 방화시설을 폐쇄하거나 훼손하는 등의 행위
ⓑ 피난시설, 방화구획 및 방화시설의 주위에 물건을 쌓아두거나 장애물을 설치하는 행위
ⓒ 피난시설, 방화구획 및 방화시설의 용도에 장애를 주거나 화재, 재난·재해 그 밖의 위급한 상황이 발생한 경우 소방대를 현장에 신속하게 출동시켜 화재진압과 인명구조 등 소방에 필요한 활동(「소방기본법」제16조)을 하는 데 지장을 주는 행위
ⓓ 그 밖에 피난시설·방화구획 및 방화시설을 변경하는 행위

③ 소방대상물의 방염
다중이용업소에 사용하는 실내장식물(「다중이용업소의 안전관리에 관한 특별법」 제2조제1항제3호의 실내장식물을 말함)과 제조 또는 가공 공정에서 방염처리를 한 물품(합판·목재류의 경우에는 설치 현장에서 방염처리를 한 것을 포함)으로서 다음의 어느 하나에 해당하는 물품은 방염성능기준 이상의 것으로 설치해야 합니다.

ⓐ 창문에 설치하는 커튼류(블라인드를 포함)
ⓑ 카펫, 두께가 2밀리미터 미만인 벽지류(종이벽지는 제외)

ⓒ 전시용 합판 또는 섬유판, 무대용 합판 또는 섬유판

ⓔ 암막·무대막(「영화 및 비디오물의 진흥에 관한 법률」 제2조제10호에 따른 영화상영관에 설치하는 스크린과 「다중이용업소의 안전관리에 관한 특별법 시행령」 제2조제7호의4에 따른 가상체험 체육시설업에 설치하는 스크린을 포함)

ⓜ 섬유류 또는 합성수지류 등을 원료로 하여 제작된 소파·의자(단란주점영업, 유흥주점영업 및 노래연습장업의 영업장에 설치하는 것만 해당)

화재배상책임보험 가입

Q. 고기구이 음식점을 운영하기 때문에 계속 불을 사용하는 곳이다 보니 화재가 발생하지 않도록 항상 주의하고 있는데요. 소방안전과 관련해서 저희가 지켜야 할 것은 무엇이 있나요?

A. 일정한 크기 이상의 음식점은 화재의 발생에 대비하여 화재배상책임보험에 가입해야 하고, 안전시설 및 불연재료 실내장식물 등을 설치해야 해요.

◇ 화재배상책임보험 의무 가입

☞ 다음의 어느 하나에 해당하는 다중이용업을 하는 음식점은 화재(폭발을 포함)로 인해 다른 사람이 사망·부상하거나 재산상의 손해를 입은 경우 피해자(피해자가 사망한 경우에는 손해배상을 받을 권리를 가진 자를 말함)에게 일정한 금액을 지급할 책임을 지는 화재배상책임보험에 가입해야 합니다.

1. 휴게음식점영업·제과점영업 또는 일반음식점영업으로서 영업장으로 사용하는 바닥면적의 합계가 100제곱미터(영업장이 지하층에 설치된 경우에는 그 영업장의 바닥면적 합계가 66제곱미터) 이상인 것

√ 다만, 영업장(내부계단으로 연결된 복층구조의 영업장을 제외)이 지상 1층 또는 지상과 직접 접하는 층에 설치되고 그 영업장의 주된 출입구가 건축물 외부의 지면과 직접 연결되는 곳에서 하는 영업을 제외합니다.

2. 단란주점영업과 유흥주점영업

◇ 안전시설 및 실내장식물의 설치

☞ 다중이용업주 및 다중이용업을 하려는 경우에는 「다중이용업소의 안전관리에 관한 특별법 시행령」 별표 1의2에 해당하는 안전시설 등을 「다중이용업소의 안전관리에 관한 특별법 시행규칙」 별표 2에 따라 설치·유지해야 합니다.

☞ 다중이용업소에 설치하거나 교체하는 실내장식물(반자돌림대 등의 너비가 10센티미터 이하인 것은 제외)은 불연재료(不燃材料) 또는 준불연재료로 설치해야 합니다.

2) 금연구역의 지정

 (1) 금연구역의 지정

  ① 금연구역 지정 대상

  휴게음식점, 일반음식점, 제과점 및 식품자동판매기 영업소(이하 "음식점"이라 함)의 소유자·점유자 또는 관리자는 해당 시설의 전체를 금연구역으로 지정하고 금연구역을 알리는 표지를 설치해야 합니다.

  ② 금연구역의 표지 설치

  음식점의 소유자·점유자 또는 관리자는 금역구역을 알리는 표지를 설치할 수 있습니다.

   - 표지 부착

   ㉠ 음식점의 소유자·점유자 또는 관리자는 해당 시설 전체가 금연구역임을 나타내는 표지판 또는 스티커를 달거나 부착해야 합니다.

   ㉡ 표지판 또는 스티커는 해당 시설을 이용하는 자가 잘 볼 수 있도록 건물 출입구에 부착해야 하며, 그 외 계단, 화장실 등 주요 위치에 부착합니다.

   ㉢ 표지판 또는 스티커는 해당 시설의 소유자·점유자 또는 관리자가 제작하여 부착해야 합니다. 다만, 보건복지부장관, 시·도지사 또는 시장·군수구청장이 표지판 또는 스티커를 제공하는 경우에는 이를 부착할 수 있습니다.

   - 표지 내용

   ㉠ 다음에 따른 표지판 또는 스티커에는 다음과 같은 사항이 포함되어야 합니다.

   ⓐ 금연을 상징하는 그림 또는 문자

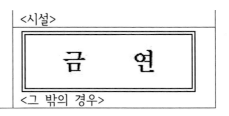

<그 밖의 경우>

Ⓟ 위반 시 조치사항

(예시) : 이 건물 또는 시설은 전체가 금연구역으로, 지정된 장소 외에
서는 담배를 피울 수 없습니다. 이를 위반할 경우,「국민건강증
진법」에 따라 10만원 이하의 과태료가 부과됩니다.

〔건물 또는 시설의 규모나 구조에 따라 표지판 또는 스티커의 크기
를 다르게 할 수 있으며, 바탕색 및 글씨 색상 등은 그 내용이 눈
에 잘 띄도록 배색해야 합니다.

〔 표지판 또는 스티커의 글자는 한글로 표기하되, 필요한 경우에는
영어, 일본어, 중국어 등 외국어를 함께 표기할 수 있습니다.

〔 필요한 경우 표지판 또는 스티커 하단에 아래 사항을 추가로 표시
할 수 있습니다.

(예시) : 위반사항을 발견하신 분은 전화번호 OOO-OOOO로 신고해
주시기 바랍니다.

③ 위반 시 제재
- 음식점의 소유자, 점유자 또는 관리자가 금연구역을 지정하지 않
거나 금연구역을 알리는 표지를 설치하지 않은 경우에는 일정한
기간을 정해 그 시정을 명할 수 있습니다.
- 시정명령을 내렸음에도 명령에 따르지 않는 경우에는 500만원 이
하의 과태료가 부과됩니다.

(2) 흡연실의 설치
① 금연구역에서의 흡연실 설치
음식점의 소유자·점유자 또는 관리자는 해당 음식점에 흡연자를 위해
다음의 기준 및 방법에 따라 흡연실을 설치할 수 있습니다.
- 흡연실의 설치 위치
음식점의 소유자·점유자 또는 관리자는 가급적 실외에 흡연실을 설
치하되, 부득이한 경우 건물 내에 흡연실을 설치할 수 있습니다.

- 흡연실의 표지 부착
㉠ 건물 내에 흡연실을 설치한 경우 해당 시설의 소유자·점유자 또는
관리자는 시설 전체가 금연구역이라는 표시와 함께 해당 시설을 이
용하는 자가 잘 볼 수 있는 위치에 아래 예시와 같이 흡연실임을
나타내는 표지판을 달거나 부착해야 합니다.

흡 연 실

<예시>

㉡ 건물 또는 시설의 규모나 구조에 따라 표지판 또는 스티커의 크기
를 다르게 할 수 있으며, 바탕색 및 글씨 색상 등은 그 내용이 눈
에 잘 띄도록 배색해야 합니다.
㉢ 표지판 또는 스티커의 글자는 한글로 표기하되, 필요한 경우에는
영어, 일본어, 중국어 등 외국어를 함께 표기할 수 있습니다.
㉣ 실외에 흡연실을 설치하는 경우 흡연이 가능한 영역을 명확히 알 수
있도록 그 경계를 표시하거나, 표지판을 달거나 부착해야 합니다.

- 흡연실의 설치 방법
㉠ 실외에 흡연실을 설치하는 경우 자연 환기가 가능하도록 하고, 부
득이한 경우에는 별도로 환기시설을 설치해야 합니다. 이 경우 해
당 흡연실을 덮을 수 있는 지붕 및 바람막이 등을 설치할 수 있습
니다.
㉡ 건물 내에 흡연실을 설치하는 경우 해당 시설의 규모나 특성 및 이
용자 중 흡연자 수 등을 고려하여 담배 연기가 실내로 유입되지 않
도록 실내와 완전히 차단된 밀폐 공간으로 해야 합니다. 이 경우
공동으로 이용하는 시설인 사무실, 화장실, 복도, 계단 등의 공간을
흡연실로 사용해서는 안 됩니다.
㉢ 건물 내 흡연실에는 흡연실의 연기를 실외로 배출할 수 있도록 환
풍기 등 환기시설을 설치해야 합니다.
㉣ 흡연실에 재떨이 등 흡연을 위한 시설 외에 개인용 컴퓨터 또는 탁
자 등 영업에 사용되는 시설 또는 설비를 설치해서는 안 됩니다.

금연구역 및 흡연실 설치

Q. 이제 모든 음식점이 금연구역으로 되면서 저희 커피숍도 금연임을 알리는 스티커도 붙이고 이를 지키고 있는데요. 커피숍 주변에 회사원들이 많다 보니 흡연을 할 수 있는 곳을 만들어 달라고 요청하는데, 흡연실을 따로 만들 수 있나요?

A. 네. 흡연자를 위한 별도의 공간에 흡연실을 설치할 수 있어요.

◇ 금연구역 지정 대상

☞ 휴게음식점, 일반음식점, 제과점 및 식품자동판매기 영업소(이하 "음식점"이라 함)의 소유자·점유자 또는 관리자는 해당 시설의 전체를 금연구역으로 지정하고 금연구역을 알리는 표지를 설치해야 합니다.

◇ 금연구역에서의 흡연실 설치

☞ 음식점의 소유자·점유자 또는 관리자는 해당 음식점에 흡연자를 위해 가급적 실외에 흡연실을 설치하되, 부득이한 경우 건물 내에 흡연실을 설치할 수 있습니다.

☞ 흡연실의 설치 방법

① 실외에 흡연실을 설치하는 경우 자연 환기가 가능하도록 하고, 부득이한 경우에는 별도로 환기시설을 설치해야 합니다. 이 경우 해당 흡연실을 덮을 수 있는 지붕 및 바람막이 등을 설치할 수 있습니다.

② 건물 내에 흡연실을 설치하는 경우 해당 시설의 규모나 특성 및 이용자 중 흡연자 수 등을 고려하여 담배 연기가 실내로 유입되지 않도록 실내와 완전히 차단된 밀폐 공간으로 해야 합니다. 이 경우 공동으로 이용하는 시설인 사무실, 화장실, 복도, 계단 등의 공간을 흡연실로 사용해서는 안 됩니다.

③ 건물 내 흡연실에는 흡연실의 연기를 실외로 배출할 수 있도록 환풍기 등 환기시설을 설치해야 합니다.

④ 흡연실에 재떨이 등 흡연을 위한 시설 외에 개인용 컴퓨터 또는 탁자 등 영업에 사용되는 시설 또는 설비를 설치해서는 안 됩니다.

2. 임대차계약의 관리

1) 임대차계약의 갱신

(1) 임대차계약의 갱신

① 합의의 갱신

임대인과 임차인은 임대차계약 기간의 만료에 따라 임대차계약의 조건을 변경하거나, 기존의 임대차와 동일한 계약조건으로 임대차계약을 존속시키도록 하는 합의 갱신을 할 수 있습니다.

② 묵시의 갱신

- 묵시의 갱신이란 임대차기간이 만료됨에도 당사자 사이에 계약해지에 관한 특별한 의사표시가 없는 경우 임대차관계를 존속시키는 것을 말합니다.
- 임대인이 임대차기간이 만료되기 6개월 전부터 1개월 전까지의 기간(「상가건물 임대차보호법」 제10조제1항)에 임차인에게 갱신거절의 통지 또는 조건 변경의 통지를 하지 않은 경우에는 그 기간이 만료된 때에 전 임대차와 동일한 조건으로 다시 임대차한 것으로 봅니다. 이 경우에 임대차의 존속기간은 1년으로 봅니다.

※ 지역별로 정해진 보증금의 일정 기준금액을 초과하는 상가건물 임대차에 대한 묵시의 갱신은 「민법」의 규정이 적용됩니다.

※ 「민법」상 계약의 갱신

- 임대차기간이 만료한 후 임차인이 임차물의 사용, 수익을 계속하는 경우에 임대인이 상당한 기간 내에 이의를 하지 않은 때에는 전임대차와 동일한 조건으로 다시 임대차한 것으로 봅니다.
- 전임대차에 대해 제3자가 제공한 담보는 기간의 만료로 인해 소멸합니다.

(2) 계약갱신의 요구

① 계약의 갱신

임차인은 임대차기간 만료 전 6개월부터 1개월까지 사이에 임대인에게 계약갱신을 요구할 수 있습니다.

② 계약 갱신의 거절

임대인은 다음의 어느 하나의 경우에는 계약의 갱신을 거절할 수 있습니다.

- ㉠ 임차인이 3기의 차임액에 해당하는 금액에 이르도록 차임을 연체한 사실이 있는 경우
- ㉡ 임차인이 거짓이나 그 밖의 부정한 방법으로 임차한 경우
- ㉢ 서로 합의하여 임대인이 임차인에게 상당한 보상을 제공한 경우
- ㉣ 임차인이 임대인의 동의 없이 목적 건물의 전부 또는 일부를 전대 (轉貸)한 경우
- ㉤ 임차인이 임차한 건물의 전부 또는 일부를 고의나 중대한 과실로 파손한 경우
- ㉥ 임차한 건물의 전부 또는 일부가 멸실되어 임대차의 목적을 달성하지 못할 경우
- ㉦ 임대인이 다음의 어느 하나에 해당하는 사유로 목적 건물의 전부 또는 대부분을 철거하거나 재건축하기 위해 목적 건물의 점유를 회복할 필요가 있는 경우
  - ⓐ 임대차계약 체결 당시 공사시기 및 소요기간 등을 포함한 철거 또는 재건축 계획을 임차인에게 구체적으로 고지하고 그 계획에 따르는 경우
  - ⓑ 건물이 노후·훼손 또는 일부 멸실되는 등 안전사고의 우려가 있는 경우
  - ⓒ 다른 법령에 따라 철거 또는 재건축이 이루어지는 경우
  - ⓓ 그 밖에 임차인이 임차인으로서의 의무를 현저히 위반하거나 임대차를 계속하기 어려운 중대한 사유가 있는 경우

③ 계약갱신의 범위

임차인의 계약갱신 요구는 최초의 임대차 기간을 포함한 전체 임대차 기간이 10년을 초과하지 않는 범위 내에서만 행사할 수 있습니다.

④ 갱신된 임대차의 조건

- 갱신되는 임대차는 전 임대차와 동일한 조건으로 다시 계약된 것으로 봅니다.
- 다만, 차임 또는 보증금은 증감할 수 있으며, 증액의 경우에는 청

구 당시 차임 또는 보증금의 100분의 5의 금액을 초과할 수 없습니다.

2) 임대차계약의 종료
(1) 임대차계약의 종료 사유
① 임대차계약 기간의 만료
- 임대차기간의 약정이 있는 임대차의 경우 계약기간이 종료하면 임대차는 종료됩니다.
- 임대차기간의 약정이 없는 경우 당사자는 언제든지 계약해지의 통고를 할 수 있고, 임대차기간의 약정이 있는 경우에도 당사자 일방 또는 쌍방이 그 기간 내에 해지할 권리를 보류한 경우에는 언제든지 계약해지의 통고를 할 수 있습니다.

② 임대차계약의 중도 해지
- 임차인은 다음의 경우에 임대차계약을 해지할 수 있습니다.
㉠ 임대인이 임차인의 의사에 반하여 보존행위를 하는 경우에 임차인이 이로 인해 임차의 목적을 달성할 수 없는 경우
㉡ 임차물의 일부가 임차인의 과실없이 멸실 그 밖의 사유로 인해 사용, 수익할 수 없는 때, 그 잔존부분으로 임차의 목적을 달성할 수 없는 경우
- 임대인은 다음의 경우에 임대차계약을 해지할 수 있습니다.
㉠ 임차인이 임대인의 동의없이 그 권리를 양도하거나 임차물을 전대한 경우
㉡ 임차인의 차임연체액이 3기의 차임액에 달하는 경우

※ 계약 갱신요구 등에 관한 임시 특례
임차인이 2020. 9. 29. 부터 6개월까지의 기간 동안 연체한 차임액은 「상가건물 임대차보호법」제10조제1항제1호, 제10조의4제1항 단서 및 제10조의8의 적용에 있어서는 차임연체액으로 보지 않습니다. 다만 이 경우에도 연체한 차임액에 대한 임대인의 그 밖의 권리는 영향을 받지 않습니다.

(2) 임대차계약 종료의 효력

① 임대차관계의 소멸 및 손해배상

- 임대인 또는 임차인이 임대차계약을 해지한 때에는 임대차관계는
장래를 향해 그 효력이 소멸됩니다.
- 임대차계약의 해지는 손해배상의 청구에 영향을 미치지 않으므로,
상대방에게 과실이 있으면 그 손해배상을 청구할 수 있습니다. 다
만, 임차인의 파산으로 임대차계약이 해지된 경우, 계약해지로 인
한 손해는 청구하지 못합니다.

② 임대물건의 반환 및 임차보증금의 회수

- 임대차가 종료되면, 임대차계약의 내용에 따라 임차인은 임차상가
건물을 반환할 의무 등을 지게 되고, 임대인은 보증금을 반환할
의무를 지게 됩니다.
- 따라서 임차인은 차임지급의무를 지는 한편 보증금을 반환받을 때
까지 임차상가건물의 인도를 거절하는 동시이행항변권을 가지게
되고(대법원 1977. 9. 28. 선고 77다1241 전원합의체 판결), 임대
인은 차임지급청구권을 가지는 한편 임차상가건물을 인도받을 때
까지 보증금의 지급을 거절하는 동시이행항변권을 가지게 됩니다.

(3) 권리금의 회수

① 권리금이란?

"권리금"이란 임대차 목적물인 상가건물에서 영업을 하는 사람 또는
영업을 하려는 사람이 영업시설·비품, 거래처, 신용, 영업상의 노하
우, 상가건물의 위치에 따른 영업상의 이점 등 유형·무형의 재산적
가치의 양도 또는 이용대가로서 임대인, 임차인에게 보증금과 차임
이외에 지급하는 금전 등의 대가를 말합니다.

② 권리금 회수기회의 보호

임대인은 임대차기간이 끝나기 6개월 전부터 임대차 종료 시까지 다
음의 어느 하나에 해당하는 행위를 함으로써 권리금 계약에 따라 임
차인이 주선한 신규임차인이 되려는 사람으로부터 권리금을 지급받는
것을 방해해서는 안 됩니다. 다만, 「상가건물 임대차보호법」 제10조
제1항에 해당하는 사유가 있는 경우에는 그러하지 않습니다.

㉠ 임차인이 주선한 신규임차인이 되려는 사람에게 권리금을 요구하거나 임차인이 주선한 신규임차인이 되려는 사람으로부터 권리금을 수수하는 행위

㉡ 임차인이 주선한 신규임차인이 되려는 사람으로 하여금 임치인에게 권리금을 지급하지 못하게 하는 행위

㉢ 임차인이 주선한 신규임차인이 되려는 사람에게 상가건물에 관한 조세, 공과금, 주변 상가건물의 차임 및 보증금, 그 밖의 부담에 따른 금액에 비추어 현저히 고액의 차임과 보증금을 요구하는 행위

㉣ 다음의 어느 하나에 해당하는 정당한 사유 없이 임대인이 임차인이 주선한 신규임차인이 되려는 사람과 임대차계약의 체결을 거절하는 행위

ⓐ 임차인이 주선한 신규임차인이 되려는 사람이 보증금 또는 차임을 지급할 자력이 없는 경우

ⓑ 임차인이 주선한 신규임차인이 되려는 사람이 임차인으로서의 의무를 위반할 우려가 있거나 그 밖에 임대차를 유지하기 어려운 상당한 사유가 있는 경우

ⓒ 임대차 목적물인 상가건물을 1년 6개월 이상 영리목적으로 사용하지 않은 경우

ⓓ 임대인이 선택한 신규임차인이 임차인과 권리금 계약을 체결하고 그 권리금을 지급한 경우

③ 임대인의 손해배상 책임

- 임대인이 위의 권리금 회수 금지 행위를 위반하여 임차인에게 손해를 발생하게 한 경우에는 그 손해를 배상할 책임이 있습니다. 이 경우 그 손해배상액은 신규임차인이 임차인에게 지급하기로 한 권리금과 임대차 종료 당시의 권리금 중 낮은 금액을 넘지 못합니다.

- 임대인에게 손해배상을 청구할 권리는 임대차가 종료한 날부터 3년 이내에 행사하지 않으면 시효의 완성으로 소멸합니다.

1. 종업원 채용

1)근로 계약 및 채용

(1) 근로계약의 체결

① 근로계약이란?

"근로계약"이란 근로자가 사용자에게 근로를 제공하고 사용자는 이에 대해 임금을 지급하는 것을 목적으로 체결된 계약을 말합니다.

② 근로계약서 작성

사용자는 근로계약을 체결할 때에 근로자에게 다음의 사항을 명시해야 합니다. 근로계약 체결 후 다음의 사항을 변경하는 경우에도 같습니다.

  ㉠ 임금
  ㉡ 소정근로시간
  ㉢ 휴일
  ㉣ 연차 유급휴가
  ㉤ 취업의 장소와 종사하여야 할 업무에 관한 사항
  ㉥「근로기준법」제93조제1호부터 제12호까지의 규정에서 정한 사항
  ㉦ 사업장의 부속 기숙사에 근로자를 기숙하게 하는 경우에는 기숙사 규칙에서 정한 사항

(2) 청소년의 채용

① 청소년 채용의 나이 제한

  - 15세 미만인 사람(「초·중등교육법」에 따른 중학교에 재학 중인 18세 미만인 자를 포함함)은 근로자로 사용하지 못합니다.
  - 13세 이상 15세 미만인 사람으로서 고용노동부장관이 발급한 취직인허증(就職認許證)을 지닌 자는 근로자로 사용할 수 있습니다.

② 청소년의 근무시간

15세 이상 18세 미만인 사람의 근로시간은 1일에 7시간, 1주일에 35

시간을 초과하지 못합니다. 다만, 당사자 사이의 합의에 따라 1일에 1시간, 1주일에 5시간을 한도로 연장할 수 있습니다.

③ 야간·휴일근로의 제한

사용자는 18세 미만인 사람을 오후 10시부터 오전 6시까지의 시간 및 휴일에 근로시키지 못합니다. 다만, 18세 미만의 동의가 있는 경우로서 고용노동부장관의 인가를 받으면 근로를 시킬 수 있습니다.

④ 위반 시 제재

이를 위반하여 청소년 고용한 경우에는 2년 이하의 징역 또는 2천만원 이하의 벌금에 처해집니다.

(3) 근로자의 근무 여건

① 최저임금의 보장

사용자는 최저임금의 적용을 받는 근로자에게 최저임금액 이상의 임금을 지급해야 합니다.

※ 2021년 1월 1일부터 2021년 12월 31일까지의 최저임금액은 8,720원입니다.

② 휴게시간의 보장

- 사용자는 근로시간이 4시간인 경우에는 30분 이상, 8시간인 경우에는 1시간 이상의 휴게시간을 근로시간 도중에 주어야 합니다.
- 이를 위반한 경우에는 2년 이하의 징역 또는 2천만원 이하의 벌금에 처해집니다.

③ 근로 후 휴일의 보장

- 사용자는 근로자에게 1주에 평균 1회 이상의 유급휴일을 보장해야 합니다.
- 사용자는 근로자에게 「관공서의 공휴일에 관한 규정」 제2조 각 호 (일요일은 제외)에 따른 공휴일 및 「관공서의 공휴일에 관한 규정」 제3조에 따른 대체공휴일을 유급으로 보장해야 합니다.
- 다만, 근로자대표와 서면으로 합의한 경우 특정한 근로일로 대체할 수 있습니다. 4주 동안(4주 미만으로 근로하는 경우에는 그 기간)을 평균하여 1주 동안의 소정근로시간이 15시간 미만인 단시간

근로자는 유급휴일을 받을 수 없습니다.
- 이를 위반한 경우에는 2년 이하의 징역 또는 2천만원 이하의 벌금에 처해집니다.

※「근로기준법」 제55조제2항에 따른 적용기간
　㉠ 상시 300명 이상의 근로자를 사용하는 사업 또는 사업장,「공공기관의 운영에 관한 법률」제4조에 따른 공공기관,「지방공기업법」제49조 및 같은 법 제76조에 따른 지방공사 및 지방공단, 국가·지방자치단체 또는 정부투자기관이 자본금의 2분의 1 이상을 출자하거나 기본재산의 2분의 1 이상을 출연한 기관·단체와 그 기관·단체가 자본금의 2분의 1 이상을 출자하거나 기본재산의 2분의 1 이상을 출연한 기관·단체, 국가 및 지방자치단체의 기관: 2020년 1월 1일
　㉡ 상시 30명 이상 300명 미만의 근로자를 사용하는 사업 또는 사업장: 2021년 1월 1일
　㉢ 상시 5인 이상 30명 미만의 근로자를 사용하는 사업 또는 사업장: 2022년 1월 1일

④ 연장·야간 및 휴일 근로
- 사용자는 연장근로(「근로기준법」 제53조, 제59조 및 제69조 단서에 따라 연장된 시간의 근로)에 대해서는 통상임금의 100분의 50 이상을 가산하여 지급해야 합니다.
- 위에도 불구하고 사용자는 8시간 이내의 휴일근로에 대해서는 통상임금의 100분의 50, 8시간을 초과한 휴일근로에 대해서는 통상임금의 100분의 100의 금액 이상을 가산하여 근로자에게 지급해야 합니다.
- 사용자는 야간근로(오후 10시부터 다음 날 오전 6시 사이의 근로)에 대해서는 통상임금의 100분의 50 이상을 가산하여 근로자에게 지급해야 합니다.
- 이를 위반한 경우에는 3년 이하의 징역 또는 3천만원 이하의 벌금에 처해집니다.

(4) 퇴직금의 지급

① 퇴직금제도의 설정

퇴직금제도를 설정하려는 사용자는 계속근로기간 1년에 대해 30일분 이상의 평균임금을 퇴직금으로 퇴직 근로자에게 지급할 수 있는 제도를 설정해야 합니다.

② 퇴직금 지급 대상

- 퇴직금은 1년 이상 계속 근로한 근로자가 퇴직하는 경우 지급합니다.
- 또한, 퇴직금은 직업의 종류와 관계없이 임금을 목적으로 사업이나 사업장에 근로를 제공하는 사람에게 지급해야 합니다.

③ 퇴직금 지급

사용자는 근로자가 퇴직한 경우에는 그 지급사유가 발생한 날부터 14일 이내에 퇴직금을 지급해야 합니다.

④ 위반 시 제재

이를 위반하여 퇴직금을 지급하지 않은 경우에는 3년 이하의 징역 또는 2천만원 이하의 벌금에 처해집니다.

외국인 근로자 채용

Q. 요즘 사람 구하기가 너무 힘드네요. 저희 음식점에서 일할 종업원으로 중국동포를 뽑으려고 알아보고 있어요. 혹시, 필요한 절차가 있나요?

A. 외국인근로자를 채용하려면 우선, 고용지원센터에 내국인 근로자 구인신청을 하고, 14일 이상 내국인근로자를 채용하기 위한 노력을 해야 해요. 이러한 노력에도 불구하고 내국인 근로자를 채용하지 못한 경우에만 고용허가를 신청할 수 있어요. 채용할 근로자를 선정하면 고용허가서를 발급받고, 외국인근로자와 근로계약을 체결해야 해요.이처럼 외국인근로자를 채용한 경우에도 내국인근로자와 동등하게 대우하고 국내법에 따라 권익을 보호하는 조치를 해야 한다는 것, 꼭 명심하세요~!

2) 4대보험 가입

(1) 국민연금의 가입

① 가입 대상

- 1명 이상의 근로자를 사용하는 음식점(이하 "당연적용사업상"이라
  함)의 18세 이상 60세 미만의 근로자와 사용자는 사업장가입자가
  됩니다.
- 국민연금에 가입된 사업장에 종사하는 18세 미만 근로자는 사업장
  가입자가 되는 것으로 봅니다. 다만, 본인이 원하지 않으면 사업
  장가입자가 되지 않을 수 있습니다.

② 자격 취득 및 상실 등 신고

사업장가입자의 사용자는 당연적용사업장에 해당된 사실, 사업장의
내용 변경 및 휴업·폐업 등에 관한 사항과 가입자 자격의 취득·상실,
가입자의 소득월액 등에 관한 사항을 당연적용사업장이 된 날이 속하
는 달의 다음 달 15일까지 「국민연금법 시행규칙」 별지 제3호서식의
당연적용사업장 해당신고서 및 통장 사본 1부(자동이체를 신청하는
경우만 해당함)를 국민연금공단에 제출해야 합니다.

(2) 국민건강보험의 가입

① 가입 대상

- 국내에 거주하는 국민은 모두 국민건강보험의 가입자가 되며, 국
  내에 체류하는 재외국민 또는 외국인도 일정한 요건을 갖추면 가
  입자가 될 수 있습니다. 국민건강보험가입자는 직장가입자와 지역
  가입자로 구분됩니다.
- 다음의 어느 하나에 해당하는 사람을 제외하고 모든 사업장의 근
  로자 및 사용자는 직장가입자가 됩니다.
- ㉠ 고용 기간이 1개월 미만인 일용근로자
- ㉡ 비상근 근로자 또는 1개월 동안의 소정(所定)근로시간이 60시간 미
  만인 단시간근로자
- ㉢ 소재지가 일정하지 아니한 사업장의 근로자 및 사용자
- ㉣ 근로자가 없거나 위 2.에 해당하는 근로자만을 고용하고 있는 사업
  장의 사업주
- 위의 직장가입자를 제외한 가입자는 지역가입자가 됩니다. 따라서
  근로자가 없는 사업장의 사용자는 지역가입자가 됩니다.

② 자격변동 신고

직장가입자의 사용자는 지역가입자가 해당 사업장의 근로자로 사용된 날 또는 사용관계가 끝난 날의 다음 날 등 그 자격이 변동된 날부터 14일 이내에 국민건강보험공단에 신고해야 합니다.

(3) 고용보험의 가입

① 가입 대상

근로자를 사용하는 모든 사업 또는 사업장은「고용보험법」의 적용을 받으며, 이에 따른 사업주와 근로자(「고용보험법」 제10조 및 제10조의2에 따른 적용 제외 근로자는 제외함)는 당연히 고용보험의 보험가입자가 됩니다.

② 자격 취득 및 상실 등 신고

사업주는 그 사업에 고용된 근로자의 피보험자격의 취득 및 상실 등에 관한 사항을 신고하려는 경우에는 그 사유가 발생한 날이 속하는 달의 다음 달 15일까지(근로자가 그 기일 이전에 신고하는 경우에는 지체없이) 신고해야 합니다.

(4) 산업재해보상보험의 가입

① 가입 대상

 - 「산업재해보상보험법」은 근로자를 사용하는 모든 사업 또는 사업장에 적용합니다. 다만, 위험률·규모 및 장소 등을 고려하여「산업재해보상보험법 시행령」 제2조에서 정하는 사업에 대하여는 이 법을 적용하지 아니합니다.
 - 「산업재해보상보험법」 제6조 단서에 따라 「산업재해보상보험법」을 적용하지 않는 사업의 사업주는 공단의 승인을 받아 산재보험에 가입할 수 있습니다.

② 보험관계의 성립

사업주는 산업재해보상보험의 가입자가 된 경우에는 그 보험관계가 성립한 날부터 14일 이내에, 사업의 폐업·종료 등으로 인하여 보험관계가 소멸한 경우에는 그 보험관계가 소멸한 날부터 14일 이내에 근로복지공단에 보험관계의 성립 또는 소멸 신고를 해야 합니다.

자영업자의 고용보험 가입
Q.종업원을 고용하지 않고 저 혼자 작은 음식점을 운영하려고 하는데요. 저 같은 자영업자도 고용보험에 가입할 수 있나요?
A. 네. 근로자를 사용하지 않거나 50명 미만의 근로자를 사용하는 사업주로서 「고용보험 및 산업재해보상보험의 보험료징수 등에 관한 법률 시행령」 제56조의6에서 정하는 요건을 갖춘 자영업자는 근로복지공단의 승인을 받아 본인을 근로자로 보아 고용보험에 가입할 수 있어요(「고용보험 및 산업재해보상보험의 보험료징수 등에 관한 법률」 제49조의2제1항).   이처럼 고용보험에 가입한 자영업자는 나중에 음식점을 폐업하게 되는 경우, 수급자격을 갖추면 실업급여를 받을 수 있으니, 꼼꼼히 확인해 보세요~!

종업원 4대보험 가입

Q. 제가 운영하고 있는 음식점에서 일하는 종업원들이 조금 더 안정적으로 일할 수 있도록 4대 보험에 가입하려고 하는데요. 음식점도 4대보험에 가입할 수 있는 건가요?

A. 네. 음식점 뿐 아니라 1명 이상의 근로자를 고용하는 사업장은 일정한 요건을 갖추면 4대 보험에 가입할 수 있어요.

◇ 4대보험 가입

☞ "4대 사회보험"이란 국민연금, 국민건강보험, 산업재해보상보험, 고용보험을 말합니다.

☞ 1명이상의 근로자를 사용하는 음식점의 근로자와 사용자는 국민연금의 사업장가입자가 됩니다.

☞ 국내에 거주하는 국민은 모두 국민건강보험의 가입자가 되며, 국내에 체류하는 재외국민 또는 외국인도 일정한 요건을 갖추면 가입자가 될 수 있습니다.

☞ 근로자를 사용하는 모든 사업 또는 사업장은 「고용보험법」의 적용을 받으며, 이에 따른 사업주와 근로자(「고용보험법」 제10조 및 제10조의2에 따른 적용 제외 근로자는 제외함)는 당연히 고용보험의 보험가입자가 됩니다.

☞ 「산업재해보상보험법 시행령」 제2조에 따라 법의 적용 예외가 되는 사업 이외에 근로자를 사용하는 모든 사업 또는 사업장은 「산업재해보상보험법」의 적용을 받으며, 「산업재해보상보험법」 제6조 단서에 따라 같은 법을 적용하지 않는 사업의 사업주는 공단의 승인을 받아 산재보험에 가입할 수 있습니다.

2. 종업원의 위생 관리

1) 건강진단

(1) 건강진단의 실시

① 건강진단 대상자

식품 또는 식품첨가물(화학적 합성품 또는 기구 등의 살균·소독제는 제외)을 채취·제조·가공·조리·저장·운반 또는 판매하는 일에 직접 종사하는 종업원은 건강진단을 받아야 합니다. 다만, 다른 법령에 따라 같은 내용의 건강진단을 받는 경우에는 「식품위생법」에 따른 건강진단을 받은 것으로 봅니다.

② 건강진단 시기

건강진단을 받아야 하는 종업원은 영업에 종사하기 전에 미리 건강진단을 받아야 합니다.

③ 건강검진의 항목 및 횟수

건강진단을 받아야 하는 사람의 진단항목 및 횟수는 다음과 같습니다.

대상	건강진단 항목	횟수
식품 또는 식품첨가물(화학적 합성품 또는 기구등의 살균·소독제를 제외)을 채취·제조·가공·조리·저장·운반 또는 판매하는데 직접 종사하는 사람(다만, 영업자 또는 종업원 중 완전 포장된 식품 또는 식품첨가물을 운반 또는 판매하는데 종사하는 사람은 제외)	㉠ 장티푸스(식품위생 관련 영업 및 집단급식소 종사자만 해당) ㉡ 폐결핵 ㉢ 전 염성 피부질환(한센병 등 세균성 피부질환을 말함)	1회/년

④ 위반 시 제재

이를 위반하여 건강진단을 받지 않는 경우에는 500만원 이하의 과태료가 부과됩니다.

(2) 질병인정 시 영업 종사의 제한

① 영업 종사의 제한

- 건강진단을 받은 결과 타인에게 위해를 끼칠 우려가 있는 질병이 있다고 인정된 경우에는 그 영업에 종사할 수 없습니다.
- 또한, 영업자는 건강진단을 받지 않거나 건강진단 결과 타인에게 위해를 끼칠 우려가 있는 질병이 있는 자를 그 영업에 종사시키지 못합니다.

② 영업에 종사하지 못하는 질병의 종류

건강진단 결과 다음의 질병에 걸린 사람은 영업에 종사하지 못합니다.

ㄱ 「감염병의 예방 및 관리에 관한 법률」제2조제3호가목에 따른 결핵(비감염성인 경우는 제외)

ㄴ 「감염병의 예방 및 관리에 관한 법률 시행규칙」제33조제1항 각 호의 어느 하나에 해당하는 감염병

ㄷ 피부병 또는 그 밖의 화농성(化膿性)질환

ㄹ 후천성면역결핍증(「감염병의 예방 및 관리에 관한 법률」제19조에 따라 성매개감염병에 관한 건강진단을 받아야 하는 영업에 종사하는 사람만 해당함)

③ 위반 시 제재

이를 위반하여 건강진단을 받지 않거나 건강진단 결과 타인에게 위해를 끼칠 우려가 있는 질병이 있는 자를 그 영업에 종사시키는 경우에는 500만원 이하의 과태료가 부과됩니다.

2) 식품위생교육

(1) 식품위생교육의 수료

① 식품위생교육 대상자

음식점 영업자 및 유흥종사자를 둘 수 있는 음식점 영업자의 종업원은 매년 식품위생교육을 받아야 합니다.

② 식품위생교육의 대리

- 식품위생교육을 받아야 하는 자가 영업에 직접 종사하지 않거나 두 곳 이상의 장소에서 영업을 하는 경우에는 종업원 중에서 식

품위생에 관한 책임자를 지정하여 영업자 대신 교육을 받게 할 수 있습니다.

- 다만, 집단급식소에 종사하는 조리사 및 영양사(「국민영양관리법」 제15조에 따라 영양사 면허를 받은 사람을 말함)가 식품위생에 관한 책임자로 지정되어 「식품위생법」 제56조제1항 단서에 따라 교육을 받은 경우에는 해당 연도의 식품위생교육을 받은 것으로 봅니다.

③ 식품위생교육의 면제

식품위생교육을 받은 자가 다음의 어느 하나에 해당하는 경우에는 해당 영업에 대한 식품위생교육을 받은 것으로 봅니다.

　㉠ 해당 연도에 식품위생교육을 받은 자가 기존 영업의 영업소가 속한 특별시·광역시·특별자치시·도·특별자치도의 관할 구역에서 교육받은 업종과 같은 업종으로 영업을 하고 있는 경우

　㉡ 해당 연도에 식품위생교육을 받은 자가 기존 영업의 허가관청·신고관청과 같은 관할 구역에서 다음의 어느 하나에 해당하는 업종 중에서 다른 업종으로 영업을 하고 있는 경우(ⓐ에서 ⓐ의 다른 업종으로 영업을 하고 있는 경우 또는 ⓑ에서 ⓑ의 다른 업종으로 영업을 하고 있는 경우, ⓒ에서 ⓒ의 다른 업종으로 영업을 하고 있는 경우, ⓓ에서 ⓓ의 다른 업종으로 영업을 하고 있는 경우).

　　ⓐ 식품제조·가공업, 즉석판매제조·가공업 및 식품첨가물제조업

　　ⓑ 식품소분업, 유통전문판매업, 집단급식소 식품판매업 및 기타 식품판매업

　　ⓒ 휴게음식점영업, 일반음식점영업 및 제과점영업

　　ⓓ 단란주점영업 및 유흥주점영업

(2) 식품위생교육의 실시

① 식품위생교육 시간

영업자 및 종업원이 받아야 하는 식품위생교육 시간은 다음과 같습니다.

　㉠ 영업자 : 3시간

　㉡ 유흥주점영업의 유흥종사자 : 2시간

② 식품위생교육 기관

영업자 및 그 종업원은 다음의 기관에서 위생교육을 받아야 합니다.

교육대상	교육기관
휴게음식점영업자	한국휴게음식업중앙회
일반음식점영업자	한국외식업중앙회 한국외식산업협회(소속회원에 한함)
단란주점영업자	한국단란주점업중앙회
유흥주점영업자	한국유흥음식업중앙회
위탁급식영업의 영업자 및 유흥종사자	한국식품산업협회 한국외식산업협회(소속회원에 한함)
제과점영업자	(사)대한제과협회

③ 위반 시 제재

이를 위반하여 식품위생교육을 받지 않은 경우에는 500만원 이하의 과태료가 부과됩니다.

제5절 세금 납부 등

1. 세금 납부 등

1) 부가가치세의 납부

(1) 부가가치세

① 납세 의무자

사업자로서 개인, 법인(국가·지방자치단체와 지방자치단체조합을 포함), 법인격이 없는 사단·재단 또는 그 밖의 단체는 부가가치세를 납부할 의무가 있습니다.

② 과세 대상

부가가치세는 사업자가 행하는 재화 또는 용역의 공급과 재화의 수입에 대해 과세됩니다.

③ 과세기간

음식점 사업자의 부가가치세 과세기간은 다음과 같습니다.

  ㉠ 간이과세자 : 1월 1일부터 12월 31일까지
  ㉡ 일반과세자
    ⓐ 제1기 : 1월 1일부터 6월 30일까지
    ⓑ 제2기 : 7월 1일부터 12월 31일까지

※ 간이과세자에 관한 규정이 적용되거나 적용되지 않게 되어 일반과세자가 간이과세자로 변경되거나 간이과세자가 일반과세자로 변경되는 경우 그 변경되는 해에 간이과세자에 관한 규정이 적용되는 기간의 부가가치세의 과세기간은 다음의 구분에 따른 기간으로 합니다.

  ㉠ 일반과세자가 간이과세자로 변경되는 경우: 그 변경 이후 7월 1일부터 12월 31일까지
  ㉡ 간이과세자가 일반과세자로 변경되는 경우: 그 변경 이전 1월 1일부터 6월 30일까지

④ 사업 개시 및 폐업 시 과세기간

- 신규로 사업을 시작하는 자에 대한 최초의 과세기간은 사업 개시일부터 그 날이 속하는 과세기간의 종료일까지로 합니다. 다만, 사업개시일 이전에 사업자등록을 신청한 경우에는 그 신청한 날부터 그 신청일이 속하는 과세기간의 종료일까지로 합니다.

- 사업자가 폐업하는 경우의 과세기간은 폐업일이 속하는 과세기간의 개시일부터 폐업일까지로 합니다. 폐업일은 사업장별로 그 사업을 실질적으로 폐업하는 날로 하며, 폐업한 날이 분명하지 않은 경우에는 폐업신고서의 접수일로 합니다.

⑤ 간이과세자 포기 시 과세기간

간이과세자가 간이과세자에 대한 규정의 적용을 포기함으로써 일반과세자로 되는 경우 다음의 기간을 각각 하나의 과세기간으로 합니다.

- ㉠ 간이과세자의 과세기간 : 간이과세의 적용 포기의 신고일이 속하는 과세기간의 개시일로부터 그 신고일이 속하는 달의 마지막 날까지의 기간

- ㉡ 일반과세자의 과세기간 : 간이과세의 적용 포기의 신고일이 속하는 달의 다음 달 1일부터 그 날이 속하는 과세기간의 종료일까지의 기간

(2) 일반과세자의 부가가치세 신고 및 납부

① 납부세액

- 일반과세자의 부가가치세 납부세액은 매출세액(「부가가치세법」 제45조제1항에 따른 대손세액을 뺀 금액으로 함)에서 매입세액, 그 밖에 「부가가치세법」 및 다른 법률에 따라 공제되는 매입세액을 뺀 금액으로 합니다. 이 경우 매출세액을 초과하는 부분의 매입세액은 환급세액으로 합니다.

- 납부세액을 기준으로 사업자가 최종 납부하거나 환급받을 세액은 다음과 같이 계산합니다.

> 납부하거나 환급받을 세액 = A - B + C
> A: 제2항에 따른 납부세액 또는 환급세액
> B: 제46조, 제47조 및 그 밖에 이 법 및 다른 법률에서 정하는 공제세액
> C: 제60조 및 「국세기본법」 제47조의2부터 제47조의5까지의 규정에 따른 가산세

② 신고 및 납부
- 사업자는 각 과세기간 중 다음의 기간이 끝난 후 25일 이내에 과세표준과 납부세액 또는 환급세액을 납세지 관할 세무서장에게 신고해야 합니다.

과세기간	과세대상기간		신고납부기간	신고대상자
제1기 1.1.~6.30.	예정신고	1.1.~3.31.	4.1.~4.25.	법인사업자
	확정신고	1.1.~6.30.	7.1.~7.25.	법인·개인사업자
제2기 7.1.~12.31.	예정신고	7.1.~9.30.	10.1.~10.25.	법인사업자
	확정신고	7.1.~12.31.	다음해 1.1.~1.25.	법인·개인사업자

- 사업자는 납부세액을 예정신고 및 확정신고를 할 때 각 납세지 관할 세무서장에게 납부하거나 「국세징수법」에 따른 납부서를 작성하여 한국은행(대리점 포함) 또는 체신관서(이하 "한국은행 등"이라 함)에 납부해야 합니다.

(3) 간이과세자의 부가가치세 신고 및 납부
① 납부세액
간이과세자의 부가가치세 납부세액은 [(과세표준 X 부가가치율 10% X 10%) - 공제세액]의 금액으로 합니다.

② 신고 및 납부
간이과세자는 과세기간의 과세표준과 납부세액을 그 과세기간이 끝난 후 25일(폐업하는 경우 폐업일이 속한 달의 다음 달 25일) 이내에 납세지 관할 세무서장에게 확정신고를 하고 납세지 관할 세무서장 또는 한국은행 등에 납부해야 합니다.

③ 간이과세자에 대한 납부의무의 면제
간이과세자의 과세기간에 대한 공급대가의 합계액이 4,800만원 미만인 경우에는 부가가치세 납부의무가 면제됩니다. 다만, 「부가가치세법」 제64조에 따라 납부세액에 더하여야 할 세액은 면제되지 않습니다.

※ 유흥주점과 개별소비세

- 개별소비세는 특정한 물품, 특정한 장소에의 입장 행위, 특정한 장소에서의 유흥음식행위 및 특정한 장소에서의 영업행위에 대해 부과하는 세금이며(「개별소비세법」 제1조제1항), 유흥주점·외국인전용 유흥음식점 그 밖에 이와 유사한 장소에 대해 그 곳에서 제공되는 유흥음식요금의 100분의 10에 해당하는 세금이 부과됩니다.
- 과세유흥장소를 경영하는 사람은 매월 과세유흥장소의 종류별로 인원·유흥음식요금 산출세액·면제세액·공제세액·납부세액 등을 기재한 신고서를 유흥음식행위를 한 날이 속하는 달의 다음 달 25일까지 과세유흥장소의 관할 세무서장에게 제출하여 개별소비세를 신고·납부해야 합니다.

2) 종합소득세의 납부

(1) 종합소득세

① 납세의무자

- 소득세는 국내에 주소를 두거나 183일 이상의 거소(居所)를 둔 개인(이하 "거주자"라 함)의 모든 소득에 대해 과세됩니다.
- 종합소득세는 거주자의 이자소득, 배당소득, 사업소득, 근로소득, 연금소득, 기타소득을 합한 것에 부과됩니다.

② 과세기간

소득세의 과세기간은 1월 1일부터 12월 31일까지 1년으로 합니다.

(2) 장부의 비치 및 기장

① 복식부기의무자

- 소득세는 사업자가 스스로 본인의 소득을 계산하여 신고·납부하는 세금이므로, 간편장부대상 이외의 모든 사업자(국내사업장이 있거나 「소득세법」 제119조제3호에 따른 소득이 있는 비거주자를 포함)는 소득금액을 계산할 수 있도록 증빙서류 등을 갖춰 놓고 그 사업에 관한 모든 거래 사실이 객관적으로 파악될 수 있도록 복식부기에 따라 장부에 기록·관리해야 합니다.
- 장부는 사업의 재산상태와 그 손익거래내용의 변동을 빠짐없이 이중으로 기록하여 계산하는 부기형식의 장부를 말합니다.

② 간편장부대상자

 - 다음의 사업자가 「소득세법 시행령」 제208조제9항에 따른 간편장부를 갖춰 놓고 그 사업에 관한 거래 사실을 성실히 기재한 경우에는 장부를 비치·기록하시 않아도 됩니다.

 ㉠ 해당 과세기간에 신규로 사업을 시작한 음식점 사업자

 ㉡ 직전 과세기간의 수입금액이 1억 5천만원 미만인 음식점 사업자

 - "간편장부"란 다음의 사항을 기재할 수 있는 장부로서 국세청장이 정하는 것을 말합니다.

 ㉠ 매출액 등 수입에 관한 사항

 ㉡ 경비지출에 관한 사항

 ㉢ 사업용 유형자산 및 무형자산의 증감에 관한 사항

 ㉣ 그 밖의 참고사항

③ 장부를 기장하지 않은 경우

 - 사업자는 장부에 따라 과세기간의 소득금액을 계산하여 결손이 발생한 경우 10년간 소득금액에서 공제를 받을 수 있는데, 장부를 기장하지 않은 경우에는 결손금액이 발생하더라도 이를 인정받지 못할 수 있습니다. "결손금"은 필요경비가 총수입금액을 초과하는 경우 그 초과하는 금액을 말합니다.

 - 사업자가 복식부기(「소득세법」 제160조) 또는 간편장부(「소득세법」 제161조)를 비치·기록하지 않았거나 비치·기록한 장부에 따른 소득금액이 기장해야 할 금액에 미달한 경우에는 다음 계산식에 따라 계산한 금액을 가산세로 해당 과세기간의 종합소득 결정세액에 더하여 납부하여야 합니다.

$$\text{가산세} = A \times \frac{B}{C} \times \frac{20}{100}$$

A : 종합소득산출세액

B : 기장하지 아니한 소득금액 또는 기장하여야 할 금액에 미달한 소득금액

C : 종합소득금액

(이 경우 사업소득금액이 종합소득금액에서 차지하는 비율이 1보다 큰 경우에는 1로, 0보다 작은 경우에는 0으로 함)

(3) 종합소득세의 신고 및 납부

① 장부를 비치·기장하고 있는 사업자의 소득금액

장부를 비치·기장하고 있는 사업자의 소득금액은 (총수입금액-필요경비)의 금액으로 합니다.

② 장부를 비치·기장하지 않은 사업자의 소득금액

 - 기준경비율적용 대상자는 다음 중 작은 금액을 소득금액으로 합니다.
 ㉠ 소득금액 = 수입금액-필요경비-(수입금액 X 기준경비율)
 ㉡ 소득금액 = {수입금액-(수입금액 X 단순경비율)} X 배율[간편장부대상자 : 2.8, 복식부기의무자 : 3.4]
 - 단순경비율 적용대상자는 {수입금액-(수익금액 X 단순경비율)}의 금액을 소득금액으로 합니다. 단, 수입금액에서「고용정책 기본법」제29조에 따라 고용노동부장관이 기업의 고용유지에 필요한 비용의 일부를 지원하기 위해 지급하는 금액으로 기획재정부령으로 정하는 것은 제외됩니다.

※ "단순경비율 적용대상자"란 다음의 어느 하나에 해당하는 사업자를 말합니다.
 ㉠ 해당 과세기간에 신규로 사업을 개시한 음식점 사업자
 ㉡ 직전 과세기간의 수입금액이 3천600만원에 미달하는 음식점 사업자
※ "기준경비율 적용대상자"는 단순경비율의 적용 대상이 아닌 자를 말합니다.

③ 납부세액

사업자의 종합소득 납부세액은 {(과세표준 = 소득금액-소득공제) X 세율}의 금액으로 합니다.

종합소득과세표준	세율
1천200만원 이하	과세표준의 6%
1천200만원 초과 4천600만원 이하	72만원 + (1천200만원을 초과하는 금액의 15%)
4천600만원 초과 8천800만원 이하	582만원 + (4천600만원을 초과하는 금액의 24%)

8천800만원 초과 1억5천만원 이하	1천590만원 + (8천800만원을 초과하는 금액의 35%)
1억5천만원 초과 3억원 이하	3천760만원 + (1억5천만원을 초과하는 금액의 38%)
3억원 초과 5억원 이하	9천460만원 + (3억원을 초과하는 금액의 40%)
5억원 초과	17,460만원 + (5억원을초과하는금액의42%)

④ 신고 및 납부
- 해당 과세기간의 종합소득금액이 있는 거주자(종합소득과세표준이 없거나 결손금이 있는 거주자를 포함)는 그 종합소득 과세표준을 그 과세기간의 다음 연도 5월 1일부터 5월 31일까지 납세지 관할 세무서장에게 종합소득 과세표준확정신고를 해야 합니다.
- 거주자는 해당 과세기간의 과세표준에 대한 종합소득 산출세액에서 감면세액과 세액공제액을 공제한 금액을 과세표준확정신고기한까지 납세지 관할 세무서, 한국은행 또는 체신관서에 납부해야 합니다.

3) 현금영수증의 발급
(1) 현금영수증가맹점의 가입
① 가입대상
- 다음의 요건 중 어느 하나에 해당하는 음식점 사업자는 그 요건에 해당하는 날부터 60일(수입금액 등 대통령령으로 정하는 요건에 해당하는 사업자의 경우 그 요건에 해당하는 날이 속하는 달의 말일부터 3개월) 이내에 신용카드단말기 등에 현금영수증 발급장치를 설치함으로써 현금영수증가맹점으로 가입해야 합니다.
㉠ 직전 과세기간의 수입금액(결정 또는 경정에 의해 증가된 수입금액을 포함)의 합계액이 2천400만원 이상인 사업자. 이 경우에 해당하게 되는 사업자는 해당 연도의 3월 31일까지 현금영수증가맹점으로 가입해야 합니다.
㉡ 일반유흥 주점업, 무도유흥 주점업, 출장 음식 서비스업을 하는 사업자

- 위 ㉠을 적용하는 경우 음식점(소비자상대업종)과 다른 업종을 겸
  영하는 경우 사업자의 수입금액은 음식점의 수입금액만으로 하고,
  음식점(소비자상대업종)을 영위하는 사업장이 둘 이상인 사업자의
  수입금액은 사업장별 수입금액을 합산하여 산정합니다.
- 직전 과세기간에 신규로 사업을 개시한 사업자의 수입금액은 직전
  과세기간의 수입금액을 해당 사업월수(1개월 미만의 단수가 있는
  경우에는 1개월로 함)로 나눈 금액에 12를 곱하여 산정합니다.

② 현금영수증가맹점의 표시
- 현금영수증가맹점으로 가입한 음식점 영업자는 현금영수증가맹점
  을 나타내는 표지를 다음의 장소에 게시해야 합니다.
㉠ 계산대가 있는 사업장 : 계산대나 계산대 근처의 벽·천정(천정걸이
  사용) 등 소비자가 잘 볼 수 있는 곳
㉡ 계산대가 없는 사업장 : 사업장 출입문 입구나 내부에 소비자가 잘
  볼 수 있는 곳
- 현금영수증가맹점을 나타내는 표지는 다음과 같습니다.

구 분	규 격	포함될 문구
의무발행 가맹점	가로160mm × 세로100mm ± 30%	현금영수증 의무발행 가맹점
일반 가맹점	가로125mm × 세로100mm ± 30%	현금영수증가맹점

③ 위반 시 제재
현금영수증가맹점으로 가입해야 할 사업자가 가입하지 아니하거나 그
가입기한이 지나서 가입한 경우 다음에 해당하는 금액을 해당 과세기
간의 결정세액에 더합니다.

$$가산세 = A \times \frac{B}{C} \times 100분의 1$$

A: 해당 과세기간의 수입금액(현금영수증가맹점 가입대상인 업종의 수입금액만 해당하며, 제
163조에 따른 계산서 및 「부가가치세법」 제32조에 따른 세금계산서 발급분 등 대통령령
으로 정하는 수입금액은 제외한다)
B: 미가입기간(제162조의3제1항에 따른 가입기한의 다음 날부터 가입일 전날까지의 일수를 말
하며, 미가입기간이 2개 이상의 과세기간에 걸쳐 있으면 각 과세기간별로 미가입기간을 적
용한다)
C: 365(윤년에는 366으로 한다)

(2) 현금영수증의 발급

① 발급대상

- 현금영수증의 발급대상금액은 건당 1원 이상입니다.

  현금영수증을 발급하는 경우에는 재화 또는 용역을 공급하고 그 대금을 현금으로 받은 날부터 5일 이내에 무기명으로 발급할 수 있습니다.

② 현금영수증 발급 관련 금지행위

- 현금영수증가맹점은 현금영수증 발급을 이유로 재화 또는 용역의 공급대가 이외에 어떠한 명목의 추가요금을 소비자에게 부담하게 해서는 안 됩니다.

- 현금영수증가맹점은 다음 중 어느 하나에 해당하는 행위를 해서는 안 됩니다.

㉠ 재화 또는 용역의 공급 없이 거래를 한 것으로 가장하여 현금영수증을 발급하는 행위

㉡ 재화 또는 용역의 공급대가를 초과하여 현금영수증을 발급하는 행위

㉢ 다른 현금영수증가맹점 명의로 현금영수증을 발급하는 행위

㉣ 현금영수증가맹점의 명의를 타인에게 대여하는 행위

㉤ 현금영수증을 발급한 후 정당한 사유 또는 소비자의 동의 없이 현금영수증 발급을 취소하는 행위

㉥ 무기명으로 발급된 현금영수증을 거래상대방이 아닌 타인에게 교부하는 행위

③ 위반 시 제재

- 현금영수증가맹점으로 가입한 사업자가 상대방이 대금을 현금으로 지급한 후 현금영수증의 발급을 요청한 경우에 현금영수증 발급을 거부하거나 사실과 다르게 발급하여 납세지 관할 세무서장으로부터 통보를 받은 경우 다음에 해당하는 금액을 해당 과세기간의 결정세액에 더합니다.

- 해당 과세기간의 거래에 대해서 통보받은 건별 발급 거부 금액 또는 사실과 다르게 발급한 금액(건별로 발급해야 할 금액과의 차액)의 각각 5%에 해당하는 금액(건별로 계산한 금액이 5천원에 미달하는 경우에는 5천원으로 함)

(3) 현금영수증가맹점에서 탈퇴

- 현금영수증가맹점으로 가입된 사업자는 수입금액의 합계액이 2천
400만원에 미달하게 되는 과세기간이 있는 경우에는 그 다음 연
도 1월 1일부터 현금영수증가맹점에서 탈퇴할 수 있습니다.
- 이 경우 현금영수증가맹점을 나타내는 표지를 게시해서는 안 됩니다.

현금영수증 발급 대상

Q. 올해 분식집을 창업하여 운영하고 있는데요. 저희 분식집도 현금영수증 가맹점에 가입해야 하는지 궁금합니다.

A. 현금영수증가맹점에 가입해야 하는 음식점은 직전 과세기간의 수입금액 합계액이 2천400만원이상이어야 해요(「소득세법」제162조의3제1항 및「소득세법 시행령」제210조의3제1항제1호 참조). 즉, 직전과세기간의 수입금액을 알 수 없는 사업의 첫 해이거나, 수입금액이 2천400만원보다 적은 경우에는 현금영수증가맹점에 가입하지 않아도 돼요.
따라서 올해 분식집을 운영하는 첫 해라면 현금영수증가맹점으로 가입하지 않아도 된답니다.

현금영수증 발급 거부

Q. 한 곳에서 수년 째, 음식점을 운영하고 있는 자영업자입니다. 요즘은 손님들께서 적은 금액이라도 현금영수증 발급을 많이 요청하시는데요. 현금영수증은 꼭 발급해야 하는 건가요?

A. 음식점 영업을 하는 사업자가 직전 과세기간의 수입금액의 합계액이 2천400만원보다 적은 경우에는 현금영수증가맹점에 가입하지 않아도 되므로 현금영수증을 발급하지 않아도 되나, 직전 과세기간의 수입금액의 합계액이 2천400만원 이상인 경우에는 직전 과세기간의 수입금액 합계액이 2천400만원이 넘는 날이 속하는 달의 말일부터 3개월 내에 현금영수증가맹점에 의무적으로 가입해야 하므로 현금영수증을 발급해 줘야 합니다.
◇ 현금영수증가맹점의 가입
☞ 다음의 요건 중 어느 하나에 해당하는 음식점 사업자는 그 요건에 해당하는 날부터 60일 이내(현금영수증가맹점 의무가입대상에 해당하는 경우에는 의무가입대상에 해당하는 날이 속하는 달의 말일부터 3개월)에 신용카드단말기 등에 현금영수증 발급장치를 설치함으로써 현금

영수증가맹점으로 가입해야 합니다.
1. 직전 과세기간의 수입금액(결정 또는 경정에 의해 증가된 수입금액을 포함)의 합계액이 2천400만원 이상인 사업자
2. 일반유흥 주점업, 무도유흥 주점업, 출장 음식 서비스업을 하는 사업자

◇ 위반 시 제재

☞ 현금영수증가맹점으로 가입해야 할 사업자가 이를 이행하지 않은 경우 다음에 해당하는 금액을 해당 과세기간의 결정세액에 더합니다.

$$\text{가산세} = A \times \frac{B}{C} \times 100\text{분의 }1$$

A : 해당 과세기간의 수입금액(현금영수증가맹점 가입대상인 업종의 수입금액만 해당하며, 제163조에 따른 계산서 및 「부가가치세법」 제32조에 따른 세금계산서 발급분 등 대통령령으로 정하는 수입금액은 제외한다)

B : 미가입기간(제162조의3제1항에 따른 가입기한의 다음 날부터 가입일 전날까지의 일수를 말하며, 미가입기간이 2개 이상의 과세기간에 걸쳐 있으면 각 과세기간별로 미가입기간을 적용한다)

C : 365(윤년에는 366으로 한다)

☞ 현금영수증가맹점으로 가입한 사업자가 현금영수증을 발급하지 않거나 사실과 다르게 발급하여 소비자의 신고를 통해 관할 세무서장으로부터 통보를 받은 경우 다음에 해당하는 금액을 해당 과세기간의 결정세액에 더합니다.
-> 해당 과세기간의 거래에 대해서 통보받은 건별 미발급 금액 또는 건별로 사실과 다르게 발급한 금액(건별로 발급해야 할 금액과의 차액)의 각각 5%에 해당하는 금액(건별로 계산한 금액이 5천원에 미달하는 경우에는 5천원으로 함)

1. 영업 사항의 변경

1) 허가 및 신고사항의 변경

(1) 중요한 허가사항의 변경

① 변경허가의 대상

단란주점 및 유흥주점 영업자가 영업 중 영업소의 소재지를 변경하려는 경우에는 특별자치시장·특별자치도지사·시장·군수 또는 구청장의 허가를 받아야 합니다.

② 변경허가의 신청

단란주점 및 유흥주점 영업자가 영업소의 소재지 변경에 대해 시장·군수 또는 구청장의 허가를 받기 위해서는 다음의 서류를 변경한 날부터 7일 이내에 허가관청에 제출하면 됩니다.

　㉠ 변경허가신청서

　㉡ 허가증

　㉢ 유선 및 도선사업 면허증 또는 신고필증(수상구조물로 된 유선장 또는 도선장에서 단란주점영업 및 유흥주점영업을 하려는 경우만 해당)

　㉣「먹는물관리법」에 따른 먹는물 수질검사기관이 발행한 수질검사(시험)성적서(수돗물이 아닌 지하수 등을 먹는 물 또는 식품 등의 제조과정이나 식품의 조리·세척 등에 사용하는 경우만 해당)

③ 위반 시 제재

변경허가를 받지 않은 경우에는 10년 이하의 징역 또는 1억원 이하의 벌금에 처해지거나 징역과 벌금이 병과될 수 있습니다.

※ 변경허가를 받지 않아 금고 이상의 형을 선고받고 그 형이 확정된 후 5년 이내에 다시 변경허가를 받지않은 자는 1년 이상 10년 이하의 징역에 처해 집니다.

(2) 경미한 허가사항의 변경

① 변경신고의 대상

영업의 허가를 받은 단란주점 및 유흥주점 영업자가 허가받은 사항 중 영업소재지 변경을 제외한 아래의 경미한 사항을 변경할 때에는 식품의약품안전처장 또는 특별자치시장·특별자치도지사·시장·군수 또는 구청장에게 신고해야 합니다.

  ㉠ 영업자의 성명(영업자가 법인인 경우에는 그 대표자의 성명을 말함)
  ㉡ 영업소의 명칭 또는 상호
  ㉢ 영업장의 면적

② 변경신고의 신청

영업허가를 받은 단란주점 및 유흥주점 영업자가 위 경미한 사항을 변경한 경우에는 변경한 날부터 7일 이내에 허가사항 변경 신청·신고서(「식품위생법 시행규칙」 별지 제36호서식)에 허가증을 첨부하여 허가관청에 제출하면 됩니다.

③ 위반 시 제재

변경신고를 하지 않은 경우에는 3년 이하 징역 또는 3천만원 이하의 벌금에 처해집니다.

(3) 중요한 신고사항의 변경

① 변경신고의 대상

휴게음식점·일반음식점·위탁급식·제과점영업자가 신고한 사항 중 아래의 중요한 사항을 변경하려는 때에는 식품의약품안전처장 또는 특별자치시장·특별자치도지사·시장·군수 또는 구청장에게 신고해야 합니다.

  ㉠ 영업자의 성명(법인의 경우에는 그 대표자의 성명을 말함)
  ㉡ 영업소의 명칭 또는 상호
  ㉢ 영업장의 소재지
  ㉣ 영업장의 면적

② 변경신고의 신청

변경신고를 하려는 자는 영업신고사항 변경신고서(「식품위생법 시행규칙」 별지 제41호서식. 전자문서로 된 신고서를 포함함)에 영업신고증(소재지를 변경하는 경우에는 「식품위생법 시행규칙」 제42조제1항 제2호부터 제4호까지, 제6호부터 제15호까지의 서류를 포함하되, 제2호의 서류는 제조·가공하려는 식품의 유형 또는 제조방법을 변경하는 경우만 해당하며, 제13호의 서류는 건물 외부에 있는 영업장의 면적을 변경하는 경우만 해당함)을 첨부하여 변경한 날부터 7일 이내에 신고관청에 제출해야 합니다.

③ 위반 시 제재

변경신고를 하지 않은 경우에는 3년 이하의 징역 또는 3천만원 이하의 벌금에 처해집니다.

2) 사업자등록 사항의 변경 및 말소 등
 (1) 사업자등록의 변경
 ① 변경신고

사업자등록을 한 사업자는 다음의 어느 하나에 해당하는 경우에는 지체 없이 관할 세무서장이나 그 밖에 신고인의 편의에 따라 선택한 세무서장(국세정보통신망에 따른 제출을 포함함)에게 신고해야 합니다.

 ㉠ 상호를 변경하는 경우
 ㉡ 법인 또는 「국세기본법」 제13조제1항 및 제2항에 따라 법인으로 보는 단체 외의 단체로서 「소득세법 시행령」 제3조의2제2호에 따라 1거주자로 보는 단체가 대표자를 변경하는 경우
 ㉢ 다음의 사유가 발생한 경우
  ⓐ 사업의 종류를 완전히 다른 종류로 변경한 경우
  ⓑ 새로운 사업의 종류를 추가하거나 사업의 종류 중 일부를 폐지한 경우
 ㉣ 사업장[「부가가치세법」제8조제3항에 따른 사업자 단위 과세 사업자 (이하 "사업자 단위 과세 사업자"라 함)의 경우에는 사업자 단위 과세 적용 사업장을 말함]을 이전하는 경우

ⓜ 상속으로 사업자의 명의가 변경되는 경우

ⓗ 공동사업자의 구성원 또는 출자지분이 변경되는 경우

ⓢ 임대인, 임대차 목적물 및 그 면적, 보증금, 임차료 또는 임대차기간이 변경되거나 새로 상가건물을 임차한 경우(「상가건물 임대차보호법」제2조제1항에 따른 상가건물의 임차인이 사업자등록 정정신고를 하려는 경우, 임차인이「상가건물 임대차보호법」제5조제2항에 따른 확정일자를 신청하려는 경우 및 확정일자를 받은 임차인에게 변경 등이 있는 경우에 한함)

ⓞ 사업자 단위 과세 사업자가 사업자 단위 과세 적용 사업장을 변경하는 경우

ⓩ 사업자 단위 과세 사업자가 종된 사업장을 신설하거나 이전하는 경우

ⓐ 사업자 단위 과세 사업자가 종된 사업장의 사업을 휴업하거나 폐업하는 경우

ⓒ 사이버몰[「전기통신사업법」제5조에 따른 부가통신사업을 하는 사업자(이하 "부가통신사업자"라 함)가 컴퓨터 등과 정보통신설비를 이용하여 재화 등을 거래할 수 있도록 설정한 가상의 영업장을 말함]에 인적사항 등의 정보를 등록하고 재화 또는 용역을 공급하는 사업을 하는 사업자가 사이버몰의 명칭 또는「인터넷주소자원에 관한 법률」에 따른 인터넷 도메인이름을 변경하는 경우

② 사업자등록정정신고서 제출

- 변경신고를 하는 경우에는 사업자의 인적사항, 사업자등록의 변경사항 및 그 밖의 필요한 사항을 적은 사업자등록정정신고서에 사업자등록증을 첨부하여 제출(국세정보통신망에 따른 제출을 포함)해야 합니다.

- 이 경우「부가가치세법 시행령」제11조제3항 각 호의 구분란에 해당하는 내용이 변경된 사업자는 해당 각 호의 첨부서류를 제출해야 합니다.

- 사업장과 주소지가 동일한 사업자가 사업자등록신청서 또는 사업자등록정정신고서를 제출하면서「주민등록법」에 따른 주소가 변경되면 사업장의 주소도 변경되는 것에 동의한 경우, 사업자가 전입신고를 하면 사업자등록정정신고서를 제출한 것으로 봅니다.

③ 사업자등록증 재발급

- 신고를 받은 세무서장은 다음의 구분에 따른 기한 이내에 변경 내용을 확인하고 사업자등록증의 기재사항을 정정하여 재발급해야 합니다.
  ㉠ 위 변경신고의 ㉠ 및 ㉻의 경우: 신청일 당일
  ㉡ 위 변경신고의 ㉡부터 ㅍ까지의 경우: 신청일부터 3일 이내
- 사업자가 위 변경신고의 ㉣또는 ◎에 따른 사유로 사업자등록 정정신고를 한 경우 사업장 관할 세무서장은 종전의 사업장 관할 세무서장에게 지체 없이 사업장의 이전 또는 변경 사실을 통지해야 합니다.

(2) 사업자 등록의 말소

① 등록 말소의 사유

사업장 관할 세무서장은 사업자등록이 된 사업자가 다음의 어느 하나에 해당하면 지체 없이 사업자등록을 말소해야 합니다.

  ㉠ 폐업한 경우
  ㉡ 다음의 어느 하나에 해당하는 경우
    ⓐ 사업자가 사업자등록을 한 후 정당한 사유 없이 6개월 이상 사업을 시작하지 않는 경우
    ⓑ 사업자가 부도발생, 고액체납 등으로 도산하여 소재 불명인 경우
    ⓒ 사업자가 인가·허가의 취소 또는 그 밖의 사유로 사업을 수행할수 없어 사실상 폐업상태에 있는 경우
    ⓓ 사업자가 정당한 사유 없이 계속하여 둘 이상의 과세기간에 걸쳐 부가가치세를 신고하지 않고 사실상 폐업상태에 있는 경우
    ⓔ 그 밖에 사업자가 위 ⓐ부터 ⓓ까지의 규정과 유사한 사유로 사실상 사업을 시작하지 않는 경우

② 사업자등록증의 회수

사업자등록을 말소하는 경우 관할 세무서장은 지체 없이 등록증을 회수해야 하며, 등록증을 회수할 수 없는 경우에는 등록말소 사실을 공시해야 합니다.

(3) 사업자등록의 갱신

사업장 관할 세무서장은 부가가치세의 업무를 효율적으로 처리하기 위해 필요하다고 인정되면 사업자등록증을 갱신하여 발급할 수 있습니다.

2. 휴업 및 폐업

1)휴업신고

(1)「식품위생법」상 휴업 시 행정처분

① 영업허가 취소 또는 영업소 폐쇄명령

식품의약품안전처장 또는 특별자치시장·특별자치도지사·시장·군수·구청장은 영업자가 정당한 사유 없이 6개월 이상 계속 휴업하는 경우에는 영업허가를 취소하거나 영업소 폐쇄를 명할 수 있습니다.

(2)「부가가치세법」상 휴업신고

① 휴업신고

사업자등록을 한 사업자가 휴업을 하거나 사실상 사업을 시작하지 않게 될 때에는 지체 없이 세무서장(관할 세무서장 또는 그 밖의 모든 세무서장을 말함)에게 휴업신고를 해야 합니다.

② 휴업신고서 제출

휴업신고를 하는 경우에는 다음의 사항을 적은 휴업(폐업)신고서를 제출(국세정보통신망에 의한 제출을 포함)해야 합니다.

  ㉠ 사업자의 인적사항
  ㉡ 휴업 연월일과 그 사유
  ㉢ 그 밖의 참고 사항

③ 허가 또는 신고관청에의 휴업신고

법령에 따라 허가를 받거나 신고를 해야 하는 사업의 경우에는 허가 또는 신고가 필요한 사업의 주무관청에 휴업(폐업)신고서를 제출할 수 있으며, 휴업(폐업)신고서를 받은 주무관청은 지체 없이 관할 세무서장에게 그 서류를 송부(정보통신망을 이용한 송부를 포함)해야 하고,

허가 또는 신고가 필요한 사업의 주무관청에 제출해야 하는 해당 법령에 따른 신고서를 관할 세무서장에게 제출한 경우에는 관할 세무서장은 지체 없이 그 서류를 관할 주무관청에 송부해야 합니다.

④ 휴업신고의 효력

- 휴업하는 날은 사업장별로 그 사업을 실질적으로 휴업하는 날(실질적으로 휴업하는 날이 분명하지 않은 경우에는 휴업신고서의 접수일)로 합니다.
- 휴업신고서에 적힌 휴업기간을 산정할 때에는 계절적인 사업의 경우 그 계절이 아닌 기간은 휴업기간으로 봅니다.

2) 폐업신고

(1)「식품위생법」상 폐업신고

① 폐업신고

영업의 허가를 받거나 신고를 한 자가 그 영업을 폐업하는 경우에는 식품의약품안전처장 또는 특별자치시장·특별자치도지사·시장·군수·구청장에게 신고해야 합니다.

② 폐업신고서 제출

- 폐업신고를 하는 경우에는 영업의 폐업신고서(「식품위생법 시행규칙」 별지 제42호서식. 전자문서로 된 신고서를 포함)에 영업허가증 및 영업신고증을 첨부하여 허가관청 및 신고관청에 제출해야 합니다.
- 폐업신고를 하는 자가 「부가가치세법」 제8조제7항에 따른 폐업신고를 같이 하려는 경우에는 위의 폐업신고서에 「부가가치세법 시행규칙」에 따른 폐업신고서(「부가가치세법 시행규칙」 별지 제9호서식)를 함께 제출해야 합니다.

③ 영업신고의 말소

식품의약품안전처장 또는 특별자치시장·특별자치도지사·시장·군수·구청장은 영업신고를 한 영업자가 「부가가치세법」 제8조에 따라 관할세무서장에게 폐업신고를 하거나 관할세무서장이 사업자등록을 말소한 경우에는 신고사항을 직권으로 말소할 수 있습니다.

④ 위반 시 제재

폐업신고를 하지 않은 경우에는 3년 이하의 징역 또는 3천만원 이하의 벌금에 처해집니다.

(2)「부가가치세법」상 폐업신고
① 폐업신고
사업자등록을 한 사업자가 폐업을 하거나 사실상 사업을 시작하지 않게 될 때에는 지체 없이 세무서장(관할 세무서장 또는 그 밖의 모든 세무서장을 말함)에게 폐업신고를 해야 합니다.

② 폐업신고서 제출
 - 폐업신고를 하는 경우에는 다음의 사항을 적은 휴업(폐업)신고서를 제출(국세정보통신망에 의한 제출을 포함)해야 합니다.
 ㉠ 사업자의 인적사항
 ㉡ 폐업 연월일과 그 사유
 ㉢ 그 밖의 참고 사항
 - 폐업신고서에는 사업자등록증을 첨부해야 합니다.
 - 폐업을 하는 사업자가 부가가치세 확정신고서에 폐업 연월일과 그 사유를 적고 사업자등록증을 첨부하여 제출하는 경우에는 폐업신고서를 제출한 것으로 봅니다.

③ 허가 또는 신고관청에의 폐업신고
법령에 따라 허가를 받거나 신고를 해야 하는 사업의 경우에는 허가 또는 신고가 필요한 사업의 주무관청에 휴업(폐업)신고서를 제출할 수 있으며, 휴업(폐업)신고서를 받은 주무관청은 지체 없이 관할 세무서장에게 그 서류를 송부(정보통신망을 이용한 송부를 포함)해야 하고, 허가 또는 신고가 필요한 사업의 주무관청에 제출해야 하는 해당 법령에 따른 신고서를 관할 세무서장에게 제출한 경우에는 관할 세무서장은 지체 없이 그 서류를 관할 주무관청에 송부해야 합니다.

④ 폐업신고의 효력

- 사업자가 폐업하는 경우의 과세기간은 폐업일이 속하는 과세기간
  의 개시일부터 폐업일까지로 합니다.
- 폐업일은 사업장별로 그 사업을 실질적으로 폐업하는 날(폐입한
  날이 분명하지 않은 경우에는 폐업신고서의 접수일)로 합니다.
- 사업 개시일 전에 사업자등록을 한 자로서 사업자등록을 한 날부
  터 6개월이 되는 날까지 재화와 용역의 공급실적이 없는 자에 대
  해서는 그 6개월이 되는 날을 폐업일로 봅니다.

폐업신고 및 부가가치세 확정신고·납부

Q. 치킨집을 운영하고 있지만, 장사가 너무 안 돼서 그만 정리하려고 생각 중이에요. 영업신고를 한 것에 대해서 폐업신고만 하면 되나요?

A. 음식점을 폐업하는 경우에는 허가 및 신고관청에 영업허가 또는 영업신고에 대한 폐업신고를 해야 하고, 이와 함께 사업자등록에 대한 폐업신고도 세무서에 해야 해요.

그리고 폐업을 하는 사업자는 과세기간 개시일부터 폐업일까지의 사업실적에 대해 폐업일이 속하는 달의 다음 달 25일 이내에 부가가치세 확정신고·납부를 해야 합니다.

음식점의 양도 및 상속

Q. 아버지가 운영하던 음식점을 제가 물려받아서 운영하려고 합니다. 이런 경우, 폐업신고를 하고 다시 새롭게 영업신고를 해야 하나요?

A. 음식점을 더 이상 운영하지 않게 된 경우에는 폐업신고를 하면 돼요. 하지만 기존에 운영 중인 음식점을 양도받거나 영업자가 사망하여 이를 상속받게 된 경우에는 「식품위생법」에 따라 1개월 이내에 영업자 지위승계 신고를 하고 음식점을 운영하면 돼요.

폐업신고

Q. 장사가 너무 안 돼서 운영하던 음식점을 그만 정리하려고 합니다. 폐업신고는 어떻게 해야 하나요?

A. 음식점을 폐업하는 경우에는 허가 및 신고관청에 영업허가 또는 영업신고에 대한 폐업신고를 해야 하고, 이와 함께 세무서에도 폐업신고를 해야 해요.

◇ 「식품위생법」상 폐업신고

☞ 영업의 허가를 받거나 신고를 한 자가 그 영업을 폐업하는 경우에는 식품의약품안전처장 또는 특별자치시장·특별자치도지사·시장·군수·구청장에게 신고해야 합니다.

◇ 「부가가치세법」상 폐업신고

☞ 사업자등록을 한 사업자가 폐업을 하거나 사실상 사업을 시작하지 않게 될 때에는 지체 없이 세무서장(관할 세무서장 또는 그 밖의 모든 세무서장)에게 폐업신고를 해야 합니다.

☞ 폐업을 하는 사업자가 부가가치세 확정신고서에 폐업 연월일과 그 사유를 적고 사업자등록증을 첨부하여 제출하는 경우에는 폐업신고서를 제출한 것으로 봅니다.

◇ 부가가치세의 납부

☞ 폐업하는 사업자는 과세기간 개시일부터 폐업일까지의 사업실적에 대하여 폐업일이 속하는 달의 다음 달 25일 이내에 부가가치세 확정신고·납부를 해야 합니다.

부 록

식품위생법

식품위생법

[시행 2021. 7. 1] [법률 제17809호, 2020. 12. 29, 일부개정]

제1장 총칙

제1조(목적) 이 법은 식품으로 인하여 생기는 위생상의 위해(危害)를 방지하고 식품영양의 질적 향상을 도모하며 식품에 관한 올바른 정보를 제공하여 국민보건의 증진에 이바지함을 목적으로 한다.

제2조(정의) 이 법에서 사용하는 용어의 뜻은 다음과 같다. <개정 2011. 6. 7., 2013. 5. 22., 2013. 7. 30., 2015. 2. 3., 2016. 2. 3., 2017. 4. 18., 2020. 12. 29.>

1. "식품"이란 모든 음식물(의약으로 섭취하는 것은 제외한다)을 말한다.
2. "식품첨가물"이란 식품을 제조·가공·조리 또는 보존하는 과정에서 감미(甘味), 착색(着色), 표백(漂白) 또는 산화방지 등을 목적으로 식품에 사용되는 물질을 말한다. 이 경우 기구(器具)·용기·포장을 살균·소독하는 데에 사용되어 간접적으로 식품으로 옮아갈 수 있는 물질을 포함한다.
3. "화학적 합성품"이란 화학적 수단으로 원소(元素) 또는 화합물에 분해 반응 외의 화학 반응을 일으켜서 얻은 물질을 말한다.
4. "기구"란 다음 각 목의 어느 하나에 해당하는 것으로서 식품 또는 식품첨가물에 직접 닿는 기계·기구나 그 밖의 물건(농업과 수산업에서 식품을 채취하는 데에 쓰는 기계·기구나 그 밖의 물건 및 「위생용품 관리법」 제2조제1호에 따른 위생용품은 제외한다)을 말한다.
   가. 음식을 먹을 때 사용하거나 담는 것
   나. 식품 또는 식품첨가물을 채취·제조·가공·조리·저장·소분[(小分): 완제품을 나누어 유통을 목적으로 재포장하는 것을 말한다. 이하 같다]·운반·진열할 때 사용하는 것
5. "용기·포장"이란 식품 또는 식품첨가물을 넣거나 싸는 것으로서 식품 또는 식품첨가물을 주고받을 때 함께 건네는 물품을 말한다.
6. "위해"란 식품, 식품첨가물, 기구 또는 용기·포장에 존재하는 위험요소로서 인체의 건강을 해치거나 해칠 우려가 있는 것을 말한다.
7. 삭제 <2018. 3. 13.>

8. 삭제 <2018. 3. 13.>

9. "영업"이란 식품 또는 식품첨가물을 채취 · 제조 · 가공 · 조리 · 저장 · 소분 · 운반 또는 판매하거나 기구 또는 용기 · 포장을 제조 · 운반 · 판매하는 업(농업과 수산업에 속하는 식품 채취업은 제외한다)을 말한다.

10. "영업자"란 제37조제1항에 따라 영업허가를 받은 자나 같은 조 제4항에 따라 영업신고를 한 자 또는 같은 조 제5항에 따라 영업등록을 한 자를 말한다.

11. "식품위생"이란 식품, 식품첨가물, 기구 또는 용기 · 포장을 대상으로 하는 음식에 관한 위생을 말한다.

12. "집단급식소"란 영리를 목적으로 하지 아니하면서 특정 다수인에게 계속하여 음식물을 공급하는 다음 각 목의 어느 하나에 해당하는 곳의 급식시설로서 대통령령으로 정하는 시설을 말한다.
    가. 기숙사
    나. 학교, 유치원, 어린이집
    다. 병원
    라. 「사회복지사업법」 제2조제4호의 사회복지시설
    마. 산업체
    바. 국가, 지방자치단체 및 「공공기관의 운영에 관한 법률」 제4조제1항에 따른 공공기관
    사. 그 밖의 후생기관 등

13. "식품이력추적관리"란 식품을 제조 · 가공단계부터 판매단계까지 각 단계별로 정보를 기록 · 관리하여 그 식품의 안전성 등에 문제가 발생할 경우 그 식품을 추적하여 원인을 규명하고 필요한 조치를 할 수 있도록 관리하는 것을 말한다.

14. "식중독"이란 식품 섭취로 인하여 인체에 유해한 미생물 또는 유독물질에 의하여 발생하였거나 발생한 것으로 판단되는 감염성 질환 또는 독소형 질환을 말한다.

15. "집단급식소에서의 식단"이란 급식대상 집단의 영양섭취기준에 따라 음식명, 식재료, 영양성분, 조리방법, 조리인력 등을 고려하여 작성한 급식계획서를 말한다.

제2조(정의) 이 법에서 사용하는 용어의 뜻은 다음과 같다. <개정 2011. 6. 7., 2013. 5. 22., 2013. 7. 30., 2015. 2. 3., 2016. 2. 3., 2017. 4. 18., 2020. 12. 29.>

1. "식품"이란 모든 음식물(의약으로 섭취하는 것은 제외한다)을 말한다.

2. "식품첨가물"이란 식품을 제조·가공·조리 또는 보존하는 과정에서 감미(甘味), 착색(着色), 표백(漂白) 또는 산화방지 등을 목적으로 식품에 사용되는 물질을 말한다. 이 경우 기구(器具)·용기·포장을 살균·소독하는 데에 사용되어 간접적으로 식품으로 옮아갈 수 있는 물질을 포함한다.

3. "화학적 합성품"이란 화학적 수단으로 원소(元素) 또는 화합물에 분해 반응 외의 화학 반응을 일으켜서 얻은 물질을 말한다.

4. "기구"란 다음 각 목의 어느 하나에 해당하는 것으로서 식품 또는 식품첨가물에 직접 닿는 기계·기구나 그 밖의 물건(농업과 수산업에서 식품을 채취하는 데에 쓰는 기계·기구나 그 밖의 물건 및 「위생용품관리법」 제2조제1호에 따른 위생용품은 제외한다)을 말한다.

　가. 음식을 먹을 때 사용하거나 담는 것

　나. 식품 또는 식품첨가물을 채취·제조·가공·조리·저장·소분[(小分): 완제품을 나누어 유통을 목적으로 재포장하는 것을 말한다. 이하 같다]·운반·진열할 때 사용하는 것

5. "용기·포장"이란 식품 또는 식품첨가물을 넣거나 싸는 것으로서 식품 또는 식품첨가물을 주고받을 때 함께 건네는 물품을 말한다.

5의2. "공유주방"이란 식품의 제조·가공·조리·저장·소분·운반에 필요한 시설 또는 기계·기구 등을 여러 영업자가 함께 사용하거나, 동일한 영업자가 여러 종류의 영업에 사용할 수 있는 시설 또는 기계·기구 등이 갖춰진 장소를 말한다.

6. "위해"란 식품, 식품첨가물, 기구 또는 용기·포장에 존재하는 위험요소로서 인체의 건강을 해치거나 해칠 우려가 있는 것을 말한다.

7. 삭제 <2018. 3. 13.>

8. 삭제 <2018. 3. 13.>

9. "영업"이란 식품 또는 식품첨가물을 채취·제조·가공·조리·저장·소분·운반 또는 판매하거나 기구 또는 용기·포장을 제조·운반·판매하는 업(농업과 수산업에 속하는 식품 채취업은 제외한다. 이하 이 호에서 "식품제조업등"이라 한다)을 말한다. 이 경우 공유주방을 운영하는 업과 공유주방에서 식품제조업등을 영위하는 업을 포함한다.

10. "영업자"란 제37조제1항에 따라 영업허가를 받은 자나 같은 조 제4항에 따라 영업신고를 한 자 또는 같은 조 제5항에 따라 영업등록을 한 자를 말한다.

11. "식품위생"이란 식품, 식품첨가물, 기구 또는 용기·포장을 대상으로 하는 음식에 관한 위생을 말한다.

12. "집단급식소"란 영리를 목적으로 하지 아니하면서 특정 다수인에게 계속하여 음식물을 공급하는 다음 각 목의 어느 하나에 해당하는 곳의 급식시설로서 대통령령으로 정하는 시설을 말한다.

　가. 기숙사

　나. 학교, 유치원, 어린이집

　다. 병원

　라. 「사회복지사업법」 제2조제4호의 사회복지시설

　마. 산업체

　바. 국가, 지방자치단체 및 「공공기관의 운영에 관한 법률」 제4조제1 항에 따른 공공기관

　사. 그 밖의 후생기관 등

13. "식품이력추적관리"란 식품을 제조·가공단계부터 판매단계까지 각 단계별로 정보를 기록·관리하여 그 식품의 안전성 등에 문제가 발생 할 경우 그 식품을 추적하여 원인을 규명하고 필요한 조치를 할 수 있 도록 관리하는 것을 말한다.

14. "식중독"이란 식품 섭취로 인하여 인체에 유해한 미생물 또는 유독 물질에 의하여 발생하였거나 발생한 것으로 판단되는 감염성 질환 또 는 독소형 질환을 말한다.

15. "집단급식소에서의 식단"이란 급식대상 집단의 영양섭취기준에 따라 음식명, 식재료, 영양성분, 조리방법, 조리인력 등을 고려하여 작성한 급식계획서를 말한다.

[시행일 : 2021. 12. 30.] 제2조

제3조(식품 등의 취급) ① 누구든지 판매(판매 외의 불특정 다수인에 대한 제공을 포함한다. 이하 같다)를 목적으로 식품 또는 식품첨가물을 채취 ·제조·가공·사용·조리·저장·소분·운반 또는 진열을 할 때에는 깨 끗하고 위생적으로 하여야 한다.

② 영업에 사용하는 기구 및 용기·포장은 깨끗하고 위생적으로 다루어 야 한다.

③ 제1항 및 제2항에 따른 식품, 식품첨가물, 기구 또는 용기·포장(이 하 "식품등"이라 한다)의 위생적인 취급에 관한 기준은 총리령으로 정한 다. <개정 2010. 1. 18., 2013. 3. 23.>

제2장 식품과 식품첨가물

제4조(위해식품등의 판매 등 금지) 누구든지 다음 각 호의 어느 하나에 해당하는 식품등을 판매하거나 판매할 목적으로 채취·제조·수입·가공·사용·조리·저장·소분·운반 또는 진열하여서는 아니 된다. <개정 2013. 3. 23., 2015. 2. 3., 2016. 2. 3.>

1. 썩거나 상하거나 설익어서 인체의 건강을 해칠 우려가 있는 것
2. 유독·유해물질이 들어 있거나 묻어 있는 것 또는 그러할 염려가 있는 것. 다만, 식품의약품안전처장이 인체의 건강을 해칠 우려가 없다고 인정하는 것은 제외한다.
3. 병(病)을 일으키는 미생물에 오염되었거나 그러할 염려가 있어 인체의 건강을 해칠 우려가 있는 것
4. 불결하거나 다른 물질이 섞이거나 첨가(添加)된 것 또는 그 밖의 사유로 인체의 건강을 해칠 우려가 있는 것
5. 제18조에 따른 안전성 심사 대상인 농·축·수산물 등 가운데 안전성 심사를 받지 아니하였거나 안전성 심사에서 식용(食用)으로 부적합하다고 인정된 것
6. 수입이 금지된 것 또는 「수입식품안전관리 특별법」 제20조제1항에 따른 수입신고를 하지 아니하고 수입한 것
7. 영업자가 아닌 자가 제조·가공·소분한 것

제5조(병든 동물 고기 등의 판매 등 금지) 누구든지 총리령으로 정하는 질병에 걸렸거나 걸렸을 염려가 있는 동물이나 그 질병에 걸려 죽은 동물의 고기·뼈·젖·장기 또는 혈액을 식품으로 판매하거나 판매할 목적으로 채취·수입·가공·사용·조리·저장·소분 또는 운반하거나 진열하여서는 아니 된다. <개정 2010. 1. 18., 2013. 3. 23.>

제6조(기준·규격이 정하여지지 아니한 화학적 합성품 등의 판매 등 금지) 누구든지 다음 각 호의 어느 하나에 해당하는 행위를 하여서는 아니 된다. 다만, 식품의약품안전처장이 제57조에 따른 식품위생심의위원회(이하 "심의위원회"라 한다)의 심의를 거쳐 인체의 건강을 해칠 우려가 없다고 인정하는 경우에는 그러하지 아니하다. <개정 2013. 3. 23., 2016. 2. 3.>

1. 제7조제1항 및 제2항에 따라 기준·규격이 정하여지지 아니한 화학적 합성품인 첨가물과 이를 함유한 물질을 식품첨가물로 사용하는 행위
2. 제1호에 따른 식품첨가물이 함유된 식품을 판매하거나 판매할 목적으로

제조·수입·가공·사용·조리·저장·소분·운반 또는 진열하는 행위
[제목개정 2016. 2. 3.]

제7조(식품 또는 식품첨가물에 관한 기준 및 규격) ① 식품의약품안전처장은 국민보건을 위하여 필요하면 판매를 목적으로 하는 식품 또는 식품첨가물에 관한 다음 각 호의 사항을 정하여 고시한다. <개정 2013. 3. 23., 2016. 2. 3.>
1. 제조·가공·사용·조리·보존 방법에 관한 기준
2. 성분에 관한 규격
② 식품의약품안전처장은 제1항에 따라 기준과 규격이 고시되지 아니한 식품 또는 식품첨가물의 기준과 규격을 인정받으려는 자에게 제1항 각 호의 사항을 제출하게 하여 「식품·의약품분야 시험·검사 등에 관한 법률」 제6조제3항제1호에 따라 식품의약품안전처장이 지정한 식품전문 시험·검사기관 또는 같은 조 제4항 단서에 따라 총리령으로 정하는 시험·검사기관의 검토를 거쳐 제1항에 따른 기준과 규격이 고시될 때까지 그 식품 또는 식품첨가물의 기준과 규격으로 인정할 수 있다. <개정 2013. 3. 23., 2013. 7. 30., 2016. 2. 3.>
③ 수출할 식품 또는 식품첨가물의 기준과 규격은 제1항 및 제2항에도 불구하고 수입자가 요구하는 기준과 규격을 따를 수 있다.
④ 제1항 및 제2항에 따라 기준과 규격이 정하여진 식품 또는 식품첨가물은 그 기준에 따라 제조·수입·가공·사용·조리·보존하여야 하며, 그 기준과 규격에 맞지 아니하는 식품 또는 식품첨가물은 판매하거나 판매할 목적으로 제조·수입·가공·사용·조리·저장·소분·운반·보존 또는 진열하여서는 아니 된다.

제7조의2(권장규격 예시 등) ① 식품의약품안전처장은 판매를 목적으로 하는 제7조 및 제9조에 따른 기준 및 규격이 설정되지 아니한 식품등이 국민보건상 위해 우려가 있어 예방조치가 필요하다고 인정하는 경우에는 그 기준 및 규격이 설정될 때까지 위해 우려가 있는 성분 등의 안전관리를 권장하기 위한 규격(이하 "권장규격"이라 한다)을 예시할 수 있다. <개정 2013. 3. 23.>
② 식품의약품안전처장은 제1항에 따라 권장규격을 예시할 때에는 국제식품규격위원회 및 외국의 규격 또는 다른 식품등에 이미 규격이 신설되어 있는 유사한 성분 등을 고려하여야 하고 심의위원회의 심의를 거쳐야 한다. <개정 2013. 3. 23.>

③ 식품의약품안전처장은 영업자가 제1항에 따른 권장규격을 준수하도록 요청할 수 있으며 이행하지 아니한 경우 그 사실을 공개할 수 있다. <개정 2013. 3. 23.>
[본조신설 2011. 6. 7.]

제7조의3(농약 등의 잔류허용기준 설정 요청 등) ① 식품에 잔류하는 「농약관리법」에 따른 농약, 「약사법」에 따른 동물용 의약품의 잔류허용기준 설정이 필요한 자는 식품의약품안전처장에게 신청하여야 한다.
② 수입식품에 대한 농약 및 동물용 의약품의 잔류허용기준 설정을 원하는 자는 식품의약품안전처장에게 관련 자료를 제출하여 기준 설정을 요청할 수 있다.
③ 식품의약품안전처장은 제1항의 신청에 따라 잔류허용기준을 설정하는 경우 관계 행정기관의 장에게 자료제공 등의 협조를 요청할 수 있다. 이 경우 요청을 받은 관계 행정기관의 장은 특별한 사유가 없으면 이에 따라야 한다.
④ 제1항 및 제2항에 따른 신청 절차·방법 및 자료제출의 범위 등 세부사항은 총리령으로 정한다.
[본조신설 2013. 7. 30.]

제7조의4(식품등의 기준 및 규격 관리계획 등) ① 식품의약품안전처장은 관계 중앙행정기관의 장과의 협의 및 심의위원회의 심의를 거쳐 식품등의 기준 및 규격 관리 기본계획(이하 "관리계획"이라 한다)을 5년마다 수립·추진할 수 있다. <개정 2016. 2. 3.>
② 관리계획에는 다음 각 호의 사항이 포함되어야 한다.
1. 식품등의 기준 및 규격 관리의 기본 목표 및 추진방향
2. 식품등의 유해물질 노출량 평가
3. 식품등의 유해물질의 총 노출량 적정관리 방안
4. 식품등의 기준 및 규격의 재평가에 관한 사항
5. 그 밖에 식품등의 기준 및 규격 관리에 필요한 사항
③ 식품의약품안전처장은 관리계획을 시행하기 위하여 해마다 관계 중앙행정기관의 장과 협의하여 식품등의 기준 및 규격 관리 시행계획(이하 "시행계획"이라 한다)을 수립하여야 한다.
④ 식품의약품안전처장은 관리계획 및 시행계획을 수립·시행하기 위하여 필요한 때에는 관계 중앙행정기관의 장 및 지방자치단체의 장에게 협조를 요청할 수 있다. 이 경우 협조를 요청받은 관계 중앙행정기관의 장

등은 특별한 사유가 없으면 이에 따라야 한다.

⑤ 관리계획에 포함되는 노출량 평가·관리의 대상이 되는 유해물질의 종류, 관리계획 및 시행계획의 수립·시행 등에 필요한 사항은 총리령으로 정한다.

[본조신설 2014. 5. 28.]

제7조의5(식품등의 기준 및 규격의 재평가 등) ① 식품의약품안전처장은 관리계획에 따라 식품등에 관한 기준 및 규격을 주기적으로 재평가하여야 한다.

② 제1항에 따른 재평가 대상, 방법 및 절차 등에 필요한 사항은 총리령으로 정한다.

[본조신설 2014. 5. 28.]

제3장 기구와 용기·포장

제8조(유독기구 등의 판매·사용 금지) 유독·유해물질이 들어 있거나 묻어 있어 인체의 건강을 해칠 우려가 있는 기구 및 용기·포장과 식품 또는 식품첨가물에 직접 닿으면 해로운 영향을 끼쳐 인체의 건강을 해칠 우려가 있는 기구 및 용기·포장을 판매하거나 판매할 목적으로 제조·수입·저장·운반·진열하거나 영업에 사용하여서는 아니 된다.

제9조(기구 및 용기·포장에 관한 기준 및 규격) ① 식품의약품안전처장은 국민보건을 위하여 필요한 경우에는 판매하거나 영업에 사용하는 기구 및 용기·포장에 관하여 다음 각 호의 사항을 정하여 고시한다. <개정 2013. 3. 23.>

1. 제조 방법에 관한 기준

2. 기구 및 용기·포장과 그 원재료에 관한 규격

② 식품의약품안전처장은 제1항에 따라 기준과 규격이 고시되지 아니한 기구 및 용기·포장의 기준과 규격을 인정받으려는 자에게 제1항 각 호의 사항을 제출하게 하여 「식품·의약품분야 시험·검사 등에 관한 법률」 제6조제3항제1호에 따라 식품의약품안전처장이 지정한 식품전문 시험·검사기관 또는 같은 조 제4항 단서에 따라 총리령으로 정하는 시험·검사기관의 검토를 거쳐 제1항에 따라 기준과 규격이 고시될 때까지 해당 기구 및 용기·포장의 기준과 규격으로 인정할 수 있다. <개정 2013. 3. 23., 2013. 7. 30., 2016. 2. 3.>

③ 수출할 기구 및 용기·포장과 그 원재료에 관한 기준과 규격은 제1항 및 제2항에도 불구하고 수입자가 요구하는 기준과 규격을 따를 수 있다.

④ 제1항 및 제2항에 따라 기준과 규격이 정하여진 기구 및 용기·포장은 그 기준에 따라 제조하여야 하며, 그 기준과 규격에 맞지 아니한 기구 및 용기·포장은 판매하거나 판매할 목적으로 제조·수입·저장·운반·진열하거나 영업에 사용하여서는 아니 된다.

제4장 표시

제10조 삭제 <2018. 3. 13.>

제11조 삭제 <2018. 3. 13.>

제11조의2 삭제 <2018. 3. 13.>

제12조 삭제 <2010. 2. 4.>

제12조의2(유전자변형식품등의 표시) ① 다음 각 호의 어느 하나에 해당하는 생명공학기술을 활용하여 재배·육성된 농산물·축산물·수산물 등을 원재료로 하여 제조·가공한 식품 또는 식품첨가물(이하 "유전자변형식품등"이라 한다)은 유전자변형식품임을 표시하여야 한다. 다만, 제조·가공 후에 유전자변형 디엔에이(DNA, Deoxyribonucleic acid) 또는 유전자변형 단백질이 남아 있는 유전자변형식품등에 한정한다. <개정 2016. 2. 3.>

1. 인위적으로 유전자를 재조합하거나 유전자를 구성하는 핵산을 세포 또는 세포 내 소기관으로 직접 주입하는 기술

2. 분류학에 따른 과(科)의 범위를 넘는 세포융합기술

② 제1항에 따라 표시하여야 하는 유전자변형식품등은 표시가 없으면 판매하거나 판매할 목적으로 수입·진열·운반하거나 영업에 사용하여서는 아니 된다. <개정 2016. 2. 3.>

③ 제1항에 따른 표시의무자, 표시대상 및 표시방법 등에 필요한 사항은 식품의약품안전처장이 정한다. <개정 2013. 3. 23.>

[본조신설 2011. 6. 7.]
[제목개정 2016. 2. 3.]

제12조의3 삭제 <2018. 3. 13.>

제12조의4 삭제 <2018. 3. 13.>

제13조 삭제 <2018. 3. 13.>

제5장 식품등의 공전(公典)

제14조(식품등의 공전) 식품의약품안전처장은 다음 각 호의 기준 등을 실은 식품등의 공전을 작성·보급하여야 한다. <개정 2013. 3. 23.>
1. 제7조제1항에 따라 정하여진 식품 또는 식품첨가물의 기준과 규격
2. 제9조제1항에 따라 정하여진 기구 및 용기·포장의 기준과 규격
3. 삭제 <2018. 3. 13.>

제6장 검사 등

제15조(위해평가) ① 식품의약품안전처장은 국내외에서 유해물질이 함유된 것으로 알려지는 등 위해의 우려가 제기되는 식품등이 제4조 또는 제8조에 따른 식품등에 해당한다고 의심되는 경우에는 그 식품등의 위해요소를 신속히 평가하여 그것이 위해식품등인지를 결정하여야 한다. <개정 2013. 3. 23.>
② 식품의약품안전처장은 제1항에 따른 위해평가가 끝나기 전까지 국민건강을 위하여 예방조치가 필요한 식품등에 대하여는 판매하거나 판매할 목적으로 채취·제조·수입·가공·사용·조리·저장·소분·운반 또는 진열하는 것을 일시적으로 금지할 수 있다. 다만, 국민건강에 급박한 위해가 발생하였거나 발생할 우려가 있다고 식품의약품안전처장이 인정하는 경우에는 그 금지조치를 하여야 한다. <개정 2013. 3. 23.>
③ 식품의약품안전처장은 제2항에 따른 일시적 금지조치를 하려면 미리 심의위원회의 심의·의결을 거쳐야 한다. 다만, 국민건강을 급박하게 위해할 우려가 있어서 신속히 금지조치를 하여야 할 필요가 있는 경우에는 먼저 일시적 금지조치를 한 뒤 지체 없이 심의위원회의 심의·의결을 거칠 수 있다. <개정 2013. 3. 23.>
④ 심의위원회는 제3항 본문 및 단서에 따라 심의하는 경우 대통령령으로 정하는 이해관계인의 의견을 들어야 한다.
⑤ 식품의약품안전처장은 제1항에 따른 위해평가나 제3항 단서에 따른 사후 심의위원회의 심의·의결에서 위해가 없다고 인정된 식품등에 대하여는 지체 없이 제2항에 따른 일시적 금지조치를 해제하여야 한다. <개정 2013. 3. 23.>

⑥ 제1항에 따른 위해평가의 대상, 방법 및 절차, 그 밖에 필요한 사항은 대통령령으로 정한다.

제15조의2(위해평가 결과 등에 관한 공표) ① 식품의약품안전처장은 제15조에 따른 위해평가 결과에 관한 사항을 공표할 수 있다. <개정 2013. 3. 23.>
② 중앙행정기관의 장, 특별시장·광역시장·특별자치시장·도지사·특별자치도지사(이하 "시·도지사"라 한다), 시장·군수·구청장(자치구의 구청장을 말한다. 이하 같다) 또는 대통령령으로 정하는 공공기관의 장은 식품의 위해 여부가 의심되는 경우나 위해와 관련된 사실을 공표하려는 경우로서 제15조에 따른 위해평가가 필요한 경우에는 반드시 식품의약품안전처장에게 그 사실을 미리 알리고 협의하여야 한다. <개정 2013. 3. 23., 2016. 2. 3.>
③ 제1항에 따른 공표방법 등 공표에 필요한 사항은 대통령령으로 정한다.
[본조신설 2011. 6. 7.]

제16조(소비자 등의 위생검사등 요청) ① 식품의약품안전처장(대통령령으로 정하는 그 소속 기관의 장을 포함한다. 이하 이 조에서 같다), 시·도지사 또는 시장·군수·구청장은 대통령령으로 정하는 일정 수 이상의 소비자, 소비자단체 또는 「식품·의약품분야 시험·검사 등에 관한 법률」제6조에 따른 시험·검사기관 중 총리령으로 정하는 시험·검사기관이 식품등 또는 영업시설 등에 대하여 제22조에 따른 출입·검사·수거 등(이하 이 조에서 "위생검사등"이라 한다)을 요청하는 경우에는 이에 따라야 한다. 다만, 다음 각 호의 어느 하나에 해당하는 경우에는 그러하지 아니하다. <개정 2013. 3. 23., 2013. 7. 30.>
1. 같은 소비자, 소비자단체 또는 시험·검사기관이 특정 영업자의 영업을 방해할 목적으로 같은 내용의 위생검사등을 반복적으로 요청하는 경우
2. 식품의약품안전처장, 시·도지사 또는 시장·군수·구청장이 기술 또는 시설, 재원(財源) 등의 사유로 위생검사등을 할 수 없다고 인정하는 경우
② 식품의약품안전처장, 시·도지사 또는 시장·군수·구청장은 제1항에 따라 위생검사등의 요청에 따르는 경우 14일 이내에 위생검사등을 하고 그 결과를 대통령령으로 정하는 바에 따라 위생검사등의 요청을 한 소비자, 소비자단체 또는 시험·검사기관에 알리고 인터넷 홈페이지에 게시하여야 한다. <개정 2011. 6. 7., 2013. 3. 23., 2013. 7. 30.>

③ 위생검사등의 요청 요건 및 절차, 그 밖에 필요한 사항은 대통령령으로 정한다.

[제목개정 2013. 7. 30.]

제17조(위해식품등에 대한 긴급대응) ① 식품의약품안전처장은 판매하거나 판매할 목적으로 채취·제조·수입·가공·조리·저장·소분 또는 운반(이하 이 조에서 "제조·판매등"이라 한다)되고 있는 식품등이 다음 각 호의 어느 하나에 해당하는 경우에는 긴급대응방안을 마련하고 필요한 조치를 하여야 한다. <개정 2010. 1. 18., 2013. 3. 23.>

1. 국내외에서 식품등 위해발생 우려가 총리령으로 정하는 과학적 근거에 따라 제기되었거나 제기된 경우

2. 그 밖에 식품등으로 인하여 국민건강에 중대한 위해가 발생하거나 발생할 우려가 있는 경우로서 대통령령으로 정하는 경우

② 제1항에 따른 긴급대응방안은 다음 각 호의 사항이 포함되어야 한다.

1. 해당 식품등의 종류

2. 해당 식품등으로 인하여 인체에 미치는 위해의 종류 및 정도

3. 제3항에 따른 제조·판매등의 금지가 필요한 경우 이에 관한 사항

4. 소비자에 대한 긴급대응요령 등의 교육·홍보에 관한 사항

5. 그 밖에 식품등의 위해 방지 및 확산을 막기 위하여 필요한 사항

③ 식품의약품안전처장은 제1항에 따른 긴급대응이 필요하다고 판단되는 식품등에 대하여는 그 위해 여부가 확인되기 전까지 해당 식품등의 제조·판매등을 금지하여야 한다. <개정 2011. 8. 4., 2013. 3. 23.>

④ 영업자는 제3항에 따른 식품등에 대하여는 제조·판매등을 하여서는 아니 된다.

⑤ 식품의약품안전처장은 제3항에 따라 제조·판매등을 금지하려면 미리 대통령령으로 정하는 이해관계인의 의견을 들어야 한다. <개정 2013. 3. 23.>

⑥ 영업자는 제3항에 따른 금지조치에 대하여 이의가 있는 경우에는 대통령령으로 정하는 바에 따라 식품의약품안전처장에게 해당 금지의 전부 또는 일부의 해제를 요청할 수 있다. <개정 2013. 3. 23.>

⑦ 식품의약품안전처장은 식품등으로 인하여 국민건강에 위해가 발생하지 아니하였거나 발생할 우려가 없어졌다고 인정하는 경우에는 제3항에 따른 금지의 전부 또는 일부를 해제하여야 한다. <개정 2013. 3. 23.>

⑧ 식품의약품안전처장은 국민건강에 급박한 위해가 발생하거나 발생할 우려가 있다고 인정되는 위해식품에 관한 정보를 국민에게 긴급하게 전

달하여야 하는 경우로서 대통령령으로 정하는 요건에 해당하는 경우에는 「방송법」 제2조제3호에 따른 방송사업자 중 대통령령으로 정하는 방송사업자에 대하여 이를 신속하게 방송하도록 요청하거나 「전기통신사업법」 제5조에 따른 기간통신사업자 중 대통령령으로 정하는 기간통신사업자에 대하여 이를 신속하게 문자 또는 음성으로 송신하도록 요청할 수 있다. <개정 2013. 3. 23.>

⑨ 제8항에 따라 요청을 받은 방송사업자 및 기간통신사업자는 특별한 사유가 없는 한 이에 응하여야 한다.

제18조(유전자변형식품등의 안전성 심사 등) ① 유전자변형식품등을 식용(食用)으로 수입·개발·생산하는 자는 최초로 유전자변형식품등을 수입하는 경우 등 대통령령으로 정하는 경우에는 식품의약품안전처장에게 해당 식품등에 대한 안전성 심사를 받아야 한다. <개정 2013. 3. 23., 2016. 2. 3.>

② 식품의약품안전처장은 제1항에 따른 유전자변형식품등의 안전성 심사를 위하여 식품의약품안전처에 유전자변형식품등 안전성심사위원회(이하 "안전성심사위원회"라 한다)를 둔다. <개정 2013. 3. 23., 2016. 2. 3.>

③ 안전성심사위원회는 위원장 1명을 포함한 20명 이내의 위원으로 구성한다. 이 경우 공무원이 아닌 위원이 전체 위원의 과반수가 되도록 하여야 한다. <신설 2019. 1. 15.>

④ 안전성심사위원회의 위원은 유전자변형식품등에 관한 학식과 경험이 풍부한 사람으로서 다음 각 호의 어느 하나에 해당하는 사람 중에서 식품의약품안전처장이 위촉하거나 임명한다. <신설 2019. 1. 15.>

1. 유전자변형식품 관련 학회 또는 「고등교육법」 제2조제1호 및 제2호에 따른 대학 또는 산업대학의 추천을 받은 사람
2. 「비영리민간단체 지원법」 제2조에 따른 비영리민간단체의 추천을 받은 사람
3. 식품위생 관계 공무원

⑤ 안전성심사위원회의 위원장은 위원 중에서 호선한다. <신설 2019. 1. 15.>

⑥ 위원의 임기는 2년으로 한다. 다만, 공무원인 위원의 임기는 해당 직(職)에 재직하는 기간으로 한다. <신설 2019. 1. 15.>

⑦ 그 밖에 안전성심사위원회의 구성·기능·운영에 필요한 사항은 대통령령으로 정한다. <개정 2016. 2. 3., 2019. 1. 15.>

⑧ 제1항에 따른 안전성 심사의 대상, 안전성 심사를 위한 자료제출의 범위 및 심사절차 등에 관하여는 식품의약품안전처장이 정하여 고시한다.

<개정 2013. 3. 23., 2016. 2. 3., 2019. 1. 15.>
[제목개정 2016. 2. 3.]

제19조 삭제 <2015. 2. 3.>

제19조의2 삭제 <2015. 2. 3.>

제19조의3 삭제 <2015. 2. 3.>

제19조의4(검사명령 등) ① 식품의약품안전처장은 다음 각 호의 어느 하나에 해당하는 식품등을 채취·제조·가공·사용·조리·저장·소분·운반 또는 진열하는 영업자에 대하여 「식품·의약품분야 시험·검사 등에 관한 법률」 제6조제3항제1호에 따른 식품전문 시험·검사기관 또는 같은 법 제8조에 따른 국외시험·검사기관에서 검사를 받을 것을 명(이하 "검사명령"이라 한다)할 수 있다. 다만, 검사로써 위해성분을 확인할 수 없다고 식품의약품안전처장이 인정하는 경우에는 관계 자료 등으로 갈음할 수 있다. <개정 2013. 3. 23., 2013. 7. 30., 2015. 2. 3.>
1. 국내외에서 유해물질이 검출된 식품등
2. 삭제 <2015. 2. 3.>
3. 그 밖에 국내외에서 위해발생의 우려가 제기되었거나 제기된 식품등
② 검사명령을 받은 영업자는 총리령으로 정하는 검사기한 내에 검사를 받거나 관련 자료 등을 제출하여야 한다. <개정 2013. 3. 23.>
③ 제1항 및 제2항에 따른 검사명령 대상 식품등의 범위, 제출 자료 등 세부사항은 식품의약품안전처장이 정하여 고시한다. <개정 2013. 3. 23.>
[본조신설 2011. 6. 7.]

제20조 삭제 <2015. 2. 3.>

제21조(특정 식품등의 수입·판매 등 금지) ① 식품의약품안전처장은 특정 국가 또는 지역에서 채취·제조·가공·사용·조리 또는 저장된 식품등이 그 특정 국가 또는 지역에서 위해한 것으로 밝혀졌거나 위해의 우려가 있다고 인정되는 경우에는 그 식품등을 수입·판매하거나 판매할 목적으로 제조·가공·사용·조리·저장·소분·운반 또는 진열하는 것을 금지할 수 있다. <개정 2013. 3. 23.>
② 식품의약품안전처장은 제15조제1항에 따른 위해평가 또는 「수입식품안전관리 특별법」 제21조제1항에 따른 검사 후 식품등에서 제4조제2호에 따른 유독·유해물질이 검출된 경우에는 해당 식품등의 수입을 금지하여야 한다. 다만, 인체의 건강을 해칠 우려가 없다고 식품의약품안전처

장이 인정하는 경우는 그러하지 아니하다. <개정 2013. 3. 23., 2015. 2. 3.>

③ 식품의약품안전처장은 제1항 및 제2항에 따른 금지를 하려면 미리 관계 중앙행정기관의 장의 의견을 듣고 심의위원회의 심의·의결을 거쳐야 한다. 다만, 국민건강을 급박하게 위해할 우려가 있어서 신속히 금지조치를 하여야 할 필요가 있는 경우 먼저 금지조치를 한 뒤 지체 없이 심의위원회의 심의·의결을 거칠 수 있다. <개정 2013. 3. 23.>

④ 제3항 본문 및 단서에 따라 심의위원회가 심의하는 경우 대통령령으로 정하는 이해관계인은 심의위원회에 출석하여 의견을 진술하거나 문서로 의견을 제출할 수 있다.

⑤ 식품의약품안전처장은 직권으로 또는 제1항 및 제2항에 따라 수입·판매 등이 금지된 식품등에 대하여 이해관계가 있는 국가 또는 수입한 영업자의 신청을 받아 그 식품등에 위해가 없는 것으로 인정되면 심의위원회의 심의·의결을 거쳐 제1항 및 제2항에 따른 금지의 전부 또는 일부를 해제할 수 있다. <개정 2013. 3. 23.>

⑥ 식품의약품안전처장은 제1항 및 제2항에 따른 금지나 제5항에 따른 해제를 하는 경우에는 고시하여야 한다. <개정 2013. 3. 23.>

⑦ 식품의약품안전처장은 제1항 및 제2항에 따라 수입·판매 등이 금지된 해당 식품등의 제조업소, 이해관계가 있는 국가 또는 수입한 영업자가 원인 규명 및 개선사항을 제시할 경우에는 제1항 및 제2항에 따른 금지의 전부 또는 일부를 해제할 수 있다. 이 경우 개선사항에 대한 확인이 필요한 때에는 현지 조사를 할 수 있다. <개정 2013. 3. 23.>

제22조(출입·검사·수거 등) ① 식품의약품안전처장(대통령령으로 정하는 그 소속 기관의 장을 포함한다. 이하 이 조에서 같다), 시·도지사 또는 시장·군수·구청장은 식품등의 위해방지·위생관리와 영업질서의 유지를 위하여 필요하면 다음 각 호의 구분에 따른 조치를 할 수 있다. <개정 2009. 5. 21., 2011. 6. 7., 2013. 3. 23.>

1. 영업자나 그 밖의 관계인에게 필요한 서류나 그 밖의 자료의 제출 요구
2. 관계 공무원으로 하여금 다음 각 목에 해당하는 출입·검사·수거 등의 조치
   가. 영업소(사무소, 창고, 제조소, 저장소, 판매소, 그 밖에 이와 유사한 장소를 포함한다)에 출입하여 판매를 목적으로 하거나 영업에 사용하는 식품등 또는 영업시설 등에 대하여 하는 검사
   나. 가목에 따른 검사에 필요한 최소량의 식품등의 무상 수거

다. 영업에 관계되는 장부 또는 서류의 열람

② 식품의약품안전처장은 시·도지사 또는 시장·군수·구청장이 제1항에 따른 출입·검사·수거 등의 업무를 수행하면서 식품등으로 인하여 발생하는 위생 관련 위해방지 업무를 효율적으로 하기 위하여 필요한 경우에는 관계 행정기관의 장, 다른 시·도지사 또는 시장·군수·구청장에게 행정응원(行政應援)을 하도록 요청할 수 있다. 이 경우 행정응원을 요청받은 관계 행정기관의 장, 시·도지사 또는 시장·군수·구청장은 특별한 사유가 없으면 이에 따라야 한다. <개정 2013. 3. 23.>

③ 제1항 및 제2항의 경우에 출입·검사·수거 또는 열람하려는 공무원은 그 권한을 표시하는 증표 및 조사기간, 조사범위, 조사담당자, 관계 법령 등 대통령령으로 정하는 사항이 기재된 서류를 지니고 이를 관계인에게 내보여야 한다. <개정 2016. 2. 3.>

④ 제2항에 따른 행정응원의 절차, 비용 부담 방법, 그 밖에 필요한 사항은 대통령령으로 정한다.

제22조의2 삭제 <2015. 2. 3.>

제23조(식품등의 재검사) ① 식품의약품안전처장(대통령령으로 정하는 그 소속 기관의 장을 포함한다. 이하 이 조에서 같다), 시·도지사 또는 시장·군수·구청장은 제22조, 「수입식품안전관리 특별법」 제21조 또는 제25조에 따라 식품등을 검사한 결과 해당 식품등이 제7조 또는 제9조에 따른 식품등의 기준이나 규격에 맞지 아니하면 대통령령으로 정하는 바에 따라 해당 영업자에게 그 검사 결과를 통보하여야 한다. <개정 2013. 3. 23., 2015. 2. 3.>

② 제1항에 따른 통보를 받은 영업자가 그 검사 결과에 이의가 있으면 검사한 제품과 같은 제품(같은 날에 같은 영업시설에서 같은 제조 공정을 통하여 제조·생산된 제품에 한정한다)을 식품의약품안전처장이 인정하는 국내외 검사기관 2곳 이상에서 같은 검사 항목에 대하여 검사를 받아 그 결과가 제1항에 따라 통보받은 검사 결과와 다를 때에는 그 검사기관의 검사성적서 또는 검사증명서를 첨부하여 식품의약품안전처장, 시·도지사 또는 시장·군수·구청장에게 재검사를 요청할 수 있다. 다만, 시간이 경과함에 따라 검사 결과가 달라질 수 있는 검사항목 등 총리령으로 정하는 검사항목은 재검사 대상에서 제외한다. <개정 2013. 3. 23., 2014. 5. 28.>

③ 제2항에 따른 재검사 요청을 받은 식품의약품안전처장, 시·도지사

또는 시장·군수·구청장은 영업자가 제출한 검사 결과가 제1항에 따른 검사 결과와 다르다고 확인되거나 같은 항의 검사에 따른 검체(檢體)의 채취·취급방법, 검사방법·검사과정 등이 제7조제1항 또는 제9조제1항에 따른 식품등의 기준 및 규격에 위반된다고 인정되는 때에는 지체 없이 재검사하고 해당 영업자에게 재검사 결과를 통보하여야 한다. 이 경우 재검사 수수료와 보세창고료 등 재검사에 드는 비용은 영업자가 부담한다. <개정 2013. 3. 23., 2014. 5. 28.>

④ 제2항 및 제3항에 따른 재검사 요청 절차, 재검사 방법 및 결과 통보 등에 필요한 사항은 총리령으로 정한다. <신설 2018. 12. 11.>

제24조 삭제 <2013. 7. 30.>

제25조 삭제 <2013. 7. 30.>

제26조 삭제 <2013. 7. 30.>

제27조 삭제 <2013. 7. 30.>

제28조 삭제 <2013. 7. 30.>

제29조 삭제 <2013. 7. 30.>

제30조 삭제 <2013. 7. 30.>

제31조(자가품질검사 의무) ① 식품등을 제조·가공하는 영업자는 총리령으로 정하는 바에 따라 제조·가공하는 식품등이 제7조 또는 제9조에 따른 기준과 규격에 맞는지를 검사하여야 한다. <개정 2010. 1. 18., 2013. 3. 23.>

② 식품등을 제조·가공하는 영업자는 제1항에 따른 검사를 「식품·의약품분야 시험·검사 등에 관한 법률」 제6조제3항제2호에 따른 자가품질위탁 시험·검사기관에 위탁하여 실시할 수 있다. <개정 2013. 3. 23., 2013. 7. 30., 2018. 12. 11.>

③ 제1항에 따른 검사를 직접 행하는 영업자는 제1항에 따른 검사 결과 해당 식품등이 제4조부터 제6조까지, 제7조제4항, 제8조 또는 제9조제4항을 위반하여 국민 건강에 위해가 발생하거나 발생할 우려가 있는 경우에는 지체 없이 식품의약품안전처장에게 보고하여야 한다. <신설 2011. 6. 7., 2013. 3. 23., 2013. 7. 30.>

④ 제1항에 따른 검사의 항목·절차, 그 밖에 검사에 필요한 사항은 총리령으로 정한다. <개정 2010. 1. 18., 2011. 6. 7., 2013. 3. 23., 2013. 7. 30.>

제31조의2(자가품질검사의무의 면제) 식품의약품안전처장 또는 시·도지사는 제48조제3항에 따른 식품안전관리인증기준적용업소가 다음 각 호에 해당하는 경우에는 제31조제1항에도 불구하고 총리령으로 정하는 바에 따라 자가품질검사를 면제할 수 있다.

1. 제48조제3항에 따른 식품안전관리인증기준적용업소가 제31조제1항에 따른 검사가 포함된 식품안전관리인증기준을 지키는 경우
2. 제48조제8항에 따른 조사·평가 결과 그 결과가 우수하다고 총리령으로 정하는 바에 따라 식품의약품안전처장이 인정하는 경우

[본조신설 2016. 2. 3.]

제32조(식품위생감시원) ① 제22조제1항에 따른 관계 공무원의 직무와 그 밖에 식품위생에 관한 지도 등을 하기 위하여 식품의약품안전처(대통령령으로 정하는 그 소속 기관을 포함한다), 특별시·광역시·특별자치시·도·특별자치도(이하 "시·도"라 한다) 또는 시·군·구(자치구를 말한다. 이하 같다)에 식품위생감시원을 둔다. <개정 2013. 3. 23., 2016. 2. 3.>
② 제1항에 따른 식품위생감시원의 자격·임명·직무범위, 그 밖에 필요한 사항은 대통령령으로 정한다.

제33조(소비자식품위생감시원) ① 식품의약품안전처장(대통령령으로 정하는 그 소속 기관의 장을 포함한다. 이하 이 조에서 같다), 시·도지사 또는 시장·군수·구청장은 식품위생관리를 위하여 「소비자기본법」 제29조에 따라 등록한 소비자단체의 임직원 중 해당 단체의 장이 추천한 자나 식품위생에 관한 지식이 있는 자를 소비자식품위생감시원으로 위촉할 수 있다. <개정 2013. 3. 23.>
② 제1항에 따라 위촉된 소비자식품위생감시원(이하 "소비자식품위생감시원"이라 한다)의 직무는 다음 각 호와 같다. <개정 2018. 3. 13.>

1. 제36조제1항제3호에 따른 식품접객업을 하는 자(이하 "식품접객영업자"라 한다)에 대한 위생관리 상태 점검
2. 유통 중인 식품등이 「식품등의 표시·광고에 관한 법률」 제4조부터 제7조까지에 따른 표시·광고의 기준에 맞지 아니하거나 같은 법 제8조에 따른 부당한 표시 또는 광고행위의 금지 규정을 위반한 경우 관할 행정관청에 신고하거나 그에 관한 자료 제공
3. 제32조에 따른 식품위생감시원이 하는 식품등에 대한 수거 및 검사 지원

4. 그 밖에 식품위생에 관한 사항으로서 대통령령으로 정하는 사항

③ 소비자식품위생감시원은 제2항 각 호의 직무를 수행하는 경우 그 권한을 남용하여서는 아니 된다.

④ 제1항에 따라 소비자식품위생감시원을 위촉한 식품의약품안전처장, 시·도지사 또는 시장·군수·구청장은 소비자식품위생감시원에게 직무 수행에 필요한 교육을 하여야 한다. <개정 2013. 3. 23.>

⑤ 식품의약품안전처장, 시·도지사 또는 시장·군수·구청장은 소비자식품위생감시원이 다음 각 호의 어느 하나에 해당하면 그 소비자식품위생감시원을 해촉(解囑)하여야 한다. <개정 2013. 3. 23.>

1. 추천한 소비자단체에서 퇴직하거나 해임된 경우

2. 제2항 각 호의 직무와 관련하여 부정한 행위를 하거나 권한을 남용한 경우

3. 질병이나 부상 등의 사유로 직무 수행이 어렵게 된 경우

⑥ 소비자식품위생감시원이 제2항제1호의 직무를 수행하기 위하여 식품접객영업자의 영업소에 단독으로 출입하려면 미리 식품의약품안전처장, 시·도지사 또는 시장·군수·구청장의 승인을 받아야 한다. <개정 2013. 3. 23.>

⑦ 소비자식품위생감시원이 제6항에 따른 승인을 받아 식품접객영업자의 영업소에 단독으로 출입하는 경우에는 승인서와 신분을 표시하는 증표 및 조사기간, 조사범위, 조사담당자, 관계 법령 등 대통령령으로 정하는 사항이 기재된 서류를 지니고 이를 관계인에게 내보여야 한다. <개정 2016. 2. 3.>

⑧ 소비자식품위생감시원의 자격, 직무 범위 및 교육, 그 밖에 필요한 사항은 대통령령으로 정한다.

제34조 삭제 <2015. 3. 27.>

제35조(소비자 위생점검 참여 등) ① 대통령령으로 정하는 영업자는 식품위생에 관한 전문적인 지식이 있는 자 또는 「소비자기본법」 제29조에 따라 등록한 소비자단체의 장이 추천한 자로서 식품의약품안전처장이 정하는 자에게 위생관리 상태를 점검받을 수 있다. <개정 2013. 3. 23.>

② 제1항에 따른 점검 결과 식품의약품안전처장이 정하는 기준에 적합하여 합격한 경우 해당 영업자는 그 합격사실을 총리령으로 정하는 바에 따라 해당 영업소에서 제조·가공한 식품등에 표시하거나 광고할 수 있다. <개정 2010. 1. 18., 2013. 3. 23.>

③ 식품의약품안전처장(대통령령으로 정하는 그 소속 기관의 장을 포함한다. 이하 이 조에서 같다), 시·도지사 또는 시장·군수·구청장은 제1항에 따라 위생점검을 받은 영업소 중 식품의약품안전처장이 정하는 기준에 따른 우수 등급의 영업소에 대하여는 관계 공무원으로 하여금 총리령으로 정하는 일정 기간 동안 제22조에 따른 출입·검사·수거 등을 하지 아니하게 할 수 있다. <개정 2010. 1. 18., 2013. 3. 23., 2016. 2. 3.>

④ 식품의약품안전처장, 시·도지사 또는 시장·군수·구청장은 제22조제1항에 따른 출입·검사·수거 등에 참여를 희망하는 소비자를 참여하게 하여 위생 상태를 점검할 수 있다. <신설 2013. 7. 30., 2016. 2. 3.>

⑤ 제1항에 따른 위생점검의 시기 등은 대통령령으로 정한다. <개정 2013. 7. 30.>

제7장 영업

제36조(시설기준) ① 다음의 영업을 하려는 자는 총리령으로 정하는 시설기준에 맞는 시설을 갖추어야 한다. <개정 2010. 1. 18., 2013. 3. 23.>

1. 식품 또는 식품첨가물의 제조업, 가공업, 운반업, 판매업 및 보존업
2. 기구 또는 용기·포장의 제조업
3. 식품접객업

② 제1항 각 호에 따른 영업의 세부 종류와 그 범위는 대통령령으로 정한다.

제36조(시설기준) ① 다음의 영업을 하려는 자는 총리령으로 정하는 시설기준에 맞는 시설을 갖추어야 한다. <개정 2010. 1. 18., 2013. 3. 23., 2020. 12. 29.>

1. 식품 또는 식품첨가물의 제조업, 가공업, 운반업, 판매업 및 보존업
2. 기구 또는 용기·포장의 제조업
3. 식품접객업
4. 공유주방 운영업(제2조제5호의2에 따라 여러 영업자가 함께 사용하는 공유주방을 운영하는 경우로 한정한다. 이하 같다)

② 제1항에 따른 시설은 영업을 하려는 자별로 구분되어야 한다. 다만, 공유주방을 운영하는 경우에는 그러하지 아니하다. <신설 2020. 12. 29.>

③ 제1항 각 호에 따른 영업의 세부 종류와 그 범위는 대통령령으로 정한다. <개정 2020. 12. 29.>

[시행일 : 2021. 12. 30.] 제36조

제37조(영업허가 등) ① 제36조제1항 각 호에 따른 영업 중 대통령령으로 정하는 영업을 하려는 자는 대통령령으로 정하는 바에 따라 영업 종류별 또는 영업소별로 식품의약품안전처장 또는 특별자치시장·특별자치도지사·시장·군수·구청장의 허가를 받아야 한다. 허가받은 사항 중 대통령령으로 정하는 중요한 사항을 변경할 때에도 또한 같다. <개정 2013. 3. 23., 2016. 2. 3.>

② 식품의약품안전처장 또는 특별자치시장·특별자치도지사·시장·군수·구청장은 제1항에 따른 영업허가를 하는 때에는 필요한 조건을 붙일 수 있다. <개정 2013. 3. 23., 2016. 2. 3.>

③ 제1항에 따라 영업허가를 받은 자가 폐업하거나 허가받은 사항 중 같은 항 후단의 중요한 사항을 제외한 경미한 사항을 변경할 때에는 식품의약품안전처장 또는 특별자치시장·특별자치도지사·시장·군수·구청장에게 신고하여야 한다. <개정 2013. 3. 23., 2016. 2. 3.>

④ 제36조제1항 각 호에 따른 영업 중 대통령령으로 정하는 영업을 하려는 자는 대통령령으로 정하는 바에 따라 영업 종류별 또는 영업소별로 식품의약품안전처장 또는 특별자치시장·특별자치도지사·시장·군수·구청장에게 신고하여야 한다. 신고한 사항 중 대통령령으로 정하는 중요한 사항을 변경하거나 폐업할 때에도 또한 같다. <개정 2013. 3. 23., 2016. 2. 3.>

⑤ 제36조제1항 각 호에 따른 영업 중 대통령령으로 정하는 영업을 하려는 자는 대통령령으로 정하는 바에 따라 영업 종류별 또는 영업소별로 식품의약품안전처장 또는 특별자치시장·특별자치도지사·시장·군수·구청장에게 등록하여야 하며, 등록한 사항 중 대통령령으로 정하는 중요한 사항을 변경할 때에도 또한 같다. 다만, 폐업하거나 대통령령으로 정하는 중요한 사항을 제외한 경미한 사항을 변경할 때에는 식품의약품안전처장 또는 특별자치시장·특별자치도지사·시장·군수·구청장에게 신고하여야 한다. <신설 2011. 6. 7., 2013. 3. 23., 2016. 2. 3.>

⑥ 제1항, 제4항 또는 제5항에 따라 식품 또는 식품첨가물의 제조업·가공업의 허가를 받거나 신고 또는 등록을 한 자가 식품 또는 식품첨가물을 제조·가공하는 경우에는 총리령으로 정하는 바에 따라 식품의약품안전처장 또는 특별자치시장·특별자치도지사·시장·군수·구청장에게 그 사실을 보고하여야 한다. 보고한 사항 중 총리령으로 정하는 중요한 사항을 변경하는 경우에도 또한 같다. <개정 2010. 1. 18., 2011. 6. 7., 2013. 3. 23., 2016. 2. 3.>

⑦ 식품의약품안전처장 또는 특별자치시장·특별자치도지사·시장·군수·구청장은 영업자(제4항에 따른 영업신고 또는 제5항에 따른 영업등록을 한 자만 해당한다)가「부가가치세법」제8조에 따라 관할세무서장에게 폐업신고를 하거나 관할세무서장이 사업자등록을 말소한 경우에는 신고 또는 등록 사항을 직권으로 말소할 수 있다. <개정 2011. 6. 7., 2013. 3. 23., 2013. 6. 7., 2016. 2. 3.>

⑧ 제3항부터 제5항까지의 규정에 따라 폐업하고자 하는 자는 제71조부터 제76조까지의 규정에 따른 영업정지 등 행정 제재처분기간과 그 처분을 위한 절차가 진행 중인 기간(「행정절차법 제21조에 따른 처분의 사전 통지 시점부터 처분이 확정되기 전까지의 기간을 말한다) 중에는 폐업신고를 할 수 없다. <신설 2011. 6. 7., 2019. 4. 30.>

⑨ 식품의약품안전처장 또는 특별자치시장·특별자치도지사·시장·군수·구청장은 제7항의 직권말소를 위하여 필요한 경우 관할 세무서장에게 영업자의 폐업여부에 대한 정보 제공을 요청할 수 있다. 이 경우 요청을 받은 관할 세무서장은「전자정부법」제39조에 따라 영업자의 폐업여부에 대한 정보를 제공한다. <신설 2015. 3. 27., 2016. 2. 3.>

⑩ 식품의약품안전처장 또는 특별자치시장·특별자치도지사·시장·군수·구청장은 제1항에 따른 허가 또는 변경허가의 신청을 받은 날부터 총리령으로 정하는 기간 내에 허가 여부를 신청인에게 통지하여야 한다. <신설 2018. 12. 11.>

⑪ 식품의약품안전처장 또는 특별자치시장·특별자치도지사·시장·군수·구청장이 제10항에서 정한 기간 내에 허가 여부 또는 민원 처리 관련 법령에 따른 처리기간의 연장을 신청인에게 통지하지 아니하면 그 기간(민원 처리 관련 법령에 따라 처리기간이 연장 또는 재연장된 경우에는 해당 처리기간을 말한다)이 끝난 날의 다음 날에 허가를 한 것으로 본다. <신설 2018. 12. 11.>

⑫ 식품의약품안전처장 또는 특별자치시장·특별자치도지사·시장·군수·구청장은 다음 각 호의 어느 하나에 해당하는 신고 또는 등록의 신청을 받은 날부터 3일 이내에 신고수리 여부 또는 등록 여부를 신고인 또는 신청인에게 통지하여야 한다. <신설 2018. 12. 11.>
1. 제3항에 따른 변경신고
2. 제4항에 따른 영업신고 또는 변경신고
3. 제5항에 따른 영업의 등록·변경등록 또는 변경신고

⑬ 식품의약품안전처장 또는 특별자치시장·특별자치도지사·시장·군수·구청장이 제12항에서 정한 기간 내에 신고수리 여부, 등록 여부 또는 민원 처리 관련 법령에 따른 처리기간의 연장을 신고인이나 신청인에게 통지하지 아니하면 그 기간(민원 처리 관련 법령에 따라 처리기간이 연장 또는 재연장된 경우에는 해당 처리기간을 말한다)이 끝난 날의 다음 날에 신고를 수리하거나 등록을 한 것으로 본다. <신설 2018. 12. 11.>

제37조(영업허가 등) ① 제36조제1항 각 호에 따른 영업 중 대통령령으로 정하는 영업을 하려는 자는 대통령령으로 정하는 바에 따라 영업 종류별 또는 영업소별로 식품의약품안전처장 또는 특별자치시장·특별자치도지사·시장·군수·구청장의 허가를 받아야 한다. 허가받은 사항 중 대통령령으로 정하는 중요한 사항을 변경할 때에도 또한 같다. <개정 2013. 3. 23., 2016. 2. 3.>
② 식품의약품안전처장 또는 특별자치시장·특별자치도지사·시장·군수·구청장은 제1항에 따른 영업허가를 하는 때에는 필요한 조건을 붙일 수 있다. <개정 2013. 3. 23., 2016. 2. 3.>
③ 제1항에 따라 영업허가를 받은 자가 폐업하거나 허가받은 사항 중 같은 항 후단의 중요한 사항을 제외한 경미한 사항을 변경할 때에는 식품의약품안전처장 또는 특별자치시장·특별자치도지사·시장·군수·구청장에게 신고하여야 한다. <개정 2013. 3. 23., 2016. 2. 3.>
④ 제36조제1항 각 호에 따른 영업 중 대통령령으로 정하는 영업을 하려는 자는 대통령령으로 정하는 바에 따라 영업 종류별 또는 영업소별로 식품의약품안전처장 또는 특별자치시장·특별자치도지사·시장·군수·구청장에게 신고하여야 한다. 신고한 사항 중 대통령령으로 정하는 중요한 사항을 변경하거나 폐업할 때에도 또한 같다. <개정 2013. 3. 23., 2016. 2. 3.>
⑤ 제36조제1항 각 호에 따른 영업 중 대통령령으로 정하는 영업을 하려는 자는 대통령령으로 정하는 바에 따라 영업 종류별 또는 영업소별로 식품의약품안전처장 또는 특별자치시장·특별자치도지사·시장·군수·구청장에게 등록하여야 하며, 등록한 사항 중 대통령령으로 정하는 중요한 사항을 변경할 때에도 또한 같다. 다만, 폐업하거나 대통령령으로 정하는 중요한 사항을 제외한 경미한 사항을 변경할 때에는 식품의약품안전처장 또는 특별자치시장·특별자치도지사·시장·군수·구청장에게 신고하여야 한다. <신설 2011. 6. 7., 2013. 3. 23., 2016. 2. 3.>
⑥ 제1항, 제4항 또는 제5항에 따라 식품 또는 식품첨가물의 제조업·가

공업(공유주방에서 식품을 제조·가공하는 영업을 포함한다)의 허가를 받거나 신고 또는 등록을 한 자가 식품 또는 식품첨가물을 제조·가공하는 경우에는 총리령으로 정하는 바에 따라 식품의약품안전처장 또는 특별자치시장·특별자치도지사·시장·군수·구청장에게 그 사실을 보고하여야 한다. 보고한 사항 중 총리령으로 정하는 중요한 사항을 변경하는 경우에도 또한 같다. <개정 2010. 1. 18., 2011. 6. 7., 2013. 3. 23., 2016. 2. 3., 2020. 12. 29.>

⑦ 식품의약품안전처장 또는 특별자치시장·특별자치도지사·시장·군수·구청장은 영업자(제4항에 따른 영업신고 또는 제5항에 따른 영업등록을 한 자만 해당한다)가 「부가가치세법」 제8조에 따라 관할세무서장에게 폐업신고를 하거나 관할세무서장이 사업자등록을 말소한 경우에는 신고 또는 등록 사항을 직권으로 말소할 수 있다. <개정 2011. 6. 7., 2013. 3. 23., 2013. 6. 7., 2016. 2. 3.>

⑧ 제3항부터 제5항까지의 규정에 따라 폐업하고자 하는 자는 제71조부터 제76조까지의 규정에 따른 영업정지 등 행정 제재처분기간과 그 처분을 위한 절차가 진행 중인 기간(「행정절차법」 제21조에 따른 처분의 사전 통지 시점부터 처분이 확정되기 전까지의 기간을 말한다) 중에는 폐업신고를 할 수 없다. <신설 2011. 6. 7., 2019. 4. 30.>

⑨ 식품의약품안전처장 또는 특별자치시장·특별자치도지사·시장·군수·구청장은 제7항의 직권말소를 위하여 필요한 경우 관할 세무서장에게 영업자의 폐업여부에 대한 정보 제공을 요청할 수 있다. 이 경우 요청을 받은 관할 세무서장은 「전자정부법」 제39조에 따라 영업자의 폐업여부에 대한 정보를 제공한다. <신설 2015. 3. 27., 2016. 2. 3.>

⑩ 식품의약품안전처장 또는 특별자치시장·특별자치도지사·시장·군수·구청장은 제1항에 따른 허가 또는 변경허가의 신청을 받은 날부터 총리령으로 정하는 기간 내에 허가 여부를 신청인에게 통지하여야 한다. <신설 2018. 12. 11.>

⑪ 식품의약품안전처장 또는 특별자치시장·특별자치도지사·시장·군수·구청장이 제10항에서 정한 기간 내에 허가 여부 또는 민원 처리 관련 법령에 따른 처리기간의 연장을 신청인에게 통지하지 아니하면 그 기간(민원 처리 관련 법령에 따라 처리기간이 연장 또는 재연장된 경우에는 해당 처리기간을 말한다)이 끝난 날의 다음 날에 허가를 한 것으로 본다. <신설 2018. 12. 11.>

⑫ 식품의약품안전처장 또는 특별자치시장·특별자치도지사·시장·군수·구청장은 다음 각 호의 어느 하나에 해당하는 신고 또는 등록의 신청을 받은 날부터 3일 이내에 신고수리 여부 또는 등록 여부를 신고인 또는 신청인에게 통지하여야 한다. <신설 2018. 12. 11.>

1. 제3항에 따른 변경신고
2. 제4항에 따른 영업신고 또는 변경신고
3. 제5항에 따른 영업의 등록·변경등록 또는 변경신고

⑬ 식품의약품안전처장 또는 특별자치시장·특별자치도지사·시장·군수·구청장이 제12항에서 정한 기간 내에 신고수리 여부, 등록 여부 또는 민원 처리 관련 법령에 따른 처리기간의 연장을 신고인이나 신청인에게 통지하지 아니하면 그 기간(민원 처리 관련 법령에 따라 처리기간이 연장 또는 재연장된 경우에는 해당 처리기간을 말한다)이 끝난 날의 다음 날에 신고를 수리하거나 등록을 한 것으로 본다. <신설 2018. 12. 11.>

[시행일 : 2021. 12. 30.] 제37조

제38조(영업허가 등의 제한) ① 다음 각 호의 어느 하나에 해당하면 제37조제1항에 따른 영업허가를 하여서는 아니 된다. <개정 2014. 3. 18., 2018. 3. 13., 2019. 4. 30., 2020. 12. 29.>

1. 해당 영업 시설이 제36조에 따른 시설기준에 맞지 아니한 경우
2. 제75조제1항 또는 제2항에 따라 영업허가가 취소(제44조제2항제1호를 위반하여 영업허가가 취소된 경우와 제75조제1항제19호에 따라 영업허가가 취소된 경우는 제외한다)되거나 「식품 등의 표시·광고에 관한 법률」 제16조제1항·제2항에 따라 영업허가가 취소되고 6개월이 지나기 전에 같은 장소에서 같은 종류의 영업을 하려는 경우. 다만, 영업 시설 전부를 철거하여 영업허가가 취소된 경우에는 그러하지 아니하다.
3. 제44조제2항제1호를 위반하여 영업허가가 취소되거나 제75조제1항제19호에 따라 영업허가가 취소되고 2년이 지나기 전에 같은 장소에서 제36조제1항제3호에 따른 식품접객업을 하려는 경우
4. 제75조제1항 또는 제2항에 따라 영업허가가 취소(제4조부터 제6조까지, 제8조 또는 제44조제2항제1호를 위반하여 영업허가가 취소된 경우와 제75조제1항제19호에 따라 영업허가가 취소된 경우는 제외한다)되거나 「식품 등의 표시·광고에 관한 법률」 제16조제1항·제2항에 따라 영업허가가 취소되고 2년이 지나기 전에 같은 자(법인인 경우에는 그 대표자를 포함한다)가 취소된 영업과 같은 종류의 영업을 하려

는 경우. 다만, 영업시설 전부를 철거(행정 제재처분을 회피하기 위하여 영업시설을 철거한 경우는 제외한다)하여 영업허가가 취소된 경우에는 그러하지 아니하다.

5. 제44조제2항제1호를 위반하여 영업허가가 취소되거나 제75조제1항제19호에 따라 영업허가가 취소된 후 3년이 지나기 전에 같은 자(법인인 경우에는 그 대표자를 포함한다)가 제36조제1항제3호에 따른 식품접객업을 하려는 경우

6. 제4조부터 제6조까지 또는 제8조를 위반하여 영업허가가 취소되고 5년이 지나기 전에 같은 자(법인인 경우에는 그 대표자를 포함한다)가 취소된 영업과 같은 종류의 영업을 하려는 경우

7. 제36조제1항제3호에 따른 식품접객업 중 국민의 보건위생을 위하여 허가를 제한할 필요가 뚜렷하다고 인정되어 시·도지사가 지정하여 고시하는 영업에 해당하는 경우

8. 영업허가를 받으려는 자가 피성년후견인이거나 파산선고를 받고 복권되지 아니한 자인 경우

② 다음 각 호의 어느 하나에 해당하는 경우에는 제37조제4항에 따른 영업신고 또는 같은 조 제5항에 따른 영업등록을 할 수 없다. <개정 2011. 6. 7., 2018. 3. 13., 2019. 4. 30., 2020. 12. 29.>

1. 제75조제1항 또는 제2항에 따른 등록취소 또는 영업소 폐쇄명령(제44조제2항제1호를 위반하여 영업소 폐쇄명령을 받은 경우와 제75조제1항제19호에 따라 영업소 폐쇄명령을 받은 경우는 제외한다)이나 「식품 등의 표시·광고에 관한 법률」 제16조제1항부터 제4항까지에 따른 등록취소 또는 영업소 폐쇄명령을 받고 6개월이 지나기 전에 같은 장소에서 같은 종류의 영업을 하려는 경우. 다만, 영업시설 전부를 철거하여 등록취소 또는 영업소 폐쇄명령을 받은 경우에는 그러하지 아니하다.

2. 제44조제2항제1호를 위반하여 영업소 폐쇄명령을 받거나 제75조제1항제19호에 따라 영업소 폐쇄명령을 받은 후 1년이 지나기 전에 같은 장소에서 제36조제1항제3호에 따른 식품접객업을 하려는 경우

3. 제75조제1항 또는 제2항에 따른 등록취소 또는 영업소 폐쇄명령(제4조부터 제6조까지, 제8조 또는 제44조제2항제1호를 위반하여 등록취소 또는 영업소 폐쇄명령을 받은 경우와 제75조제1항제19호에 따라 영업소 폐쇄명령을 받은 경우는 제외한다)이나 「식품 등의 표시·광고

에 관한 법률」제16조제1항부터 제4항까지에 따른 등록취소 또는 영업소 폐쇄명령을 받고 2년이 지나기 전에 같은 자(법인인 경우에는 그 대표자를 포함한다)가 등록취소 또는 폐쇄명령을 받은 영업과 같은 종류의 영업을 하려는 경우. 다만, 영업시설 전부를 철거(행정 제제처분을 회피하기 위하여 영업시설을 철거한 경우는 제외한다)하여 등록취소 또는 영업소 폐쇄명령을 받은 경우에는 그러하지 아니하다.

4. 제44조제2항제1호를 위반하여 영업소 폐쇄명령을 받거나 제75조제1항제19호에 따라 영업소 폐쇄명령을 받고 2년이 지나기 전에 같은 자(법인인 경우에는 그 대표자를 포함한다)가 제36조제1항제3호에 따른 식품접객업을 하려는 경우

5. 제4조부터 제6조까지 또는 제8조를 위반하여 등록취소 또는 영업소 폐쇄명령을 받고 5년이 지나지 아니한 자(법인인 경우에는 그 대표자를 포함한다)가 등록취소 또는 폐쇄명령을 받은 영업과 같은 종류의 영업을 하려는 경우

제39조(영업 승계) ① 영업자가 영업을 양도하거나 사망한 경우 또는 법인이 합병한 경우에는 그 양수인·상속인 또는 합병 후 존속하는 법인이나 합병에 따라 설립되는 법인은 그 영업자의 지위를 승계한다.

② 다음 각 호의 어느 하나에 해당하는 절차에 따라 영업 시설의 전부를 인수한 자는 그 영업자의 지위를 승계한다. 이 경우 종전의 영업자에 대한 영업 허가·등록 또는 그가 한 신고는 그 효력을 잃는다. <개정 2011. 6. 7., 2016. 2. 3., 2016. 12. 27.>

1. 「민사집행법」에 따른 경매

2. 「채무자 회생 및 파산에 관한 법률」에 따른 환가(換價)

3. 「국세징수법」, 「관세법」 또는 「지방세징수법」에 따른 압류재산의 매각

4. 그 밖에 제1호부터 제3호까지의 절차에 준하는 절차

③ 제1항 또는 제2항에 따라 그 영업자의 지위를 승계한 자는 총리령으로 정하는 바에 따라 1개월 이내에 그 사실을 식품의약품안전처장 또는 특별자치시장·특별자치도지사·시장·군수·구청장에게 신고하여야 한다. <개정 2010. 1. 18., 2013. 3. 23., 2016. 2. 3.>

④ 식품의약품안전처장 또는 특별자치시장·특별자치도지사·시장·군수·구청장은 제3항에 따른 신고를 받은 날부터 3일 이내에 신고수리 여부를 신고인에게 통지하여야 한다. <신설 2018. 12. 11.>

⑤ 식품의약품안전처장 또는 특별자치시장·특별자치도지사·시장·군수·구청장이 제4항에서 정한 기간 내에 신고수리 여부 또는 민원 처리 관련 법령에 따른 처리기간의 연장을 신고인에게 통지하지 아니하면 그 기간(민원 처리 관련 법령에 따라 처리기간이 연장 또는 재연장된 경우에는 해당 처리기간을 말한다)이 끝난 날의 다음 날에 신고를 수리한 것으로 본다. <신설 2018. 12. 11.>

⑥ 제1항 및 제2항에 따른 승계에 관하여는 제38조를 준용한다. 다만, 상속인이 제38조제1항제8호에 해당하면 상속받은 날부터 3개월 동안은 그러하지 아니하다. <개정 2018. 12. 11.>

제40조(건강진단) ① 총리령으로 정하는 영업자 및 그 종업원은 건강진단을 받아야 한다. 다만, 다른 법령에 따라 같은 내용의 건강진단을 받는 경우에는 이 법에 따른 건강진단을 받은 것으로 본다. <개정 2010. 1. 18., 2013. 3. 23.>

② 제1항에 따라 건강진단을 받은 결과 타인에게 위해를 끼칠 우려가 있는 질병이 있다고 인정된 자는 그 영업에 종사하지 못한다.

③ 영업자는 제1항을 위반하여 건강진단을 받지 아니한 자나 제2항에 따른 건강진단 결과 타인에게 위해를 끼칠 우려가 있는 질병이 있는 자를 그 영업에 종사시키지 못한다.

④ 제1항에 따른 건강진단의 실시방법 등과 제2항 및 제3항에 따른 타인에게 위해를 끼칠 우려가 있는 질병의 종류는 총리령으로 정한다. <개정 2010. 1. 18., 2013. 3. 23.>

제41조(식품위생교육) ① 대통령령으로 정하는 영업자 및 유흥종사자를 둘 수 있는 식품접객업 영업자의 종업원은 매년 식품위생에 관한 교육(이하 "식품위생교육"이라 한다)을 받아야 한다.

② 제36조제1항 각 호에 따른 영업을 하려는 자는 미리 식품위생교육을 받아야 한다. 다만, 부득이한 사유로 미리 식품위생교육을 받을 수 없는 경우에는 영업을 시작한 뒤에 식품의약품안전처장이 정하는 바에 따라 식품위생교육을 받을 수 있다. <개정 2010. 1. 18., 2013. 3. 23.>

③ 제1항 및 제2항에 따라 교육을 받아야 하는 자가 영업에 직접 종사하지 아니하거나 두 곳 이상의 장소에서 영업을 하는 경우에는 종업원 중에서 식품위생에 관한 책임자를 지정하여 영업자 대신 교육을 받게 할 수 있다. 다만, 집단급식소에 종사하는 조리사 및 영양사(「국민영양관리법」 제15조에 따라 영양사 면허를 받은 사람을 말한다. 이하 같다)가

식품위생에 관한 책임자로 지정되어 제56조제1항 단서에 따라 교육을 받은 경우에는 제1항 및 제2항에 따른 해당 연도의 식품위생교육을 받은 것으로 본다. <개정 2010. 3. 26.>

④ 제2항에도 불구하고 다음 각 호의 어느 하나에 해당하는 면허를 받은 자가 제36조제1항제3호에 따른 식품접객업을 하려는 경우에는 식품위생교육을 받지 아니하여도 된다. <개정 2015. 3. 27., 2016. 2. 3.>

1. 제53조에 따른 조리사 면허

2. 「국민영양관리법」 제15조에 따른 영양사 면허

3. 「공중위생관리법」 제6조의2에 따른 위생사 면허

⑤ 영업자는 특별한 사유가 없는 한 식품위생교육을 받지 아니한 자를 그 영업에 종사하게 하여서는 아니 된다.

⑥ 식품위생교육은 집합교육 또는 정보통신매체를 이용한 원격교육으로 실시한다. 다만, 제2항(제88조제3항에서 준용하는 경우를 포함한다)에 따라 영업을 하려는 자가 미리 받아야 하는 식품위생교육은 집합교육으로 실시한다. <신설 2019. 12. 3.>

⑦ 제6항에도 불구하고 식품위생교육을 받기 어려운 도서·벽지 등의 영업자 및 종업원인 경우 또는 식품의약품안전처장이 「감염병의 예방 및 관리에 관한 법률」 제2조에 따른 감염병이 유행하여 국민건강을 해칠 우려가 있다고 인정하는 경우 등 불가피한 사유가 있는 경우에는 총리령으로 정하는 바에 따라 식품위생교육을 실시할 수 있다. <신설 2019. 12. 3., 2020. 12. 29.>

⑧ 제1항 및 제2항에 따른 교육의 내용, 교육비 및 교육 실시 기관 등에 관하여 필요한 사항은 총리령으로 정한다. <개정 2010. 1. 18., 2013. 3. 23., 2019. 12. 3.>

제41조의2(위생관리책임자)
① 제36조제1항에 따라 공유주방 운영업을 하려는 자는 대통령령으로 정하는 자격기준을 갖춘 위생관리책임자(이하 "위생관리책임자"라 한다)를 두어야 한다. 다만, 공유주방 운영업을 하려는 자가 위생관리책임자의 자격기준을 갖추고 해당 직무를 수행하는 경우에는 그러하지 아니하다.

② 위생관리책임자는 공유주방에서 상시적으로 다음 각 호의 직무를 수행한다.

1. 공유주방의 위생적 관리 및 유지

2. 공유주방 사용에 관한 기록 및 유지

3. 식중독 등 식품사고의 원인 조사 및 피해 예방 조치에 관한 지원

4. 공유주방 이용자에 대한 위생관리 지도 및 교육

③ 공유주방을 운영 또는 이용하는 자는 위생관리책임자의 업무를 방해하여서는 아니 되며, 그로부터 업무 수행에 필요한 요청을 받았을 때에는 정당한 사유가 없으면 요청에 따라야 한다.

④ 제1항에 따라 공유주방 운영업을 하는 자가 위생관리책임자를 선임하거나 해임할 때에는 총리령으로 정하는 바에 따라 식품의약품안전처장에게 신고하여야 한다.

⑤ 식품의약품안전처장은 제4항에 따른 신고를 받은 날부터 3일 이내에 신고수리 여부를 신고인에게 통지하여야 한다.

⑥ 식품의약품안전처장이 제5항에서 정한 기간 내에 신고수리 여부나 민원 처리 관련 법령에 따른 처리기간의 연장을 신고인에게 통지하지 아니하면 그 기간(민원 처리 관련 법령에 따라 처리기간이 연장 또는 재연장된 경우에는 해당 처리기간을 말한다)이 끝난 날의 다음 날에 신고를 수리한 것으로 본다.

⑦ 위생관리책임자는 제2항에 따른 직무 수행내역 등을 총리령으로 정하는 바에 따라 기록·보관하여야 한다.

⑧ 위생관리책임자는 매년 식품위생에 관한 교육을 받아야 한다.

⑨ 제8항에 따른 교육의 내용, 시간, 교육 실시 기관 등에 관하여 필요한 사항은 총리령으로 정한다.

[본조신설 2020. 12. 29.]
[시행일 : 2021. 12. 30.] 제41조의2

제42조(실적보고) ① 삭제 <2016. 2. 3.>

② 식품 또는 식품첨가물을 제조·가공하는 영업자는 총리령으로 정하는 바에 따라 식품 및 식품첨가물을 생산한 실적 등을 식품의약품안전처장 또는 시·도지사에게 보고하여야 한다. <개정 2010. 1. 18., 2013. 3. 23., 2016. 2. 3.>

[제목개정 2016. 2. 3.]

제43조(영업 제한) ① 특별자치시장·특별자치도지사·시장·군수·구청장은 영업 질서와 선량한 풍속을 유지하는 데에 필요한 경우에는 영업자 중 식품접객영업자와 그 종업원에 대하여 영업시간 및 영업행위를 제한할 수 있다. <개정 2019. 1. 15.>

② 제1항에 따른 제한 사항은 대통령령으로 정하는 범위에서 해당 특별자치시·특별자치도·시·군·구의 조례로 정한다. <개정 2019. 1. 15.>

제44조(영업자 등의 준수사항) ① 제36조제1항 각 호의 영업을 하는 자 중 대통령령으로 정하는 영업자와 그 종업원은 영업의 위생관리와 질서유지, 국민의 보건위생 증진을 위하여 영업의 종류에 따라 다음 각 호에 해당하는 사항을 지켜야 한다. <개정 2010. 1. 18., 2013. 3. 23., 2016. 2. 3., 2017. 12. 19., 2018. 12. 11.>

1. 「축산물 위생관리법」 제12조에 따른 검사를 받지 아니한 축산물 또는 실험 등의 용도로 사용한 동물은 운반·보관·진열·판매하거나 식품의 제조·가공에 사용하지 말 것
2. 「야생생물 보호 및 관리에 관한 법률」을 위반하여 포획·채취한 야생생물은 이를 식품의 제조·가공에 사용하거나 판매하지 말 것
3. 유통기한이 경과된 제품·식품 또는 그 원재료를 제조·가공·조리·판매의 목적으로 소분·운반·진열·보관하거나 이를 판매 또는 식품의 제조·가공·조리에 사용하지 말 것
4. 수돗물이 아닌 지하수 등을 먹는 물 또는 식품의 조리·세척 등에 사용하는 경우에는 「먹는물관리법」 제43조에 따른 먹는물 수질검사기관에서 총리령으로 정하는 바에 따라 검사를 받아 마시기에 적합하다고 인정된 물을 사용할 것. 다만, 둘 이상의 업소가 같은 건물에서 같은 수원(水源)을 사용하는 경우에는 하나의 업소에 대한 시험결과로 나머지 업소에 대한 검사를 갈음할 수 있다.
5. 제15조제2항에 따라 위해평가가 완료되기 전까지 일시적으로 금지된 식품등을 제조·가공·판매·수입·사용 및 운반하지 말 것
6. 식중독 발생 시 보관 또는 사용 중인 식품은 역학조사가 완료될 때까지 폐기하거나 소독 등으로 현장을 훼손하여서는 아니 되고 원상태로 보존하여야 하며, 식중독 원인규명을 위한 행위를 방해하지 말 것
7. 손님을 꾀어서 끌어들이는 행위를 하지 말 것
8. 그 밖에 영업의 원료관리, 제조공정 및 위생관리와 질서유지, 국민의 보건위생 증진 등을 위하여 총리령으로 정하는 사항

② 식품접객영업자는 「청소년 보호법」 제2조에 따른 청소년(이하 이 항에서 "청소년"이라 한다)에게 다음 각 호의 어느 하나에 해당하는 행위를 하여서는 아니 된다. <개정 2011. 9. 15.>

1. 청소년을 유흥접객원으로 고용하여 유흥행위를 하게 하는 행위
2. 「청소년 보호법」 제2조제5호가목3)에 따른 청소년출입·고용 금지업소에 청소년을 출입시키거나 고용하는 행위

3.「청소년 보호법」제2조제5호나목3)에 따른 청소년고용금지업소에 청
  소년을 고용하는 행위

4. 청소년에게 주류(酒類)를 제공하는 행위

③ 누구든지 영리를 목적으로 제36조제1항제3호의 식품접객업을 하는
장소(유흥종사자를 둘 수 있도록 대통령령으로 정하는 영업을 하는 장소
는 제외한다)에서 손님과 함께 술을 마시거나 노래 또는 춤으로 손님의
유흥을 돋우는 접객행위(공연을 목적으로 하는 가수, 악사, 댄서, 무용수
등이 하는 행위는 제외한다)를 하거나 다른 사람에게 그 행위를 알선하
여서는 아니 된다.

④ 제3항에 따른 식품접객영업자는 유흥종사자를 고용·알선하거나 호
객행위를 하여서는 아니 된다.

⑤ 삭제 <2015. 2. 3.>

제44조의2(보험 가입) ① 제36조제1항에 따라 공유주방 운영업을 하는 자
는 식품등의 위해로 인하여 소비자에게 발생할 수 있는 손해를 배상하기
위하여 책임보험에 가입하여야 한다.

② 제1항에 따른 책임보험의 종류 등 보험 가입에 필요한 사항은 대통
령령으로 정한다.

[본조신설 2020. 12. 29.]

[시행일 : 2021. 12. 30.] 제44조의2

제45조(위해식품등의 회수) ① 판매의 목적으로 식품등을 제조·가공·소
분·수입 또는 판매한 영업자(「수입식품안전관리 특별법」제15조에 따
라 등록한 수입식품등 수입·판매업자를 포함한다. 이하 이 조에서 같
다)는 해당 식품등이 제4조부터 제6조까지, 제7조제4항, 제8조, 제9조제
4항 또는 제12조의2제2항을 위반한 사실(식품등의 위해와 관련이 없는
위반사항을 제외한다)을 알게 된 경우에는 지체 없이 유통 중인 해당 식
품등을 회수하거나 회수하는 데에 필요한 조치를 하여야 한다. 이 경우
영업자는 회수계획을 식품의약품안전처장, 시·도지사 또는 시장·군수
·구청장에게 미리 보고하여야 하며, 회수결과를 보고받은 시·도지사
또는 시장·군수·구청장은 이를 지체 없이 식품의약품안전처장에게 보
고하여야 한다. 다만, 해당 식품등「수입식품안전관리 특별법」에 따라
수입한 식품등이고, 보고의무자가 해당 식품등을 수입한 자인 경우에는
식품의약품안전처장에게 보고하여야 한다. <개정 2013. 3. 23., 2015. 2. 3.,
2016. 2. 3., 2018. 3. 13.>

② 식품의약품안전처장, 시·도지사 또는 시장·군수·구청장은 제1항에 따른 회수에 필요한 조치를 성실히 이행한 영업자에 대하여 해당 식품등으로 인하여 받게 되는 제75조 또는 제76조에 따른 행정처분을 대통령령으로 정하는 바에 따라 감면할 수 있다. <개정 2013. 3. 23.>

③ 제1항에 따른 회수대상 식품등·회수계획·회수절차 및 회수결과 보고 등에 관하여 필요한 사항은 총리령으로 정한다. <개정 2010. 1. 18., 2013. 3. 23.>

제46조(식품등의 이물 발견보고 등) ① 판매의 목적으로 식품등을 제조·가공·소분·수입 또는 판매하는 영업자는 소비자로부터 판매제품에서 식품의 제조·가공·조리·유통 과정에서 정상적으로 사용된 원료 또는 재료가 아닌 것으로서 섭취할 때 위생상 위해가 발생할 우려가 있거나 섭취하기에 부적합한 물질[이하 "이물(異物)"이라 한다]을 발견한 사실을 신고받은 경우 지체 없이 이를 식품의약품안전처장, 시·도지사 또는 는 시장·군수·구청장에게 보고하여야 한다. <개정 2013. 3. 23.>

② 「소비자기본법」에 따른 한국소비자원 및 소비자단체와 「전자상거래 등에서의 소비자보호에 관한 법률」에 따른 통신판매중개업자로서 식품접객업소에서 조리한 식품의 통신판매를 전문적으로 알선하는 자는 소비자로부터 이물 발견의 신고를 접수하는 경우 지체 없이 이를 식품의약품안전처장에게 통보하여야 한다. <개정 2013. 3. 23., 2019. 1. 15.>

③ 시·도지사 또는 시장·군수·구청장은 소비자로부터 이물 발견의 신고를 접수하는 경우 이를 식품의약품안전처장에게 통보하여야 한다. <개정 2013. 3. 23.>

④ 식품의약품안전처장은 제1항부터 제3항까지의 규정에 따라 이물 발견의 신고를 통보받은 경우 이물혼입 원인 조사를 위하여 필요한 조치를 취하여야 한다. <개정 2013. 3. 23.>

⑤ 제1항에 따른 이물 보고의 기준·대상 및 절차 등에 필요한 사항은 총리령으로 정한다. <개정 2010. 1. 18., 2013. 3. 23.>

제47조(위생등급) ① 식품의약품안전처장 또는 특별자치시장·특별자치도지사·시장·군수·구청장은 총리령으로 정하는 위생등급 기준에 따라 위생관리 상태 등이 우수한 식품등의 제조·가공업소, 식품접객업소 또는 집단급식소를 우수업소 또는 모범업소로 지정할 수 있다. <개정 2010. 1. 18., 2013. 3. 23., 2016. 2. 3.>

② 식품의약품안전처장(대통령령으로 정하는 그 소속 기관의 장을 포함

한다), 시·도지사 또는 시장·군수·구청장은 제1항에 따라 지정한 우수업소 또는 모범업소에 대하여 관계 공무원으로 하여금 총리령으로 정하는 일정 기간 동안 제22조에 따른 출입·검사·수거 등을 하지 아니하게 할 수 있으며, 시·도지사 또는 시장·군수·구청장은 제89조제3항제1호에 따른 영업자의 위생관리시설 및 위생설비시설 개선을 위한 융자사업과 같은 항 제6호에 따른 음식문화 개선과 좋은 식단 실천을 위한 사업에 대하여 우선 지원 등을 할 수 있다. <개정 2010. 1. 18., 2013. 3. 23.>

③ 식품의약품안전처장 또는 특별자치시장·특별자치도지사·시장·군수·구청장은 제1항에 따라 우수업소 또는 모범업소로 지정된 업소가 그 지정기준에 미치지 못하거나 영업정지 이상의 행정처분을 받게 되면 지체 없이 그 지정을 취소하여야 한다. <개정 2013. 3. 23., 2016. 2. 3.>

④ 제1항 및 제3항에 따른 우수업소 또는 모범업소의 지정 및 그 취소에 관한 사항은 총리령으로 정한다. <개정 2010. 1. 18., 2013. 3. 23.>

제47조(위생등급) ① 식품의약품안전처장 또는 특별자치시장·특별자치도지사·시장·군수·구청장은 총리령으로 정하는 위생등급 기준에 따라 위생관리 상태 등이 우수한 식품등의 제조·가공소(공유주방에서 제조·가공하는 업소를 포함한다), 식품접객업소(공유주방에서 조리·판매하는 업소를 포함한다) 또는 집단급식소를 우수업소 또는 모범업소로 지정할 수 있다. <개정 2010. 1. 18., 2013. 3. 23., 2016. 2. 3., 2020. 12. 29.>

② 식품의약품안전처장(대통령령으로 정하는 그 소속 기관의 장을 포함한다), 시·도지사 또는 시장·군수·구청장은 제1항에 따라 지정한 우수업소 또는 모범업소에 대하여 관계 공무원으로 하여금 총리령으로 정하는 일정 기간 동안 제22조에 따른 출입·검사·수거 등을 하지 아니하게 할 수 있으며, 시·도지사 또는 시장·군수·구청장은 제89조제3항제1호에 따른 영업자의 위생관리시설 및 위생설비시설 개선을 위한 융자사업과 같은 항 제6호에 따른 음식문화 개선과 좋은 식단 실천을 위한 사업에 대하여 우선 지원 등을 할 수 있다. <개정 2010. 1. 18., 2013. 3. 23.>

③ 식품의약품안전처장 또는 특별자치시장·특별자치도지사·시장·군수·구청장은 제1항에 따라 우수업소 또는 모범업소로 지정된 업소가 그 지정기준에 미치지 못하거나 영업정지 이상의 행정처분을 받게 되면 지체 없이 그 지정을 취소하여야 한다. <개정 2013. 3. 23., 2016. 2. 3.>

④ 제1항 및 제3항에 따른 우수업소 또는 모범업소의 지정 및 그 취소에 관한 사항은 총리령으로 정한다. <개정 2010. 1. 18., 2013. 3. 23.>

제47조의2(식품접객업소의 위생등급 지정 등) ① 식품의약품안전처장, 시·도지사 또는 시장·군수·구청장은 식품접객업소의 위생 수준을 높이기 위하여 식품접객영업자의 신청을 받아 식품접객업소의 위생상태를 평가하여 위생등급을 지정할 수 있다.

② 식품의약품안전처장은 제1항에 따른 식품접객업소의 위생상태 평가 및 위생등급 지정에 필요한 기준 및 방법 등을 정하여 고시하여야 한다.

③ 식품의약품안전처장, 시·도지사 또는 시장·군수·구청장은 제1항에 따른 위생등급 지정 결과를 공표할 수 있다.

④ 위생등급을 지정받은 식품접객영업자는 그 위생등급을 표시하여야 하며, 광고할 수 있다.

⑤ 위생등급의 유효기간은 위생등급을 지정한 날부터 2년으로 한다. 다만, 총리령으로 정하는 바에 따라 그 기간을 연장할 수 있다.

⑥ 식품의약품안전처장, 시·도지사 또는 시장·군수·구청장은 제1항에 따라 위생등급을 지정받은 식품접객영업자가 다음 각 호의 어느 하나에 해당하는 경우 그 지정을 취소하거나 시정을 명할 수 있다.

1. 위생등급을 지정받은 후 그 기준에 미달하게 된 경우
2. 위생등급을 표시하지 아니하거나 허위로 표시·광고하는 경우
3. 제75조에 따라 영업정지 이상의 행정처분을 받은 경우
4. 그 밖에 제1호부터 제3호까지에 준하는 사항으로서 총리령으로 정하는 사항을 지키지 아니한 경우

⑦ 식품의약품안전처장, 시·도지사 또는 시장·군수·구청장은 위생등급 지정을 받았거나 받으려는 식품접객영업자에게 필요한 기술적 지원을 할 수 있다.

⑧ 식품의약품안전처장, 시·도지사 또는 시장·군수·구청장은 제1항에 따라 위생등급을 지정한 식품접객업소에 대하여 제22조에 따른 출입·검사·수거 등을 총리령으로 정하는 기간 동안 하지 아니하게 할 수 있다.

⑨ 시·도지사 또는 시장·군수·구청장은 제89조의 식품진흥기금을 같은 조 제3항제1호에 따른 영업자의 위생관리시설 및 위생설비시설 개선을 위한 융자 사업과 같은 항 제7호의2에 따른 식품접객업소의 위생등급 지정 사업에 우선 지원할 수 있다.

⑩ 식품의약품안전처장, 시·도지사 또는 시장·군수·구청장은 위생등급 지정에 관한 업무를 「한국식품안전관리인증원의 설립 및 운영에 관

한 법률」에 따른 한국식품안전관리인증원에 위탁할 수 있다. 이 경우 필요한 예산을 지원할 수 있다. <개정 2020. 12. 29.>

⑪ 제1항에 따른 위생등급과 그 지정 절차, 제3항에 따른 위생등급 지정 결과 공표 및 제7항에 따른 기술적 지원 등에 필요한 사항은 총리령으로 정한다.

[본조신설 2015. 5. 18.]

제47조의2(식품접객업소의 위생등급 지정 등) ① 식품의약품안전처장, 시·도지사 또는 시장·군수·구청장은 식품접객업소의 위생 수준을 높이기 위하여 식품접객영업자의 신청을 받아 식품접객업소(공유주방에서 조리·판매하는 업소를 포함한다)의 위생상태를 평가하여 위생등급을 지정할 수 있다. <개정 2020. 12. 29.>

② 식품의약품안전처장은 제1항에 따른 식품접객업소의 위생상태 평가 및 위생등급 지정에 필요한 기준 및 방법 등을 정하여 고시하여야 한다.

③ 식품의약품안전처장, 시·도지사 또는 시장·군수·구청장은 제1항에 따른 위생등급 지정 결과를 공표할 수 있다.

④ 위생등급을 지정받은 식품접객영업자는 그 위생등급을 표시하여야 하며, 광고할 수 있다.

⑤ 위생등급의 유효기간은 위생등급을 지정한 날부터 2년으로 한다. 다만, 총리령으로 정하는 바에 따라 그 기간을 연장할 수 있다.

⑥ 식품의약품안전처장, 시·도지사 또는 시장·군수·구청장은 제1항에 따라 위생등급을 지정받은 식품접객영업자가 다음 각 호의 어느 하나에 해당하는 경우 그 지정을 취소하거나 시정을 명할 수 있다.

1. 위생등급을 지정받은 후 그 기준에 미달하게 된 경우

2. 위생등급을 표시하지 아니하거나 허위로 표시·광고하는 경우

3. 제75조에 따라 영업정지 이상의 행정처분을 받은 경우

4. 그 밖에 제1호부터 제3호까지에 준하는 사항으로서 총리령으로 정하는 사항을 지키지 아니한 경우

⑦ 식품의약품안전처장, 시·도지사 또는 시장·군수·구청장은 위생등급 지정을 받았거나 받으려는 식품접객영업자에게 필요한 기술적 지원을 할 수 있다.

⑧ 식품의약품안전처장, 시·도지사 또는 시장·군수·구청장은 제1항에 따라 위생등급을 지정한 식품접객업소에 대하여 제22조에 따른 출입·검사·수거 등을 총리령으로 정하는 기간 동안 하지 아니하게 할 수 있다.

⑨ 시·도지사 또는 시장·군수·구청장은 제89조의 식품진흥기금을 같은 조 제3항제1호에 따른 영업자의 위생관리시설 및 위생설비시설 개선을 위한 융자 사업과 같은 항 제7호의2에 따른 식품접객업소의 위생등급 지정 사업에 우선 지원할 수 있다.

⑩ 식품의약품안전처장, 시·도지사 또는 시장·군수·구청장은 위생등급 지정에 관한 업무를 「한국식품안전관리인증원의 설립 및 운영에 관한 법률」에 따른 한국식품안전관리인증원에 위탁할 수 있다. 이 경우 필요한 예산을 지원할 수 있다. <개정 2020. 12. 29.>

⑪ 제1항에 따른 위생등급과 그 지정 절차, 제3항에 따른 위생등급 지정 결과 공표 및 제7항에 따른 기술적 지원 등에 필요한 사항은 총리령으로 정한다.

[본조신설 2015. 5. 18.]
[시행일 : 2021. 12. 30.] 제47조의2

제48조(식품안전관리인증기준) ① 식품의약품안전처장은 식품의 원료관리 및 제조·가공·조리·소분·유통의 모든 과정에서 위해한 물질이 식품에 섞이거나 식품이 오염되는 것을 방지하기 위하여 각 과정의 위해요소를 확인·평가하여 중점적으로 관리하는 기준(이하 "식품안전관리인증기준"이라 한다)을 식품별로 정하여 고시할 수 있다. <개정 2011. 6. 7., 2013. 3. 23., 2014. 5. 28.>

② 총리령으로 정하는 식품을 제조·가공·조리·소분·유통하는 영업자는 제1항에 따라 식품의약품안전처장이 식품별로 고시한 식품안전관리인증기준을 지켜야 한다. <개정 2010. 1. 18., 2011. 6. 7., 2013. 3. 23., 2014. 5. 28.>

③ 식품의약품안전처장은 제2항에 따라 식품안전관리인증기준을 지켜야 하는 영업자와 그 밖에 식품안전관리인증기준을 지키기 원하는 영업자의 업소를 식품별 식품안전관리인증기준 적용업소(이하 "식품안전관리인증기준적용업소"라 한다)로 인증할 수 있다. 이 경우 식품안전관리인증기준적용업소로 인증을 받은 영업자가 그 인증을 받은 사항 중 총리령으로 정하는 사항을 변경하려는 경우에는 식품의약품안전처장의 변경 인증을 받아야 한다. <개정 2013. 3. 23., 2014. 5. 28., 2016. 2. 3.>

④ 식품의약품안전처장은 식품안전관리인증기준적용업소로 인증받은 영업자에게 총리령으로 정하는 바에 따라 그 인증 사실을 증명하는 서류를 발급하여야 한다. 제3항 후단에 따라 변경 인증을 받은 경우에도 또한 같다. <개정 2010. 1. 18., 2013. 3. 23., 2014. 5. 28., 2016. 2. 3.>

⑤ 식품안전관리인증기준적용업소의 영업자와 종업원은 총리령으로 정하는 교육훈련을 받아야 한다. <개정 2010. 1. 18., 2013. 3. 23., 2014. 5. 28.>

⑥ 식품의약품안전처장은 제3항에 따라 식품안전관리인증기준적용업소의 인증을 받거나 받으려는 영업자에게 위해요소중점관리에 필요한 기술적·경제적 지원을 할 수 있다. <개정 2013. 3. 23., 2014. 5. 28.>

⑦ 식품안전관리인증기준적용업소의 인증요건·인증절차 및 제6항에 따른 기술적·경제적 지원에 필요한 사항은 총리령으로 정한다. <개정 2010. 1. 18., 2013. 3. 23., 2014. 5. 28., 2020. 12. 29.>

⑧ 식품의약품안전처장은 식품안전관리인증기준적용업소의 효율적 운영을 위하여 총리령으로 정하는 식품안전관리인증기준의 준수 여부 등에 관한 조사·평가를 할 수 있으며, 그 결과 식품안전관리인증기준적용업소가 다음 각 호의 어느 하나에 해당하면 그 인증을 취소하거나 시정을 명할 수 있다. 다만, 식품안전관리인증기준적용업소가 제1호의2 및 제2호에 해당할 경우 인증을 취소하여야 한다. <개정 2010. 1. 18., 2011. 6. 7., 2013. 3. 23., 2014. 5. 28., 2016. 2. 3., 2018. 3. 13.>

1. 식품안전관리인증기준을 지키지 아니한 경우

1의2. 거짓이나 그 밖의 부정한 방법으로 인증을 받은 경우

2. 제75조 또는 「식품 등의 표시·광고에 관한 법률」 제16조제1항·제3항에 따라 영업정지 2개월 이상의 행정처분을 받은 경우

3. 영업자와 그 종업원이 제5항에 따른 교육훈련을 받지 아니한 경우

4. 그 밖에 제1호부터 제3호까지에 준하는 사항으로서 총리령으로 정하는 사항을 지키지 아니한 경우

⑨ 식품안전관리인증기준적용업소가 아닌 업소의 영업자는 식품안전관리인증기준적용업소라는 명칭을 사용하지 못한다. <개정 2014. 5. 28.>

⑩ 식품안전관리인증기준적용업소의 영업자는 인증받은 식품을 다른 업소에 위탁하여 제조·가공하여서는 아니 된다. 다만, 위탁하려는 식품과 동일한 식품에 대하여 식품안전관리인증기준적용업소로 인증된 업소에 위탁하여 제조·가공하려는 경우 등 대통령령으로 정하는 경우에는 그러하지 아니하다. <개정 2014. 5. 28.>

⑪ 식품의약품안전처장(대통령령으로 정하는 그 소속 기관의 장을 포함한다), 시·도지사 또는 시장·군수·구청장은 식품안전관리인증기준적용업소에 대하여 관계 공무원으로 하여금 총리령으로 정하는 일정 기간 동안 제22조에 따른 출입·검사·수거 등을 하지 아니하게 할 수 있으며,

시·도지사 또는 시장·군수·구청장은 제89조제3항제1호에 따른 영업자의 위생관리시설 및 위생설비시설 개선을 위한 융자 사업에 대하여 우선 지원 등을 할 수 있다. <개정 2010. 1. 18., 2013. 3. 23., 2014. 5. 28.>

⑫ 식품의약품안전처장은 식품안전관리인증기준적용업소의 공정별·품목별 위해요소의 분석, 기술지원 및 인증 등의 업무를 「한국식품안전관리인증원의 설립 및 운영에 관한 법률」에 따른 한국식품안전관리인증원 등 대통령령으로 정하는 기관에 위탁할 수 있다. <개정 2013. 3. 23., 2014. 5. 28., 2016. 2. 3.>

⑬ 식품의약품안전처장은 제12항에 따른 위탁기관에 대하여 예산의 범위에서 사용경비의 전부 또는 일부를 보조할 수 있다. <개정 2013. 3. 23.>

⑭ 제12항에 따른 위탁기관의 업무 등에 필요한 사항은 대통령령으로 정한다.

[제목개정 2014. 5. 28.]

제48조의2(인증 유효기간) ① 제48조제3항에 따른 인증의 유효기간은 인증을 받은 날부터 3년으로 하며, 같은 항 후단에 따른 변경 인증의 유효기간은 당초 인증 유효기간의 남은 기간으로 한다.

② 제1항에 따른 인증 유효기간을 연장하려는 자는 총리령으로 정하는 바에 따라 식품의약품안전처장에게 연장신청을 하여야 한다.

③ 식품의약품안전처장은 제2항에 따른 연장신청을 받았을 때에는 안전관리인증기준에 적합하다고 인정하는 경우 3년의 범위에서 그 기간을 연장할 수 있다.

[본조신설 2016. 2. 3.]

제48조의3(식품안전관리인증기준적용업소에 대한 조사·평가 등) ① 식품의약품안전처장은 식품안전관리인증기준적용업소로 인증받은 업소에 대하여 식품안전관리인증기준의 준수 여부와 제48조제5항에 따른 교육훈련 수료 여부를 연 1회 이상 조사·평가하여야 한다.

② 식품의약품안전처장은 제1항에 따른 조사·평가 결과 그 결과가 우수한 식품안전관리인증기준적용업소에 대해서는 제1항에 따른 조사·평가를 면제하는 등 행정적·재정적 지원을 할 수 있다. 다만, 식품안전관리인증기준적용업소가 제48조의2제1항에 따른 인증 유효기간 내에 이 법을 위반하여 영업의 정지, 허가 취소 등 행정처분을 받은 경우에는 제1항에 따른 조사·평가를 면제하여서는 아니 된다.

③ 그 밖에 조사·평가의 방법 및 절차 등에 필요한 사항은 총리령으로

정한다.
[본조신설 2016. 2. 3.]

제48조의4(식품안전관리인증기준의 교육훈련기관 지정 등) ① 식품의약품
안전처장은 제48조제5항에 따른 교육훈련을 전문적으로 수행하기 위하
여 식품안전관리인증기준 교육훈련기관(이하 "교육훈련기관"이라 한다)
을 지정하여 교육훈련의 실시를 위탁할 수 있다.
② 제1항에 따라 교육훈련기관으로 지정받으려는 자는 총리령으로 정하
는 지정기준을 갖추어 식품의약품안전처장에게 신청하여야 한다.
③ 제1항에 따라 교육훈련기관으로 지정받은 자는 지정된 내용 중 총리
령으로 정하는 사항이 변경된 경우에는 변경사유가 발생한 날부터 1개
월 이내에 식품의약품안전처장에게 신고하여야 한다.
④ 교육훈련기관은 제48조제5항에 따른 교육훈련을 수료한 사람에게 교
육훈련수료증을 발급하여야 한다.
⑤ 교육훈련기관은 교육훈련에 관한 자료의 보관 등 총리령으로 정하는
사항을 준수하여야 한다.
⑥ 식품의약품안전처장은 지정된 교육훈련기관의 인력·시설·설비 보유
현황 및 활용도, 교육·훈련과정 운영실태 및 교육서비스의 적절성·충
실성 등을 평가하여 그 평가 내용을 공표할 수 있다.
⑦ 식품의약품안전처장은 제6항에 따른 평가를 위하여 필요한 경우에는
교육훈련기관에 관련 자료의 제출을 요구할 수 있다.
⑧ 식품의약품안전처장은 교육훈련기관이 다음 각 호의 어느 하나에 해
당하는 경우에는 기간을 정하여 시정을 명할 수 있다.
1. 제3항에 따른 변경신고를 하지 아니한 경우
2. 제5항에 따른 교육훈련기관의 준수사항을 위반한 경우
⑨ 제1항부터 제8항까지에서 규정한 사항 외에 교육훈련기관의 지정 절
차, 교육 내용·시기·방법, 실시 비용 등에 필요한 사항은 총리령으로
정한다.
[본조신설 2020. 12. 29.]

제48조의5(교육훈련기관의 지정취소 등) ① 식품의약품안전처장은 교육훈
련기관이 다음 각 호의 어느 하나에 해당하는 경우에는 그 지정을 취소
하거나 1년 이내의 범위에서 기간을 정하여 업무의 전부 또는 일부를
정지할 수 있다. 다만, 제1호 및 제4호의 경우에는 그 지정을 취소하여
야 한다.

1. 거짓 또는 그 밖의 부정한 방법으로 교육훈련기관의 지정을 받은 경우

2. 정당한 사유 없이 1년 이상 계속하여 교육훈련과정을 운영하지 아니하는 경우

3. 제48조의4제2항에 따른 지정기준에 적합하지 아니하게 된 경우

4. 제48조의4제4항에 따른 교육훈련수료증을 거짓 또는 그 밖의 부정한 방법으로 발급한 경우

5. 제48조의4제6항에 따른 평가를 실시한 결과 교육훈련실적 및 교육훈련내용이 매우 부실하여 지정 목적을 달성할 수 없다고 인정되는 경우

6. 제48조의4제8항에 따른 시정명령을 받고도 정당한 사유 없이 정해진 기간 내에 이를 시정하지 아니하는 경우

② 식품의약품안전처장은 제1항에 따라 교육훈련기관의 지정이 취소된 자(법인인 경우 그 대표자를 포함한다)에 대해서는 지정이 취소된 날부터 3년 이내에 교육훈련기관으로 지정해서는 아니 된다.

③ 제1항에 따른 지정취소 및 업무정지 처분의 세부기준은 그 위반 행위의 유형과 위반 정도 등을 고려하여 총리령으로 정한다.

[본조신설 2020. 12. 29.]

제49조(식품이력추적관리 등록기준 등) ① 식품을 제조·가공 또는 판매하는 자 중 식품이력추적관리를 하려는 자는 총리령으로 정하는 등록기준을 갖추어 해당 식품을 식품의약품안전처장에게 등록할 수 있다. 다만, 영유아식 제조·가공업자, 일정 매출액·매장면적 이상의 식품판매업자 등 총리령으로 정하는 자는 식품의약품안전처장에게 등록하여야 한다. <개정 2010. 1. 18., 2013. 3. 23., 2013. 7. 30., 2015. 2. 3.>

② 제1항에 따라 등록한 식품을 제조·가공 또는 판매하는 자는 식품이력추적관리에 필요한 기록의 작성·보관 및 관리 등에 관하여 식품의약품안전처장이 정하여 고시하는 기준(이하 "식품이력추적관리기준"이라 한다)을 지켜야 한다. <개정 2013. 3. 23., 2013. 7. 30., 2015. 2. 3.>

③ 제1항에 따라 등록을 한 자는 등록사항이 변경된 경우 변경사유가 발생한 날부터 1개월 이내에 식품의약품안전처장에게 신고하여야 한다. <개정 2013. 3. 23.>

④ 제1항에 따라 등록한 식품에는 식품의약품안전처장이 정하여 고시하는 바에 따라 식품이력추적관리의 표시를 할 수 있다. <개정 2013. 3. 23.>

⑤ 식품의약품안전처장은 제1항에 따라 등록한 식품을 제조·가공 또는

판매하는 자에 대하여 식품이력추적관리기준의 준수 여부 등을 3년마다 조사·평가하여야 한다. 다만, 제1항 단서에 따라 등록한 식품을 제조·가공 또는 판매하는 자에 대하여는 2년마다 조사·평가하여야 한다. <개정 2010. 1. 18., 2013. 3. 23., 2013. 5. 22., 2013. 7. 30., 2015. 2. 3.>

⑥ 식품의약품안전처장은 제1항에 따라 등록을 한 자에게 예산의 범위에서 식품이력추적관리에 필요한 자금을 지원할 수 있다. <개정 2010. 1. 18., 2013. 3. 23.>

⑦ 식품의약품안전처장은 제1항에 따라 등록을 한 자가 식품이력추적관리기준을 지키지 아니하면 그 등록을 취소하거나 시정을 명할 수 있다. <개정 2013. 3. 23.>

⑧ 식품의약품안전처장은 제1항에 따른 등록의 신청을 받은 날부터 40일 이내에, 제3항에 따른 변경신고를 받은 날부터 15일 이내에 등록 여부 또는 신고수리 여부를 신청인 또는 신고인에게 통지하여야 한다. <신설 2018. 12. 11.>

⑨ 식품의약품안전처장이 제8항에서 정한 기간 내에 등록 여부, 신고수리 여부 또는 민원 처리 관련 법령에 따른 처리기간의 연장을 신청인 또는 는 신고인에게 통지하지 아니하면 그 기간(민원 처리 관련 법령에 따라 처리기간이 연장 또는 재연장된 경우에는 해당 처리기간을 말한다)이 끝난 날의 다음 날에 등록을 하거나 신고를 수리한 것으로 본다. <신설 2018. 12. 11.>

⑩ 식품이력추적관리의 등록절차, 등록사항, 등록취소 등의 기준 및 조사·평가, 그 밖에 등록에 필요한 사항은 총리령으로 정한다. <개정 2010. 1. 18., 2013. 3. 23., 2013. 5. 22., 2013. 7. 30., 2018. 12. 11.>

제49조의2(식품이력추적관리정보의 기록·보관 등) ① 제49조제1항에 따라 등록한 자(이하 이 조에서 "등록자"라 한다)는 식품이력추적관리기준에 따른 식품이력추적관리정보를 총리령으로 정하는 바에 따라 전산기록장치에 기록·보관하여야 한다.

② 등록자는 제1항에 따른 식품이력추적관리정보의 기록을 해당 제품의 유통기한 등이 경과한 날부터 2년 이상 보관하여야 한다.

③ 등록자는 제1항에 따라 기록·보관된 정보가 제49조의3제1항에 따른 식품이력추적관리시스템에 연계되도록 협조하여야 한다.

[본조신설 2014. 5. 28.]

제49조의3(식품이력추적관리시스템의 구축 등) ① 식품의약품안전처장은 식품이력추적관리시스템을 구축·운영하고, 식품이력추적관리시스템과 제

49조의2제1항에 따른 식품이력추적관리정보가 연계되도록 하여야 한다.

② 식품의약품안전처장은 제1항에 따라 식품이력추적관리시스템에 연계된 정보 중 총리령으로 정하는 정보는 소비자 등이 인터넷 홈페이지를 통하여 쉽게 확인할 수 있도록 하여야 한다.

③ 제2항에 따른 정보는 해당 제품의 유통기한 또는 품질유지기한이 경과한 날부터 1년 이상 확인할 수 있도록 하여야 한다.

④ 누구든지 제1항에 따라 연계된 정보를 식품이력추적관리 목적 외에 사용하여서는 아니 된다.

[본조신설 2014. 5. 28.]

제50조 삭제 <2015. 3. 27.>

제8장 조리사 등 <개정 2010. 3. 26.>

제51조(조리사) ①집단급식소 운영자와 대통령령으로 정하는 식품접객업자는 조리사(調理士)를 두어야 한다. 다만, 다음 각 호의 어느 하나에 해당하는 경우에는 조리사를 두지 아니하여도 된다. <개정 2011. 6. 7., 2013. 5. 22.>

1. 집단급식소 운영자 또는 식품접객영업자 자신이 조리사로서 직접 음식물을 조리하는 경우

2. 1회 급식인원 100명 미만의 산업체인 경우

3. 제52조제1항에 따른 영양사가 조리사의 면허를 받은 경우

② 집단급식소에 근무하는 조리사는 다음 각 호의 직무를 수행한다. <신설 2011. 6. 7.>

1. 집단급식소에서의 식단에 따른 조리업무[식재료의 전(前)처리에서부터 조리, 배식 등의 전 과정을 말한다]

2. 구매식품의 검수 지원

3. 급식설비 및 기구의 위생·안전 실무

4. 그 밖에 조리실무에 관한 사항

제52조(영양사) ①집단급식소 운영자는 영양사(營養士)를 두어야 한다. 다만, 다음 각 호의 어느 하나에 해당하는 경우에는 영양사를 두지 아니하여도 된다. <개정 2011. 6. 7., 2013. 5. 22.>

1. 집단급식소 운영자 자신이 영양사로서 직접 영양 지도를 하는 경우

2. 1회 급식인원 100명 미만의 산업체인 경우

3. 제51조제1항에 따른 조리사가 영양사의 면허를 받은 경우

② 집단급식소에 근무하는 영양사는 다음 각 호의 직무를 수행한다. <신설 2011. 6. 7.>

1. 집단급식소에서의 식단 작성, 검식(檢食) 및 배식관리

2. 구매식품의 검수(檢受) 및 관리

3. 급식시설의 위생적 관리

4. 집단급식소의 운영일지 작성

5. 종업원에 대한 영양 지도 및 식품위생교육

제53조(조리사의 면허) ① 조리사가 되려는 자는 「국가기술자격법」에 따라 해당 기능분야의 자격을 얻은 후 특별자치시장·특별자치도지사·시장·군수·구청장의 면허를 받아야 한다. <개정 2016. 2. 3.>

② 제1항에 따른 조리사의 면허 등에 관하여 필요한 사항은 총리령으로 정한다. <개정 2010. 3. 26., 2013. 3. 23.>

③ 삭제 <2010. 3. 26.>

④ 삭제 <2010. 3. 26.>

[제목개정 2010. 3. 26.]

제54조(결격사유) 다음 각 호의 어느 하나에 해당하는 자는 조리사 면허를 받을 수 없다. <개정 2009. 12. 29., 2010. 3. 26., 2018. 3. 27., 2018. 12. 11.>

1. 「정신건강증진 및 정신질환자 복지서비스 지원에 관한 법률」 제3조제1호에 따른 정신질환자. 다만, 전문의가 조리사로서 적합하다고 인정하는 자는 그러하지 아니하다.

2. 「감염병의 예방 및 관리에 관한 법률」 제2조제13호에 따른 감염병환자. 다만, 같은 조 제4호나목에 따른 B형간염환자는 제외한다.

3. 「마약류관리에 관한 법률」 제2조제2호에 따른 마약이나 그 밖의 약물 중독자

4. 조리사 면허의 취소처분을 받고 그 취소된 날부터 1년이 지나지 아니한 자

제55조(명칭 사용 금지) 조리사가 아니면 조리사라는 명칭을 사용하지 못한다. <개정 2010. 3. 26.>

제56조(교육) ① 식품의약품안전처장은 식품위생 수준 및 자질의 향상을 위하여 필요한 경우 조리사와 영양사에게 교육(조리사의 경우 보수교육을 포함한다. 이하 이 조에서 같다)을 받을 것을 명할 수 있다. 다만, 집

단급식소에 종사하는 조리사와 영양사는 2년마다 교육을 받아야 한다. <개정 2010. 1. 18., 2011. 6. 7., 2013. 3. 23.>

② 제1항에 따른 교육의 대상자·실시기관·내용 및 방법 등에 관하여 필요한 사항은 총리령으로 정한다. <개정 2010. 1. 18., 2013. 3. 23.>

③ 식품의약품안전처장은 제1항에 따른 교육 등 업무의 일부를 대통령령으로 정하는 바에 따라 관계 전문기관이나 단체에 위탁할 수 있다. <개정 2010. 1. 18., 2013. 3. 23.>

제9장 식품위생심의위원회

제57조(식품위생심의위원회의 설치 등) 식품의약품안전처장의 자문에 응하여 다음 각 호의 사항을 조사·심의하기 위하여 식품의약품안전처에 식품위생심의위원회를 둔다. <개정 2010. 1. 18., 2013. 3. 23.>

1. 식중독 방지에 관한 사항

2. 농약·중금속 등 유독·유해물질 잔류 허용 기준에 관한 사항

3. 식품등의 기준과 규격에 관한 사항

4. 그 밖에 식품위생에 관한 중요 사항

제58조(심의위원회의 조직과 운영) ① 심의위원회는 위원장 1명과 부위원장 2명을 포함한 100명 이내의 위원으로 구성한다. <신설 2011. 8. 4.>

② 심의위원회의 위원은 다음 각 호의 어느 하나에 해당하는 사람 중에서 식품의약품안전처장이 임명하거나 위촉한다. 다만, 제3호의 사람을 전체 위원의 3분의 1 이상 위촉하고, 제2호와 제4호의 사람을 합하여 전체 위원의 3분의 1 이상 위촉하여야 한다. <신설 2011. 8. 4., 2013. 3. 23.>

1. 식품위생 관계 공무원

2. 식품등에 관한 영업에 종사하는 사람

3. 시민단체의 추천을 받은 사람

4. 제59조에 따른 동업자조합 또는 제64조에 따른 한국식품산업협회(이하 "식품위생단체"라 한다)의 추천을 받은 사람

5. 식품위생에 관한 학식과 경험이 풍부한 사람

③ 심의위원회 위원의 임기는 2년으로 하되, 공무원인 위원은 그 직위에 재직하는 기간 동안 재임한다. 다만, 위원이 궐위된 경우 그 보궐위원의 임기는 전임위원 임기의 남은 기간으로 한다. <신설 2011. 8. 4.>

④ 심의위원회에 식품등의 국제 기준 및 규격을 조사·연구할 연구위원

을 둘 수 있다. <개정 2011. 8. 4.>

⑤ 제4항에 따른 연구위원의 업무는 다음 각 호와 같다. 다만, 다른 법령에 따라 수행하는 관련 업무는 제외한다. <신설 2011. 6. 7., 2011. 8. 4.>

1. 국제식품규격위원회에서 제시한 기준·규격 조사·연구

2. 국제식품규격의 조사·연구에 필요한 외국정부, 관련 소비자단체 및 국제기구와 상호협력

3. 외국의 식품의 기준·규격에 관한 정보 및 자료 등의 조사·연구

4. 그 밖에 제1호부터 제3호까지에 준하는 사항으로서 대통령령으로 정하는 사항

⑥ 이 법에서 정한 것 외에 심의위원회의 조직 및 운영에 필요한 사항은 대통령령으로 정한다. <개정 2011. 6. 7., 2011. 8. 4.>

제10장 식품위생단체 등

제1절 동업자조합

제59조(설립) ① 영업자는 영업의 발전과 국민보건 향상을 위하여 대통령령으로 정하는 영업 또는 식품의 종류별로 동업자조합(이하 "조합"이라 한다)을 설립할 수 있다.

② 조합은 법인으로 한다.

③ 조합을 설립하려는 경우에는 대통령령으로 정하는 바에 따라 조합원 자격이 있는 자 10분의 1(20명을 초과하면 20명으로 한다) 이상의 발기인이 정관을 작성하여 식품의약품안전처장의 설립인가를 받아야 한다. <개정 2010. 1. 18., 2013. 3. 23.>

④ 식품의약품안전처장은 제3항에 따라 설립인가의 신청을 받은 날부터 30일 이내에 설립인가 여부를 신청인에게 통지하여야 한다. <신설 2018. 12. 11.>

⑤ 식품의약품안전처장이 제4항에서 정한 기간 내에 인가 여부 또는 민원 처리 관련 법령에 따른 처리기간의 연장을 신청인에게 통지하지 아니하면 그 기간(민원 처리 관련 법령에 따라 처리기간이 연장 또는 재연장된 경우에는 해당 처리기간을 말한다)이 끝난 날의 다음 날에 인가를 한 것으로 본다. <신설 2018. 12. 11.>

⑥ 조합은 제3항에 따른 설립인가를 받는 날 또는 제5항에 따라 설립인가를 한 것으로 보는 날에 성립된다. <개정 2018. 12. 11.>

⑦ 조합은 정관으로 정하는 바에 따라 하부조직을 둘 수 있다. <개정 2018. 12. 11.>

제60조(조합의 사업) 조합은 다음 각 호의 사업을 한다. <개정 2010. 1. 18., 2011. 8. 4., 2013. 3. 23.>

1. 영업의 건전한 발전과 조합원 공동의 이익을 위한 사업
2. 조합원의 영업시설 개선에 관한 지도
3. 조합원을 위한 경영지도
4. 조합원과 그 종업원을 위한 교육훈련
5. 조합원과 그 종업원의 복지증진을 위한 사업
6. 식품의약품안전처장이 위탁하는 조사·연구 사업
7. 조합원의 생활안정과 복지증진을 위한 공제사업
8. 제1호부터 제5호까지에 규정된 사업의 부대사업

제60조의2(조합의 공제회 설립·운영) ① 조합은 조합원의 생활안정과 복지증진을 도모하기 위하여 식품의약품안전처장의 인가를 받아 공제회를 설립하여 공제사업을 영위할 수 있다. <개정 2013. 3. 23., 2017. 12. 19.>
② 공제회의 구성원(이하 "공제회원"이라 한다)은 공제사업에 필요한 출자금을 납부하여야 한다.
③ 공제회의 설립인가 절차, 운영 등에 관하여 필요한 사항은 대통령령으로 정한다. <개정 2017. 12. 19.>
④ 조합이 제1항에 따라 공제사업을 하기 위하여 공제회를 설립하고자 하는 때에는 공제회원의 자격에 관한 사항, 출자금의 부담기준, 공제방법, 공제사업에 충당하기 위한 책임준비금 및 비상위험준비금 등 공제회의 운영에 관하여 필요한 사항을 포함하는 공제정관을 작성하여 식품의약품안전처장의 인가를 받아야 한다. 공제정관을 변경하고자 하는 때에도 또한 같다. <개정 2013. 3. 23., 2017. 12. 19.>
⑤ 공제회는 법인으로 하며, 주된 사무소의 소재지에서 설립등기를 함으로써 성립한다. <신설 2017. 12. 19.>
[본조신설 2011. 8. 4.]
[제목개정 2017. 12. 19.]

제60조의3(공제사업의 내용) 공제회는 다음 각 호의 사업을 한다.
1. 공제회원에 대한 공제급여 지급
2. 공제회원의 복리·후생 향상을 위한 사업
3. 기금 조성을 위한 사업

4. 식품위생 영업자의 경영개선을 위한 조사·연구 및 교육 사업

5. 식품위생단체 등의 법인에의 출연

6. 공제회의 목적달성에 필요한 대통령령으로 정하는 수익사업

[본조신설 2011. 8. 4.]

제60조의4(공제회에 대한 감독) ① 식품의약품안전처장은 공제회에 대하여 감독상 필요한 경우에는 그 업무에 관한 사항을 보고하게 하거나 자료의 제출을 명할 수 있으며, 소속 공무원으로 하여금 장부·서류, 그 밖의 물건을 검사하게 할 수 있다. <개정 2013. 3. 23., 2017. 12. 19.>

② 제1항에 따라 조사 또는 검사를 하는 공무원 등은 그 권한을 표시하는 증표 및 조사기간, 조사범위, 조사담당자, 관계 법령 등 대통령령으로 정하는 사항이 기재된 서류를 가지고 이를 관계인에게 보여주어야 한다. <개정 2016. 2. 3.>

③ 식품의약품안전처장은 공제회의 운영이 적정하지 아니하거나 자산상황이 불량하여 공제회원 등의 권익을 해칠 우려가 있다고 인정하면 업무집행방법 및 자산예탁기관의 변경, 가치가 없다고 인정되는 자산의 손실처리 등 필요한 조치를 명할 수 있다. <개정 2013. 3. 23., 2017. 12. 19.>

④ 공제회가 제3항의 개선명령을 이행하지 아니한 경우 식품의약품안전처장은 공제회의 임직원의 징계·해임을 요구할 수 있다. <개정 2013. 3. 23., 2017. 12. 19.>

[본조신설 2011. 8. 4.]

제61조(대의원회) ① 조합원이 500명을 초과하는 조합은 정관으로 정하는 바에 따라 총회를 갈음할 수 있는 대의원회를 둘 수 있다.

② 대의원은 조합원이어야 한다.

제62조(다른 법률의 준용) ① 조합에 관하여 이 법에서 규정하지 아니한 것에 대하여는 「민법」 중 사단법인에 관한 규정을 준용한다. <개정 2017. 12. 19., 2019. 4. 30.>

② 공제회에 관하여 이 법에서 규정하지 아니한 것에 대해서는 「민법」 중 사단법인에 관한 규정과 「상법」 중 주식회사의 회계에 관한 규정을 준용한다. <신설 2019. 4. 30.>

[제목개정 2019. 4. 30.]

제63조(자율지도원 등) ① 조합은 조합원의 영업시설 개선과 경영에 관한 지도 사업 등을 효율적으로 수행하기 위하여 자율지도원을 둘 수 있다.

② 조합의 관리 및 운영 등에 필요한 기준은 대통령령으로 정한다.

제2절 식품산업협회 <개정 2011. 8. 4.>

제64조(설립) ① 식품산업의 발전과 식품위생의 향상을 위하여 한국식품산업협회(이하 "협회"라 한다)를 설립한다. <개정 2011. 8. 4.>
② 제1항에 따라 설립되는 협회는 법인으로 한다.
③ 협회의 회원이 될 수 있는 자는 영업자 중 식품 또는 식품첨가물을 제조·가공·운반·판매·보존하는 자 및 그 밖에 식품 관련 산업을 운영하는 자로 한다. <개정 2011. 8. 4.>
④ 협회에 관하여 이 법에서 규정하지 아니한 것에 대하여는 「민법」 중 사단법인에 관한 규정을 준용한다.

제65조(협회의 사업) 협회는 다음 각 호의 사업을 한다. <개정 2011. 8. 4.>
1. 식품산업에 관한 조사·연구
2. 식품 및 식품첨가물과 그 원재료(原材料)에 대한 시험·검사 업무
3. 식품위생과 관련한 교육
4. 영업자 중 식품이나 식품첨가물을 제조·가공·운반·판매 및 보존하는 자의 영업시설 개선에 관한 지도
5. 회원을 위한 경영지도
6. 식품안전과 식품산업 진흥 및 지원·육성에 관한 사업
7. 제1호부터 제5호까지에 규정된 사업의 부대사업

제66조(준용) 협회에 관하여는 제63조제1항을 준용한다. 이 경우 "조합"은 "협회"로, "조합원"은 "협회의 회원"으로 본다.

제3절 식품안전정보원 <개정 2011. 8. 4.>

제67조(식품안전정보원의 설립) ① 식품의약품안전처장의 위탁을 받아 제49조에 따른 식품이력추적관리업무와 식품안전에 관한 업무 중 제68조제1항 각 호에 관한 업무를 효율적으로 수행하기 위하여 식품안전정보원(이하 "정보원"이라 한다)를 둔다. <개정 2011. 8. 4., 2013. 3. 23.>
② 정보원은 법인으로 한다. <개정 2011. 8. 4.>
③ 정보원의 정관에는 다음 각 호의 사항을 기재하여야 한다. <신설 2018. 12. 11.>
1. 목적
2. 명칭

3. 주된 사무소가 있는 곳

4. 자산에 관한 사항

5. 임원 및 직원에 관한 사항

6. 이사회의 운영

7. 사업범위 및 내용과 그 집행

8. 회계

9. 공고의 방법

10. 정관의 변경

11. 그 밖에 정보원의 운영에 관한 중요 사항

④정보원이 정관의 기재사항을 변경하려는 경우에는 식품의약품안전처장의 인가를 받아야 한다. <신설 2018. 12. 11.>

⑤ 정보원에 관하여 이 법에서 규정된 것 외에는 「민법」 중 재단법인에 관한 규정을 준용한다. <개정 2011. 8. 4., 2018. 12. 11.>

[제목개정 2011. 8. 4.]

제68조(정보원의 사업) ① 정보원은 다음 각 호의 사업을 한다. <개정 2011. 8. 4., 2013. 3. 23., 2016. 2. 3.>

1. 국내외 식품안전정보의 수집·분석·정보제공 등

1의2. 식품안전정책 수립을 지원하기 위한 조사·연구 등

2. 식품안전정보의 수집·분석 및 식품이력추적관리 등을 위한 정보시스템의 구축·운영 등

3. 식품이력추적관리의 등록·관리 등

4. 식품이력추적관리에 관한 교육 및 홍보

5. 식품사고가 발생한 때 사고의 신속한 원인규명과 해당 식품의 회수·폐기 등을 위한 정보제공

6. 식품위해정보의 공동활용 및 대응을 위한 기관·단체·소비자단체 등과의 협력 네트워크 구축·운영

7. 소비자 식품안전 관련 신고의 안내·접수·상담 등을 위한 지원

8. 그 밖에 식품안전정보 및 식품이력추적관리에 관한 사항으로서 식품의약품안전처장이 정하는 사업

② 식품의약품안전처장은 정보원의 설립·운영 등에 필요한 비용을 지원할 수 있다. <개정 2011. 8. 4., 2013. 3. 23.>

[제목개정 2011. 8. 4.]

제69조(사업계획서 등의 제출) ① 정보원은 총리령으로 정하는 바에 따라

매 사업연도 개시 전에 사업계획서와 예산서를 식품의약품안전처장에게 제출하여 승인을 받아야 한다. <개정 2010. 1. 18., 2011. 8. 4., 2013. 3. 23.>

② 정보원은 식품의약품안전처장이 지정하는 공인회계사의 검사를 받은 매 사업연도의 세입·세출결산서를 식품의약품안전처장에게 제출하여 승인을 받아 결산을 확정한 후 그 결과를 다음 사업연도 5월 말까지 국회에 보고하여야 한다. <개정 2011. 8. 4., 2013. 3. 23.>

제70조(지도·감독 등) ① 식품의약품안전처장은 정보원에 대하여 감독상 필요한 때에는 그 업무에 관한 사항을 보고하게 하거나 자료의 제출, 그 밖에 필요한 명령을 할 수 있고, 소속 공무원으로 하여금 그 사무소에 출입하여 장부·서류 등을 검사하게 할 수 있다. <개정 2011. 8. 4., 2013. 3. 23.>

② 제1항에 따라 출입·검사를 하는 공무원은 그 권한을 표시하는 증표 및 조사기간, 조사범위, 조사담당자, 관계 법령 등 대통령령으로 정하는 사항이 기재된 서류를 지니고 이를 관계인에게 내보여야 한다. <개정 2016. 2. 3.>

③ 정보원에 대한 지도·감독에 관하여 그 밖에 필요한 사항은 총리령으로 정한다. <개정 2010. 1. 18., 2011. 8. 4., 2013. 3. 23.>

제4절 삭제 <2016. 2. 3.>

제70조의2 삭제 <2016. 2. 3.>

제70조의3 삭제 <2016. 2. 3.>

제70조의4 삭제 <2016. 2. 3.>

제70조의5 삭제 <2016. 2. 3.>

제70조의6 삭제 <2016. 2. 3.>

제5절 건강 위해가능 영양성분 관리 <신설 2016. 5. 29.>

제70조의7(건강 위해가능 영양성분 관리) ① 국가 및 지방자치단체는 식품의 나트륨, 당류, 트랜스지방 등 영양성분(이하 "건강 위해가능 영양성분"이라 한다)의 과잉섭취로 인한 국민보건상 위해를 예방하기 위하여 노력하여야 한다.

② 식품의약품안전처장은 관계 중앙행정기관의 장과 협의하여 건강 위해

가능 영양성분 관리 기술의 개발·보급, 적정섭취를 위한 실천방법의 교육·홍보 등을 실시하여야 한다.

③ 건강 위해가능 영양성분의 종류는 대통령령으로 정한다.

[본조신설 2016. 5. 29.]

제70조의8(건강 위해가능 영양성분 관리 주관기관 설립·지정) ① 식품의약품안전처장은 건강 위해가능 영양성분 관리를 위하여 다음 각 호의 사업을 주관하여 수행할 기관(이하 "주관기관"이라 한다)을 설립하거나 건강 위해가능 영양성분 관리와 관련된 사업을 하는 기관·단체 또는 법인을 주관기관으로 지정할 수 있다.

1. 건강 위해가능 영양성분 적정섭취 실천방법 교육·홍보 및 국민 참여 유도

2. 건강 위해가능 영양성분 함량 모니터링 및 정보제공

3. 건강 위해가능 영양성분을 줄인 급식과 외식, 가공식품 생산 및 구매 활성화

4. 건강 위해가능 영양성분 관리 실천사업장 운영 지원

5. 그 밖에 식품의약품안전처장이 필요하다고 인정하는 건강 위해가능 영양성분 관리사업

② 식품의약품안전처장은 주관기관에 대하여 예산의 범위에서 설립·운영 및 제1항 각 호의 사업을 수행하는 데 필요한 경비의 전부 또는 일부를 지원할 수 있다.

③ 제1항에 따라 설립되는 주관기관은 법인으로 한다.

④ 제1항에 따라 설립되는 주관기관에 관하여 이 법에서 규정된 것을 제외하고는 「민법」 중 재단법인에 관한 규정을 준용한다.

⑤ 식품의약품안전처장은 제1항에 따라 지정된 주관기관이 다음 각 호의 어느 하나에 해당하는 경우 지정을 취소할 수 있다. 다만, 제1호에 해당하는 경우에는 지정을 취소하여야 한다.

1. 거짓이나 그 밖의 부정한 방법으로 지정을 받은 경우

2. 제6항에 따른 지정기준에 적합하지 아니하게 된 경우

⑥ 주관기관의 설립, 지정 및 지정 취소의 기준·절차 등에 필요한 사항은 대통령령으로 정한다.

[본조신설 2016. 5. 29.]

제70조의9(사업계획서 등의 제출) 주관기관은 총리령으로 정하는 바에 따라 전년도의 사업 실적보고서와 해당 연도의 사업계획서를 작성하여 식

품의약품안전처장에게 제출하여야 한다. 다만, 제70조의8제1항에 따라
지정된 주관기관의 경우 같은 항 각 호의 사업 수행과 관련된 사항으로
한정한다.

[본조신설 2016. 5. 29.]

제70조의10(지도·감독 등) ① 식품의약품안전처장은 주관기관에 대하여
감독상 필요한 때에는 그 업무에 관한 사항을 보고하게 하거나 자료의
제출, 그 밖에 필요한 명령을 할 수 있다. 다만, 제70조의8제1항에 따라
지정된 주관기관에 대한 지도·감독은 같은 항 각 호의 사업 수행과 관
련된 사항으로 한정한다.

② 주관기관에 대한 지도·감독에 관하여 그 밖에 필요한 사항은 총리령
으로 정한다.

[본조신설 2016. 5. 29.]

제11장 시정명령과 허가취소 등 행정 제재

제71조(시정명령) ① 식품의약품안전처장, 시·도지사 또는 시장·군수·
구청장은 제3조에 따른 식품등의 위생적 취급에 관한 기준에 맞지 아니
하게 영업하는 자와 이 법을 지키지 아니하는 자에게는 필요한 시정을
명하여야 한다. <개정 2013. 3. 23.>

② 식품의약품안전처장, 시·도지사 또는 시장·군수·구청장은 제1항의
시정명령을 한 경우에는 그 영업을 관할하는 관서의 장에게 그 내용을 통
보하여 시정명령이 이행되도록 협조를 요청할 수 있다. <개정 2013. 3. 23.>

③ 제2항에 따라 요청을 받은 관계 기관의 장은 정당한 사유가 없으면
이에 응하여야 하며, 그 조치결과를 지체 없이 요청한 기관의 장에게 통
보하여야 한다. <신설 2011. 6. 7.>

제72조(폐기처분 등) ① 식품의약품안전처장, 시·도지사 또는 시장·군수
·구청장은 영업자(「수입식품안전관리 특별법」 제15조에 따라 등록한
수입식품등 수입·판매업자를 포함한다. 이하 이 조에서 같다)가 제4조
부터 제6조까지, 제7조제4항, 제8조, 제9조제4항, 제12조의2제2항 또는
제44조제1항제3호를 위반한 경우에는 관계 공무원에게 그 식품등을 압
류 또는 폐기하게 하거나 용도·처리방법 등을 정하여 영업자에게 위해
를 없애는 조치를 하도록 명하여야 한다. <개정 2011. 6. 7., 2013. 3. 23.,
2015. 2. 3., 2018. 3. 13., 2018. 12. 11.>

② 식품의약품안전처장, 시·도지사 또는 시장·군수·구청장은 제37조 제1항, 제4항 또는 제5항을 위반하여 허가받지 아니하거나 신고 또는 등록하지 아니하고 제조·가공·조리한 식품 또는 식품첨가물이나 여기에 사용한 기구 또는 용기·포장 등을 관계 공무원에게 압류하거나 폐기하게 할 수 있다. <개정 2011. 6. 7., 2013. 3. 23.>

③ 식품의약품안전처장, 시·도지사 또는 시장·군수·구청장은 식품위생상의 위해가 발생하였거나 발생할 우려가 있는 경우에는 영업자에게 유통 중인 해당 식품등을 회수·폐기하게 하거나 해당 식품등의 원료, 제조 방법, 성분 또는 그 배합 비율을 변경할 것을 명할 수 있다. <개정 2013. 3. 23.>

④ 제1항 및 제2항에 따른 압류나 폐기를 하는 공무원은 그 권한을 표시하는 증표 및 조사기간, 조사범위, 조사담당자, 관계 법령 등 대통령령으로 정하는 사항이 기재된 서류를 지니고 이를 관계인에게 내보여야 한다. <개정 2016. 2. 3.>

⑤ 제1항 및 제2항에 따른 압류 또는 폐기에 필요한 사항과 제3항에 따른 회수·폐기 대상 식품등의 기준 등은 총리령으로 정한다. <개정 2010. 1. 18., 2013. 3. 23.>

⑥ 식품의약품안전처장, 시·도지사 및 시장·군수·구청장은 제1항에 따라 폐기처분명령을 받은 자가 그 명령을 이행하지 아니하는 경우에는 「행정대집행법」에 따라 대집행을 하고 그 비용을 명령위반자로부터 징수할 수 있다. <개정 2013. 3. 23.>

제73조(위해식품등의 공표) ① 식품의약품안전처장, 시·도지사 또는 시장·군수·구청장은 다음 각 호의 어느 하나에 해당되는 경우에는 해당 영업자에 대하여 그 사실의 공표를 명할 수 있다. 다만, 식품위생에 관한 위해가 발생한 경우에는 공표를 명하여야 한다. <개정 2013. 3. 23., 2018. 3. 13.>

1. 제4조부터 제6조까지, 제7조제4항, 제8조 또는 제9조제4항 등을 위반하여 식품위생에 관한 위해가 발생하였다고 인정되는 때

2. 제45조제1항 또는 「식품 등의 표시·광고에 관한 법률」 제15조제2항에 따른 회수계획을 보고받은 때

② 제1항에 따른 공표방법 등 공표에 관하여 필요한 사항은 대통령령으로 정한다.

제74조(시설 개수명령 등) ① 식품의약품안전처장, 시·도지사 또는 시장·군수·구청장은 영업시설이 제36조에 따른 시설기준에 맞지 아니한

경우에는 기간을 정하여 그 영업자에게 시설을 개수(改修)할 것을 명할 수 있다. <개정 2013. 3. 23.>

② 건축물의 소유자와 영업자 등이 다른 경우 건축물의 소유자는 제1항에 따른 시설 개수명령을 받은 영업자 등이 시설을 개수하는 데에 최대한 협조하여야 한다.

제75조(허가취소 등) ① 식품의약품안전처장 또는 특별자치시장·특별자치도지사·시장·군수·구청장은 영업자가 다음 각 호의 어느 하나에 해당하는 경우에는 대통령령으로 정하는 바에 따라 영업허가 또는 등록을 취소하거나 6개월 이내의 기간을 정하여 그 영업의 전부 또는 일부를 정지하거나 영업소 폐쇄(제37조제4항에 따라 신고한 영업만 해당한다. 이하 이 조에서 같다)를 명할 수 있다. 다만, 식품접객영업자가 제13호(제44조제2항에 관한 부분만 해당한다)를 위반한 경우로서 청소년의 신분증 위조·변조 또는 도용으로 식품접객영업자가 청소년인 사실을 알지 못하였거나 폭행 또는 협박으로 청소년임을 확인하지 못한 사정이 인정되는 경우에는 대통령령으로 정하는 바에 따라 해당 행정처분을 면제할 수 있다. <개정 2010. 2. 4., 2011. 6. 7., 2013. 3. 23., 2013. 7. 30., 2014. 5. 28., 2015. 2. 3., 2015. 5. 18., 2016. 2. 3., 2018. 3. 13., 2018. 12. 11., 2019. 4. 30.>

1. 제4조부터 제6조까지, 제7조제4항, 제8조, 제9조제4항 또는 제12조의2제2항을 위반한 경우
2. 삭제 <2018. 3. 13.>
3. 제17조제4항을 위반한 경우
4. 제22조제1항에 따른 출입·검사·수거를 거부·방해·기피한 경우
4의2. 삭제 <2015. 2. 3.>
5. 제31조제1항 및 제3항을 위반한 경우
6. 제36조를 위반한 경우
7. 제37조제1항 후단, 제3항, 제4항 후단을 위반하거나 같은 조 제2항에 따른 조건을 위반한 경우
7의2. 제37조제5항에 따른 변경 등록을 하지 아니하거나 같은 항 단서를 위반한 경우
8. 제38조제1항제8호에 해당하는 경우
9. 제40조제3항을 위반한 경우
10. 제41조제5항을 위반한 경우
11. 삭제 <2016. 2. 3.>

12. 제43조에 따른 영업 제한을 위반한 경우

13. 제44조제1항·제2항 및 제4항을 위반한 경우

14. 제45조제1항 전단에 따른 회수 조치를 하지 아니한 경우

14의2. 제45조제1항 후단에 따른 회수계획을 보고하지 아니하거나 거짓
으로 보고한 경우

15. 제48조제2항에 따른 식품안전관리인증기준을 지키지 아니한 경우

15의2. 제49조제1항 단서에 따른 식품이력추적관리를 등록하지 아니 한
경우

16. 제51조제1항을 위반한 경우

17. 제71조제1항, 제72조제1항·제3항, 제73조제1항 또는 제74조제1항
(제88조에 따라 준용되는 제71조제1항, 제72조제1항·제3항 또는 제
74조제1항을 포함한다)에 따른 명령을 위반한 경우

18. 제72조제1항·제2항에 따른 압류·폐기를 거부·방해·기피한 경우

19. 「성매매알선 등 행위의 처벌에 관한 법률」 제4조에 따른 금지행위를
한 경우

② 식품의약품안전처장 또는 특별자치시장·특별자치도지사·시장·군수
·구청장은 영업자가 제1항에 따른 영업정지 명령을 위반하여 영업을
계속하면 영업허가 또는 등록을 취소하거나 영업소 폐쇄를 명할 수 있
다. <개정 2011. 6. 7., 2013. 3. 23., 2016. 2. 3.>

③ 식품의약품안전처장 또는 특별자치시장·특별자치도지사·시장·군수
·구청장은 다음 각 호의 어느 하나에 해당하는 경우에는 영업허가 또는
등록을 취소하거나 영업소 폐쇄를 명할 수 있다. <개정 2011. 6. 7., 2013.
3. 23., 2013. 6. 7., 2016. 2. 3.>

1. 영업자가 정당한 사유 없이 6개월 이상 계속 휴업하는 경우

2. 영업자(제37조제1항에 따라 영업허가를 받은 자만 해당한다)가 사실
상 폐업하여 「부가가치세법」 제8조에 따라 관할세무서장에게 폐업신
고를 하거나 관할세무서장이 사업자등록을 말소한 경우

④ 식품의약품안전처장 또는 특별자치시장·특별자치도지사·시장·군수
·구청장은 제3항제2호의 사유로 영업허가를 취소하기 위하여 필요한
경우 관할 세무서장에게 영업자의 폐업여부에 대한 정보 제공을 요청할
수 있다. 이 경우 요청을 받은 관할 세무서장은 「전자정부법」 제39조에
따라 영업자의 폐업여부에 대한 정보를 제공한다. <신설 2015. 3. 27., 2016.
2. 3.>

⑤ 제1항 및 제2항에 따른 행정처분의 세부기준은 그 위반 행위의 유형과 위반 정도 등을 고려하여 총리령으로 정한다. <개정 2010. 1. 18., 2013. 3. 23., 2015. 3. 27.>

제75조(허가취소 등) ① 식품의약품안전처장 또는 특별자치시장·특별자치도지사·시장·군수·구청장은 영업자가 다음 각 호의 어느 하나에 해당하는 경우에는 대통령령으로 정하는 바에 따라 영업허가 또는 등록을 취소하거나 6개월 이내의 기간을 정하여 그 영업의 전부 또는 일부를 정지하거나 영업소 폐쇄(제37조제4항에 따라 신고한 영업만 해당한다. 이하 이 조에서 같다)를 명할 수 있다. 다만, 식품접객영업자가 제13호(제44조제2항에 관한 부분만 해당한다)를 위반한 경우로서 청소년의 신분증 위조·변조 또는 도용으로 식품접객영업자가 청소년인 사실을 알지 못하였거나 폭행 또는 협박으로 청소년임을 확인하지 못한 사정이 인정되는 경우에는 대통령령으로 정하는 바에 따라 해당 행정처분을 면제할 수 있다. <개정 2010. 2. 4., 2011. 6. 7., 2013. 3. 23., 2013. 7. 30., 2014. 5. 28., 2015. 2. 3., 2015. 5. 18., 2016. 2. 3., 2018. 3. 13., 2018. 12. 11., 2019. 4. 30., 2020. 12. 29.>

1. 제4조부터 제6조까지, 제7조제4항, 제8조, 제9조제4항 또는 제12조의2제2항을 위반한 경우
2. 삭제 <2018. 3. 13.>
3. 제17조제4항을 위반한 경우
4. 제22조제1항에 따른 출입·검사·수거를 거부·방해·기피한 경우
4의2. 삭제 <2015. 2. 3.>
5. 제31조제1항 및 제3항을 위반한 경우
6. 제36조를 위반한 경우
7. 제37조제1항 후단, 제3항, 제4항 후단을 위반하거나 같은 조 제2항에 따른 조건을 위반한 경우
7의2. 제37조제5항에 따른 변경 등록을 하지 아니하거나 같은 항 단서를 위반한 경우
8. 제38조제1항제8호에 해당하는 경우
9. 제40조제3항을 위반한 경우
10. 제41조제5항을 위반한 경우
10의2. 제41조의2제1항을 위반한 경우
11. 삭제 <2016. 2. 3.>

12. 제43조에 따른 영업 제한을 위반한 경우

13. 제44조제1항·제2항 및 제4항을 위반한 경우

14. 제45조제1항 전단에 따른 회수 조치를 하지 아니한 경우

14의2. 제45조제1항 후단에 따른 회수계획을 보고하지 아니하거나 거짓으로 보고한 경우

15. 제48조제2항에 따른 식품안전관리인증기준을 지키지 아니한 경우

15의2. 제49조제1항 단서에 따른 식품이력추적관리를 등록하지 아니 한 경우

16. 제51조제1항을 위반한 경우

17. 제71조제1항, 제72조제1항·제3항, 제73조제1항 또는 제74조제1항 (제88조에 따라 준용되는 제71조제1항, 제72조제1항·제3항 또는 제74조제1항을 포함한다)에 따른 명령을 위반한 경우

18. 제72조제1항·제2항에 따른 압류·폐기를 거부·방해·기피한 경우

19. 「성매매알선 등 행위의 처벌에 관한 법률」 제4조에 따른 금지행위를 한 경우

② 식품의약품안전처장 또는 특별자치시장·특별자치도지사·시장·군수·구청장은 영업자가 제1항에 따른 영업정지 명령을 위반하여 영업을 계속하면 영업허가 또는 등록을 취소하거나 영업소 폐쇄를 명할 수 있다. <개정 2011. 6. 7., 2013. 3. 23., 2016. 2. 3.>

③ 식품의약품안전처장 또는 특별자치시장·특별자치도지사·시장·군수·구청장은 다음 각 호의 어느 하나에 해당하는 경우에는 영업허가 또는 등록을 취소하거나 영업소 폐쇄를 명할 수 있다. <개정 2011. 6. 7., 2013. 3. 23., 2013. 6. 7., 2016. 2. 3.>

1. 영업자가 정당한 사유 없이 6개월 이상 계속 휴업하는 경우

2. 영업자(제37조제1항에 따라 영업허가를 받은 자만 해당한다)가 사실상 폐업하여 「부가가치세법」 제8조에 따라 관할세무서장에게 폐업신고를 하거나 관할세무서장이 사업자등록을 말소한 경우

④ 식품의약품안전처장 또는 특별자치시장·특별자치도지사·시장·군수·구청장은 제3항제2호의 사유로 영업허가를 취소하기 위하여 필요한 경우 관할 세무서장에게 영업자의 폐업여부에 대한 정보 제공을 요청할 수 있다. 이 경우 요청을 받은 관할 세무서장은 「전자정부법」 제39조에 따라 영업자의 폐업여부에 대한 정보를 제공한다. <신설 2015. 3. 27., 2016. 2. 3.>

⑤ 제1항 및 제2항에 따른 행정처분의 세부기준은 그 위반 행위의 유형과 위반 정도 등을 고려하여 총리령으로 정한다. <개정 2010. 1. 18., 2013. 3. 23., 2015. 3. 27.>

[시행일 : 2021. 12. 30.] 제75조

제76조(품목 제조정지 등) ① 식품의약품안전처장 또는 특별자치시장·특별자치도지사·시장·군수·구청장은 영업자가 다음 각 호의 어느 하나에 해당하면 대통령령으로 정하는 바에 따라 해당 품목 또는 품목류(제7조 또는 제9조에 따라 정하여진 식품등의 기준 및 규격 중 동일한 기준 및 규격을 적용받아 제조·가공되는 모든 품목을 말한다. 이하 같다)에 대하여 기간을 정하여 6개월 이내의 제조정지를 명할 수 있다. <개정 2011. 6. 7., 2013. 3. 23., 2016. 2. 3.>

1. 제7조제4항을 위반한 경우

2. 제9조제4항을 위반한 경우

3. 삭제 <2018. 3. 13.>

3의2. 제12조의2제2항을 위반한 경우

4. 삭제 <2018. 3. 13.>

5. 제31조제1항을 위반한 경우

② 제1항에 따른 행정처분의 세부기준은 그 위반 행위의 유형과 위반 정도 등을 고려하여 총리령으로 정한다. <개정 2010. 1. 18., 2013. 3. 23.>

제77조(영업허가 등의 취소 요청) ① 식품의약품안전처장은 「축산물위생관리법」, 「수산업법」, 「양식산업발전법」 또는 「주류 면허 등에 관한 법률」에 따라 허가 또는 면허를 받은 자가 제4조부터 제6조까지 또는 제7조제4항을 위반한 경우에는 해당 허가 또는 면허 업무를 관할하는 중앙행정기관의 장에게 다음 각 호의 조치를 하도록 요청할 수 있다. 다만, 주류(酒類)는 「보건범죄단속에 관한 특별조치법」 제8조에 따른 유해 등의 기준에 해당하는 경우로 한정한다. <개정 2010. 1. 18., 2010. 5. 25., 2013. 3. 23., 2019. 8. 27., 2020. 12. 29.>

1. 허가 또는 면허의 전부 또는 일부 취소

2. 일정 기간의 영업정지

3. 그 밖에 위생상 필요한 조치

② 제1항에 따라 영업허가 등의 취소 요청을 받은 관계 중앙행정기관의 장은 정당한 사유가 없으면 이에 따라야 하며, 그 조치결과를 지체 없이 식품의약품안전처장에게 통보하여야 한다. <개정 2011. 6. 7., 2013. 3. 23.>

제78조(행정 제재처분 효과의 승계) 영업자가 영업을 양도하거나 법인이 합병되는 경우에는 제75조제1항 각 호, 같은 조 제2항 또는 제76조제1항 각 호를 위반한 사유로 종전의 영업자에게 행한 행정 제재처분의 효과는 그 처분기간이 끝난 날부터 1년간 양수인이나 합병 후 존속하는 법인에 승계되며, 행정 제재처분 절차가 진행 중인 경우에는 양수인이나 합병 후 존속하는 법인에 대하여 행정 제재처분 절차를 계속할 수 있다. 다만, 양수인이나 합병 후 존속하는 법인이 양수하거나 합병할 때에 그 처분 또는 위반사실을 알지 못하였음을 증명하는 때에는 그러하지 아니하다.

제79조(폐쇄조치 등) ① 식품의약품안전처장, 시·도지사 또는 시장·군수·구청장은 제37조제1항, 제4항 또는 제5항을 위반하여 허가받지 아니하거나 신고 또는 등록하지 아니하고 영업을 하는 경우 또는 제75조제1항 또는 제2항에 따라 허가 또는 등록이 취소되거나 영업소 폐쇄명령을 받은 후에도 계속하여 영업을 하는 경우에는 해당 영업소를 폐쇄하기 위하여 관계 공무원에게 다음 각 호의 조치를 하게 할 수 있다. <개정 2011. 6. 7., 2013. 3. 23.>
1. 해당 영업소의 간판 등 영업 표지물의 제거나 삭제
2. 해당 영업소가 적법한 영업소가 아님을 알리는 게시문 등의 부착
3. 해당 영업소의 시설물과 영업에 사용하는 기구 등을 사용할 수 없게 하는 봉인(封印)
② 식품의약품안전처장, 시·도지사 또는 시장·군수·구청장은 제1항제3호에 따라 봉인한 후 봉인을 계속할 필요가 없거나 해당 영업을 하는 자 또는 그 대리인이 해당 영업소 폐쇄를 약속하거나 그 밖의 정당한 사유를 들어 봉인의 해제를 요청하는 경우에는 봉인을 해제할 수 있다. 제1항제2호에 따른 게시문 등의 경우에도 또한 같다. <개정 2013. 3. 23.>
③ 식품의약품안전처장, 시·도지사 또는 시장·군수·구청장은 제1항에 따른 조치를 하려면 해당 영업을 하는 자 또는 그 대리인에게 문서로 미리 알려야 한다. 다만, 급박한 사유가 있으면 그러하지 아니하다. <개정 2013. 3. 23.>
④ 제1항에 따른 조치는 그 영업을 할 수 없게 하는 데에 필요한 최소한의 범위에 그쳐야 한다.
⑤ 제1항의 경우에 관계 공무원은 그 권한을 표시하는 증표 및 조사기간, 조사범위, 조사담당자, 관계 법령 등 대통령령으로 정하는 사항이 기

재된 서류를 지니고 이를 관계인에게 내보여야 한다. <개정 2016. 2. 3.>

제80조(면허취소 등) ① 식품의약품안전처장 또는 특별자치시장·특별자치도지사·시장·군수·구청장은 조리사가 다음 각 호의 어느 하나에 해당하면 그 면허를 취소하거나 6개월 이내의 기간을 정하여 업무정지를 명할 수 있다. 다만, 조리사가 제1호 또는 제5호에 해당할 경우 면허를 취소하여야 한다. <개정 2010. 1. 18., 2010. 3. 26., 2013. 3. 23., 2016. 2. 3.>

1. 제54조 각 호의 어느 하나에 해당하게 된 경우

2. 제56조에 따른 교육을 받지 아니한 경우

3. 식중독이나 그 밖에 위생과 관련한 중대한 사고 발생에 직무상의 책임이 있는 경우

4. 면허를 타인에게 대여하여 사용하게 한 경우

5. 업무정지기간 중에 조리사의 업무를 하는 경우

② 제1항에 따른 행정처분의 세부기준은 그 위반 행위의 유형과 위반 정도 등을 고려하여 총리령으로 정한다. <개정 2010. 1. 18., 2013. 3. 23.>

제81조(청문) 식품의약품안전처장, 시·도지사 또는 시장·군수·구청장은 다음 각 호의 어느 하나에 해당하는 처분을 하려면 청문을 하여야 한다. <개정 2011. 6. 7., 2013. 3. 23., 2014. 5. 28., 2020. 12. 29.>

1. 삭제 <2015. 2. 3.>

1의2. 삭제 <2013. 7. 30.>

2. 제48조제8항에 따른 식품안전관리인증기준적용업소의 인증취소

2의2. 제48조의5제1항에 따른 교육훈련기관의 지정취소

3. 제75조제1항부터 제3항까지의 규정에 따른 영업허가 또는 등록의 취소나 영업소의 폐쇄명령

4. 제80조제1항에 따른 면허의 취소

제82조(영업정지 등의 처분에 갈음하여 부과하는 과징금 처분) ① 식품의약품안전처장, 시·도지사 또는 시장·군수·구청장은 영업자가 제75조제1항 각 호 또는 제76조제1항 각 호의 어느 하나에 해당하는 경우에는 대통령령으로 정하는 바에 따라 영업정지, 품목 제조정지 또는 품목류 제조정지 처분을 갈음하여 10억원 이하의 과징금을 부과할 수 있다. 다만, 제6조를 위반하여 제75조제1항에 해당하는 경우와 제4조, 제5조, 제7조, 제12조의2, 제37조, 제43조 및 제44조를 위반하여 제75조제1항 또는 제76조제1항에 해당하는 중대한 사항으로서 총리령으로 정하는 경우는 제

외한다. <개정 2010. 1. 18., 2011. 6. 7., 2013. 3. 23., 2016. 2. 3., 2018. 3. 13.>

② 제1항에 따른 과징금을 부과하는 위반 행위의 종류·정도 등에 따른 과징금의 금액과 그 밖에 필요한 사항은 대통령령으로 정한다.

③ 식품의약품안전처장, 시·도지사 또는 시장·군수·구청장은 과징금을 징수하기 위하여 필요한 경우에는 다음 각 호의 사항을 적은 문서로 관할 세무관서의 장에게 과세 정보 제공을 요청할 수 있다. <개정 2013. 3. 23.>

1. 납세자의 인적 사항

2. 사용 목적

3. 과징금 부과기준이 되는 매출금액

④ 식품의약품안전처장, 시·도지사 또는 시장·군수·구청장은 제1항에 따른 과징금을 기한 내에 납부하지 아니하는 때에는 대통령령으로 정하는 바에 따라 제1항에 따른 과징금 부과처분을 취소하고 제75조제1항 또는 제76조제1항에 따른 영업정지 또는 제조정지 처분을 하거나 국세 체납처분의 예 또는 「지방행정제재·부과금의 징수 등에 관한 법률」에 따라 징수한다. 다만, 다음 각 호의 어느 하나에 해당하는 경우에는 국세 체납처분의 예 또는 「지방행정제재·부과금의 징수 등에 관한 법률」에 따라 징수한다. <개정 2011. 6. 7., 2013. 3. 23., 2013. 7. 30., 2013. 8. 6., 2020. 3. 24.>

1. 삭제 <2013. 7. 30.>

2. 제37조제3항, 제4항 및 제5항에 따른 폐업 등으로 제75조제1항 또는 제76조제1항에 따른 영업정지 또는 제조정지 처분을 할 수 없는 경우

⑤ 제1항 및 제4항 단서에 따라 징수한 과징금 중 식품의약품안전처장이 부과·징수한 과징금은 국가에 귀속되고, 시·도지사가 부과·징수한 과징금은 시·도의 식품진흥기금(제89조에 따른 식품진흥기금을 말한다. 이하 이 항에서 같다)에 귀속되며, 시장·군수·구청장이 부과·징수한 과징금은 시·도와 시·군·구의 식품진흥기금에 귀속된다. 이 경우 시·도 및 시·군·구에 귀속시키는 방법 등은 대통령령으로 정한다. <개정 2013. 3. 23.>

⑥ 시·도지사는 제91조에 따라 제1항에 따른 과징금을 부과·징수할 권한을 시장·군수·구청장에게 위임한 경우에는 그에 필요한 경비를 대통령령으로 정하는 바에 따라 시장·군수·구청장에게 교부할 수 있다.

⑦ 식품의약품안전처장, 시·도지사 또는 시장·군수·구청장은 제4항에

따라 체납된 과징금의 징수를 위하여 다음 각 호의 어느 하나에 해당하는 자료 또는 정보를 해당 각 호의 자에게 각각 요청할 수 있다. 이 경우 요청을 받은 자는 정당한 사유가 없으면 그 요청에 따라야 한다. <신설 2020. 12. 29.>

1. 「건축법」 제38조에 따른 건축물대장 등본: 국토교통부장관
2. 「공간정보의 구축 및 관리 등에 관한 법률」 제71조에 따른 토지대장 등본: 국토교통부장관
3. 「자동차관리법」 제7조에 따른 자동차등록원부 등본: 시·도지사

제83조(위해식품등의 판매 등에 따른 과징금 부과 등) ① 식품의약품안전처장, 시·도지사 또는 시장·군수·구청장은 위해식품등의 판매 등 금지에 관한 제4조부터 제6조까지의 규정 또는 제8조를 위반한 경우 다음 각 호의 어느 하나에 해당하는 자에 대하여 그가 판매한 해당 식품등의 판매금액을 과징금으로 부과한다. <개정 2011. 6. 7., 2013. 3. 23., 2013. 7. 30., 2018. 3. 13., 2018. 12. 11.>

1. 제4조제2호·제3호 및 제5호부터 제7호까지의 규정을 위반하여 제75조에 따라 영업정지 2개월 이상의 처분, 영업허가 및 등록의 취소 또는 는 영업소의 폐쇄명령을 받은 자
2. 제5조, 제6조 또는 제8조를 위반하여 제75조에 따라 영업허가 및 등록의 취소 또는 영업소의 폐쇄명령을 받은 자
3. 삭제 <2018. 3. 13.>

② 제1항에 따른 과징금의 산출금액은 대통령령으로 정하는 바에 따라 결정하여 부과한다.

③ 제2항에 따라 부과된 과징금을 기한 내에 납부하지 아니하는 경우 또는 제37조제3항, 제4항 및 제5항에 따라 폐업한 경우에는 국세 체납처분의 예 또는 「지방행정제재·부과금의 징수 등에 관한 법률」에 따라 징수한다. <개정 2011. 6. 7., 2013. 8. 6., 2020. 3. 24.>

④ 제1항에 따른 과징금 및 체납 과징금의 징수를 위한 정보·자료의 제공 요청, 부과·징수한 과징금의 귀속 및 귀속 비율과 징수 절차 등에 관하여는 제82조제3항 및 제5항부터 제7항까지의 규정을 준용한다. <개정 2020. 12. 29.>

제84조(위반사실 공표) 식품의약품안전처장, 시·도지사 또는 시장·군수·구청장은 제72조, 제75조, 제76조, 제79조, 제82조 또는 제83조에 따라 행정처분이 확정된 영업자에 대한 처분 내용, 해당 영업소와 식품등

의 명칭 등 처분과 관련한 영업 정보를 대통령령으로 정하는 바에 따라 공표하여야 한다. <개정 2013. 3. 23.>

제12장 보칙

제85조(국고 보조) 식품의약품안전처장은 예산의 범위에서 다음 경비의 전부 또는 일부를 보조할 수 있다. <개정 2010. 1. 18., 2011. 8. 4., 2013. 3. 23.>

1. 제22조제1항(제88조에서 준용하는 경우를 포함한다)에 따른 수거에 드는 경비
2. 삭제 <2013. 7. 30.>
3. 조합에서 실시하는 교육훈련에 드는 경비
4. 제32조제1항에 따른 식품위생감시원과 제33조에 따른 소비자식품위생감시원 운영에 드는 경비
5. 정보원의 설립·운영에 드는 경비
6. 제60조제6호에 따른 조사·연구 사업에 드는 경비
7. 제63조제1항(제66조에서 준용하는 경우를 포함한다)에 따른 조합 또는 협회의 자율지도원 운영에 드는 경비
8. 제72조(제88조에서 준용하는 경우를 포함한다)에 따른 폐기에 드는 경비

제86조(식중독에 관한 조사 보고) ① 다음 각 호의 어느 하나에 해당하는 자는 지체 없이 관할 특별자치시장·시장(「제주특별자치도 설치 및 국제자유도시 조성을 위한 특별법」에 따른 행정시장을 포함한다. 이하 이 조에서 같다)·군수·구청장에게 보고하여야 한다. 이 경우 의사나 한의사는 대통령령으로 정하는 바에 따라 식중독 환자나 식중독이 의심되는 자의 혈액 또는 배설물을 보관하는 데에 필요한 조치를 하여야 한다. <개정 2013. 5. 22., 2018. 12. 11.>

1. 식중독 환자나 식중독이 의심되는 자를 진단하였거나 그 사체를 검안(檢案)한 의사 또는 한의사
2. 집단급식소에서 제공한 식품등으로 인하여 식중독 환자나 식중독으로 의심되는 증세를 보이는 자를 발견한 집단급식소의 설치·운영자

② 특별자치시장·시장·군수·구청장은 제1항에 따른 보고를 받은 때에는 지체 없이 그 사실을 식품의약품안전처장 및 시·도지사(특별자치시장은 제외한다)에게 보고하고, 대통령령으로 정하는 바에 따라 원인을

조사하여 그 결과를 보고하여야 한다. <개정 2010. 1. 18., 2013. 3. 23., 2013. 5. 22., 2018. 12. 11.>

③ 식품의약품안전처장은 제2항에 따른 보고의 내용이 국민보건상 중대하다고 인정하는 경우에는 해당 시·도지사 또는 시장·군수·구청장과 합동으로 원인을 조사할 수 있다. <신설 2013. 5. 22.>

④ 식품의약품안전처장은 식중독 발생의 원인을 규명하기 위하여 식중독 의심환자가 발생한 원인시설 등에 대한 조사절차와 시험·검사 등에 필요한 사항을 정할 수 있다. <개정 2013. 3. 23., 2013. 5. 22.>

제87조(식중독대책협의기구 설치) ① 식품의약품안전처장은 식중독 발생의 효율적인 예방 및 확산방지를 위하여 교육부, 농림축산식품부, 보건복지부, 환경부, 해양수산부, 식품의약품안전처, 질병관리청, 시·도 등 유관기관으로 구성된 식중독대책협의기구를 설치·운영하여야 한다. <개정 2010. 1. 18., 2013. 3. 23., 2020. 8. 11.>

② 제1항에 따른 식중독대책협의기구의 구성과 세부적인 운영사항 등은 대통령령으로 정한다.

제88조(집단급식소) ① 집단급식소를 설치·운영하려는 자는 총리령으로 정하는 바에 따라 특별자치시장·특별자치도지사·시장·군수·구청장에게 신고하여야 한다. 신고한 사항 중 총리령으로 정하는 사항을 변경하려는 경우에도 또한 같다. <개정 2010. 1. 18., 2013. 3. 23., 2016. 2. 3., 2018. 12. 11.>

② 집단급식소를 설치·운영하는 자는 집단급식소 시설의 유지·관리 등 급식을 위생적으로 관리하기 위하여 다음 각 호의 사항을 지켜야 한다. <개정 2010. 1. 18., 2013. 3. 23., 2020. 12. 29.>

1. 식중독 환자가 발생하지 아니하도록 위생관리를 철저히 할 것
2. 조리·제공한 식품의 매회 1인분 분량을 총리령으로 정하는 바에 따라 144시간 이상 보관할 것
3. 영양사를 두고 있는 경우 그 업무를 방해하지 아니할 것
4. 영양사를 두고 있는 경우 영양사가 집단급식소의 위생관리를 위하여 요청하는 사항에 대하여는 정당한 사유가 없으면 따를 것
5. 「축산물 위생관리법」 제12조에 따라 검사를 받지 아니한 축산물 또는 실험 등의 용도로 사용한 동물을 음식물의 조리에 사용하지 말 것
6. 「야생생물 보호 및 관리에 관한 법률」을 위반하여 포획·채취한 야생생물을 음식물의 조리에 사용하지 말 것
7. 유통기한이 경과한 원재료 또는 완제품을 조리할 목적으로 보관하거

나 이를 음식물의 조리에 사용하지 말 것

8. 수돗물이 아닌 지하수 등을 먹는 물 또는 식품의 조리·세척 등에 사용하는 경우에는 「먹는물관리법」 제43조에 따른 먹는물 수질검사기관에서 총리령으로 정하는 바에 따라 검사를 받아 마시기에 적합하다고 인정된 물을 사용할 것. 다만, 둘 이상의 업소가 같은 건물에서 같은 수원(水源)을 사용하는 경우에는 하나의 업소에 대한 시험결과로 나머지 업소에 대한 검사를 갈음할 수 있다.

9. 제15조제2항에 따라 위해평가가 완료되기 전까지 일시적으로 금지된 식품등을 사용·조리하지 말 것

10. 식중독 발생 시 보관 또는 사용 중인 식품은 역학조사가 완료될 때까지 폐기하거나 소독 등으로 현장을 훼손하여서는 아니 되고 원상태로 보존하여야 하며, 식중독 원인규명을 위한 행위를 방해하지 말 것

11. 그 밖에 식품등의 위생적 관리를 위하여 필요하다고 총리령으로 정하는 사항을 지킬 것

③ 집단급식소에 관하여는 제3조부터 제6조까지, 제7조제4항, 제8조, 제9조제4항, 제22조, 제37조제7항·제9항, 제39조, 제40조, 제41조, 제48조, 제71조, 제72조 및 제74조를 준용한다. <개정 2018. 3. 13., 2020. 12. 29.>

④ 특별자치시장·특별자치도지사·시장·군수·구청장은 제1항에 따른 신고 또는 변경신고를 받은 날부터 3일 이내에 신고수리 여부를 신고인에게 통지하여야 한다. <신설 2018. 12. 11.>

⑤ 특별자치시장·특별자치도지사·시장·군수·구청장이 제4항에서 정한 기간 내에 신고수리 여부 또는 민원 처리 관련 법령에 따른 처리기간의 연장을 신고인에게 통지하지 아니하면 그 기간(민원 처리 관련 법령에 따라 처리기간이 연장 또는 재연장된 경우에는 해당 처리기간을 말한다)이 끝난 날의 다음 날에 신고를 수리한 것으로 본다. <신설 2018. 12. 11.>

⑥ 제1항에 따라 신고한 자가 집단급식소 운영을 종료하려는 경우에는 특별자치시장·특별자치도지사·시장·군수·구청장에게 신고하여야 한다. <신설 2018. 12. 11.>

⑦ 집단급식소의 시설기준과 그 밖의 운영에 관한 사항은 총리령으로 정한다. <개정 2010. 1. 18., 2013. 3. 23., 2018. 12. 11.>

제89조(식품진흥기금) ① 식품위생과 국민의 영양수준 향상을 위한 사업을 하는 데에 필요한 재원에 충당하기 위하여 시·도 및 시·군·구에 식품진흥기금(이하 "기금"이라 한다)을 설치한다.

② 기금은 다음 각 호의 재원으로 조성한다. <개정 2018. 3. 13.>

1. 식품위생단체의 출연금

2. 제82조, 제83조 및 「건강기능식품에 관한 법률」 제37조, 「식품 등의 표시·광고에 관한 법률」 제19조 및 제20조에 따라 징수한 과징금

3. 기금 운용으로 생기는 수익금

4. 그 밖에 대통령령으로 정하는 수입금

③ 기금은 다음 각 호의 사업에 사용한다. <개정 2010. 3. 26., 2015. 5. 18., 2016. 12. 2.>

1. 영업자(「건강기능식품에 관한 법률」에 따른 영업자를 포함한다)의 위생관리시설 및 위생설비시설 개선을 위한 융자 사업

2. 식품위생에 관한 교육·홍보 사업(소비자단체의 교육·홍보 지원을 포함한다)과 소비자식품위생감시원의 교육·활동 지원

3. 식품위생과 「국민영양관리법」에 따른 영양관리(이하 "영양관리"라 한다)에 관한 조사·연구 사업

4. 제90조에 따른 포상금 지급 지원

4의2. 「공익신고자 보호법」 제29조제2항에 따라 지방자치단체가 부담하는 보상금(이 법 및 「건강기능식품에 관한 법률」 위반행위에 관한 신고를 원인으로 한 보상금에 한정한다) 상환액의 지원

5. 식품위생에 관한 교육·연구 기관의 육성 및 지원

6. 음식문화의 개선과 좋은 식단 실천을 위한 사업 지원

7. 집단급식소(위탁에 의하여 운영되는 집단급식소만 해당한다)의 급식시설 개수·보수를 위한 융자 사업

7의2. 제47조의2에 따른 식품접객업소의 위생등급 지정 사업 지원

8. 그 밖에 대통령령으로 정하는 식품위생, 영양관리, 식품산업 진흥 및 건강기능식품에 관한 사업

④ 기금은 시·도지사 및 시장·군수·구청장이 관리·운용하되, 그에 필요한 사항은 대통령령으로 정한다.

제89조의2(영업자 등에 대한 행정적·기술적 지원) 국가와 지방자치단체는 식품안전에 대한 영업자 등의 관리능력을 향상하기 위한 기반조성 및 역량 강화에 필요한 시책을 수립·시행하여야 하며, 이를 위한 재원을 마련하고 기술개발, 조사·연구 사업, 해외 정보의 제공 및 국제협력체계의 구축 등에 필요한 행정적·기술적 지원을 할 수 있다.

[본조신설 2020. 12. 29.]

제90조(포상금 지급) ① 식품의약품안전처장, 시·도지사 또는 시장·군수·구청장은 이 법에 위반되는 행위를 신고한 자에게 신고 내용별로 1천만원까지 포상금을 줄 수 있다. <개정 2013. 3. 23.>

② 제1항에 따른 포상금 지급의 기준·방법 및 절차 등에 관하여 필요한 사항은 대통령령으로 정한다.

제90조의2(정보공개) ① 식품의약품안전처장은 보유·관리하고 있는 식품 등의 안전에 관한 정보 중 국민이 알아야 할 필요가 있다고 인정하는 정보에 대하여는 「공공기관의 정보공개에 관한 법률」에서 허용하는 범위에서 이를 국민에게 제공하도록 노력하여야 한다. <개정 2013. 3. 23.>

② 제1항에 따라 제공되는 정보의 범위, 제공 방법 및 절차 등에 필요한 사항은 대통령령으로 정한다.

[본조신설 2011. 8. 4.]

제90조의3(식품안전관리 업무 평가) ① 식품의약품안전처장은 식품안전관리 업무 수행 실적이 우수한 시·도 또는 시·군·구에 표창 수여, 포상금 지급 등의 조치를 하기 위하여 시·도 및 시·군·구에서 수행하는 식품안전관리업무를 평가할 수 있다.

② 제1항에 따른 평가 기준·방법 등에 관하여 필요한 사항은 총리령으로 정한다.

[본조신설 2016. 2. 3.]

제90조의4(벌칙 적용에서 공무원 의제) 안전성심사위원회 및 심의위원회의 위원 중 공무원이 아닌 사람은 「형법」 제129조부터 제132조까지의 규정을 적용할 때에는 공무원으로 본다.

[본조신설 2018. 12. 11.]

제91조(권한의 위임) 이 법에 따른 식품의약품안전처장의 권한은 대통령령으로 정하는 바에 따라 그 일부를 시·도지사, 식품의약품안전평가원장 또는 지방식품의약품안전청장에게, 시·도지사의 권한은 그 일부를 시장·군수·구청장 또는 보건소장에게 각각 위임할 수 있다. <개정 2010. 1. 18., 2013. 3. 23., 2018. 12. 11.>

제92조(수수료) 다음 각 호의 어느 하나에 해당하는 자는 총리령으로 정하는 수수료를 내야 한다. <개정 2010. 1. 18., 2010. 3. 26., 2011. 6. 7., 2013. 3. 23., 2013. 7. 30., 2014. 5. 28., 2016. 2. 3., 2016. 12. 2.>

1. 제7조제2항 또는 제9조제2항에 따른 기준과 규격의 인정을 신청하는 자

1의2. 제7조의3제2항에 따른 농약 및 동물용 의약품의 잔류허용기준 설정을 요청하는 자

1의3. 삭제 <2018. 3. 13.>

2. 제18조에 따른 안전성 심사를 받는 자

3. 삭제 <2015. 2. 3.>

3의2. 삭제 <2015. 2. 3.>

3의3. 제23조제2항에 따른 재검사를 요청하는 자

4. 삭제 <2013. 7. 30.>

5. 제37조에 따른 허가를 받거나 신고 또는 등록을 하는 자

6. 제48조제3항(제88조에서 준용하는 경우를 포함한다)에 따른 식품안전관리인증기준적용업소 인증 또는 변경 인증을 신청하는 자

6의2. 제48조의2제2항에 따른 식품안전관리인증기준적용업소 인증 유효기간의 연장신청을 하는 자

7. 제49조제1항에 따른 식품이력추적관리를 위한 등록을 신청하는 자

8. 제53조에 따른 조리사 면허를 받는 자

9. 제88조에 따른 집단급식소의 설치·운영을 신고하는 자

제13장 벌칙

제93조(벌칙) ① 다음 각 호의 어느 하나에 해당하는 질병에 걸린 동물을 사용하여 판매할 목적으로 식품 또는 식품첨가물을 제조·가공·수입 또는 는 조리한 자는 3년 이상의 징역에 처한다. <개정 2011. 6. 7.>

1. 소해면상뇌증(狂牛病)

2. 탄저병

3. 가금 인플루엔자

② 다음 각 호의 어느 하나에 해당하는 원료 또는 성분 등을 사용하여 판매할 목적으로 식품 또는 식품첨가물을 제조·가공·수입 또는 조리한 자는 1년 이상의 징역에 처한다. <개정 2011. 6. 7.>

1. 마황(麻黃)

2. 부자(附子)

3. 천오(川烏)

4. 초오(草烏)

5. 백부자(白附子)

6. 섬수(蟾酥)

7. 백선피(白鮮皮)

8. 사리풀

③ 제1항 및 제2항의 경우 제조·가공·수입·조리한 식품 또는 식품첨가물을 판매하였을 때에는 그 판매금액의 2배 이상 5배 이하에 해당하는 벌금을 병과(倂科)한다. <개정 2011. 6. 7., 2018. 12. 11.>

④ 제1항 또는 제2항의 죄로 형을 선고받고 그 형이 확정된 후 5년 이내에 다시 제1항 또는 제2항의 죄를 범한 자가 제3항에 해당하는 경우 제3항에서 정한 형의 2배까지 가중한다. <신설 2013. 7. 30.>

제94조(벌칙) ①다음 각 호의 어느 하나에 해당하는 자는 10년 이하의 징역 또는 1억원 이하의 벌금에 처하거나 이를 병과할 수 있다. <개정 2013. 7. 30., 2014. 3. 18.>

1. 제4조부터 제6조까지(제88조에서 준용하는 경우를 포함하고, 제93조 제1항 및 제3항에 해당하는 경우는 제외한다)를 위반한 자

2. 제8조(제88조에서 준용하는 경우를 포함한다)를 위반한 자

2의2. 삭제 <2018. 3. 13.>

3. 제37조제1항을 위반한 자

② 제1항의 죄로 금고 이상의 형을 선고받고 그 형이 확정된 후 5년 이내에 다시 제1항의 죄를 범한 자는 1년 이상 10년 이하의 징역에 처한다. <신설 2013. 7. 30., 2016. 2. 3., 2018. 12. 11.>

③ 제2항의 경우 그 해당 식품 또는 식품첨가물을 판매한 때에는 그 판매금액의 4배 이상 10배 이하에 해당하는 벌금을 병과한다. <신설 2013. 7. 30., 2018. 12. 11.>

제95조(벌칙) 다음 각 호의 어느 하나에 해당하는 자는 5년 이하의 징역 또는 5천만원 이하의 벌금에 처하거나 이를 병과할 수 있다. <개정 2013. 7. 30., 2015. 2. 3., 2016. 2. 3., 2018. 3. 13.>

1. 제7조제4항(제88조에서 준용하는 경우를 포함한다) 또는 제9조제4항 (제88조에서 준용하는 경우를 포함한다)을 위반한 자

2. 삭제 <2013. 7. 30.>

2의2. 제37조제5항을 위반한 자

3. 제43조에 따른 영업 제한을 위반한 자

3의2. 제45조제1항 전단을 위반한 자

4. 제72조제1항·제3항(제88조에서 준용하는 경우를 포함한다) 또는 제
73조제1항에 따른 명령을 위반한 자

5. 제75조제1항에 따른 영업정지 명령을 위반하여 영업을 계속한 자(제
37조제1항에 따른 영업허가를 받은 자만 해당한다)

제96조(벌칙) 제51조 또는 제52조를 위반한 자는 3년 이하의 징역 또는
3천만원 이하의 벌금에 처하거나 이를 병과할 수 있다.

제97조(벌칙) 다음 각 호의 어느 하나에 해당하는 자는 3년 이하의 징역
또는 3천만원 이하의 벌금에 처한다. <개정 2010. 1. 18., 2011. 6. 7., 2013. 3.
23., 2013. 7. 30., 2015. 2. 3., 2015. 3. 27., 2016. 2. 3., 2018. 3. 13., 2020. 12. 29.>

1. 제12조의2제2항, 제17조제4항, 제31조제1항·제3항, 제37조제3항·
제4항, 제39조제3항, 제48조제2항·제10항, 제49조제1항 단서 또는
제55조를 위반한 자

2. 제22조제1항(제88조에서 준용하는 경우를 포함한다) 또는 제72조제1
항·제2항(제88조에서 준용하는 경우를 포함한다)에 따른 검사·출입
·수거·압류·폐기를 거부·방해 또는 기피한 자

3. 삭제 <2015. 2. 3.>

4. 제36조에 따른 시설기준을 갖추지 못한 영업자

5. 제37조제2항에 따른 조건을 갖추지 못한 영업자

6. 제44조제1항에 따라 영업자가 지켜야 할 사항을 지키지 아니한 자.
다만, 총리령으로 정하는 경미한 사항을 위반한 자는 제외한다.

7. 제75조제1항에 따른 영업정지 명령을 위반하여 계속 영업한 자(제37
조제4항 또는 제5항에 따라 영업신고 또는 등록을 한 자만 해당한다)
또는 같은 조 제1항 및 제2항에 따른 영업소 폐쇄명령을 위반하여 영
업을 계속한 자

8. 제76조제1항에 따른 제조정지 명령을 위반한 자

9. 제79조제1항에 따라 관계 공무원이 부착한 봉인 또는 게시문 등을
함부로 제거하거나 손상시킨 자

10. 제86조제2항·제3항에 따른 식중독 원인조사를 거부·방해 또는 기
피한 자

제98조(벌칙) 다음 각 호의 어느 하나에 해당하는 자는 1년 이하의 징역
또는 1천만원 이하의 벌금에 처한다. <개정 2011. 6. 7., 2014. 3. 18.>

1. 제44조제3항을 위반하여 접객행위를 하거나 다른 사람에게 그 행위

를 알선한 자

2. 제46조제1항을 위반하여 소비자로부터 이물 발견의 신고를 접수하고 이를 거짓으로 보고한 자

3. 이물의 발견을 거짓으로 신고한 자

4. 제45조제1항 후단을 위반하여 보고를 하지 아니하거나 거짓으로 보고한 자

제99조 삭제 <2013. 7. 30.>

제100조(양벌규정) 법인의 대표자나 법인 또는 개인의 대리인, 사용인, 그 밖의 종업원이 그 법인 또는 개인의 업무에 관하여 제93조제3항 또는 제94조부터 제97조까지의 어느 하나에 해당하는 위반행위를 하면 그 행위자를 벌하는 외에 그 법인 또는 개인에게도 해당 조문의 벌금형을 과(科)하고, 제93조제1항의 위반행위를 하면 그 법인 또는 개인에 대하여도 1억5천만원 이하의 벌금에 처하며, 제93조제2항의 위반행위를 하면 그 법인 또는 개인에 대하여도 5천만원 이하의 벌금에 처한다. 다만, 법인 또는 개인이 그 위반행위를 방지하기 위하여 해당 업무에 관하여 상당한 주의와 감독을 게을리하지 아니한 경우에는 그러하지 아니하다.

제101조(과태료) ① 다음 각 호의 어느 하나에 해당하는 자에게는 1천만원 이하의 과태료를 부과한다. <신설 2020. 12. 29.>

1. 제86조제1항을 위반한 자

2. 제88조제1항 전단을 위반하여 신고하지 아니하거나 허위의 신고를 한 자

3. 제88조제2항을 위반한 자. 다만, 총리령으로 정하는 경미한 사항을 위반한 자는 제외한다.

② 다음 각 호의 어느 하나에 해당하는 자에게는 500만원 이하의 과태료를 부과한다. <개정 2011. 6. 7., 2018. 12. 11., 2020. 12. 29.>

1. 제3조·제40조제1항 및 제3항(제88조에서 준용하는 경우를 포함한다), 제41조제1항 및 제5항(제88조에서 준용하는 경우를 포함한다)을 위반한 자

1의2. 삭제 <2015. 2. 3.>

1의3. 제19조의4제2항을 위반하여 검사기한 내에 검사를 받지 아니하거나 자료 등을 제출하지 아니한 영업자

1의4. 삭제 <2016. 2. 3.>

2. 삭제 <2015. 3. 27.>

3. 제37조제6항을 위반하여 보고를 하지 아니하거나 허위의 보고를 한
   자

4. 제42조제2항을 위반하여 보고를 하지 아니하거나 허위의 보고를 한 자

5. 삭제 <2011. 6. 7.>

6. 제48조제9항(제88조에서 준용하는 경우를 포함한다)을 위반한 자

7. 제56조제1항을 위반하여 교육을 받지 아니한 자

8. 제74조제1항(제88조에서 준용하는 경우를 포함한다)에 따른 명령에
   위반한 자

9. 삭제 <2020. 12. 29.>

10. 삭제 <2020. 12. 29.>

③ 다음 각 호의 어느 하나에 해당하는 자에게는 300만원 이하의 과태
료를 부과한다. <개정 2010. 1. 18., 2013. 3. 23., 2014. 5. 28., 2016. 2. 3., 2020.
12. 29.>

1. 삭제 <2013. 7. 30.>

2. 제44조제1항에 따라 영업자가 지켜야 할 사항 중 총리령으로 정하는
   경미한 사항을 지키지 아니한 자

3. 제46조제1항을 위반하여 소비자로부터 이물 발견신고를 받고 보고하
   지 아니한 자

4. 제49조제3항을 위반하여 식품이력추적관리 등록사항이 변경된 경우
   변경사유가 발생한 날부터 1개월 이내에 신고하지 아니한 자

5. 제49조의3제4항을 위반하여 식품이력추적관리정보를 목적 외에 사용
   한 자

6. 제88조제2항에 따라 집단급식소를 설치·운영하는 자가 지켜야 할
   사항 중 총리령으로 정하는 경미한 사항을 지키지 아니한 자

④ 제1항부터 제3항까지의 규정에 따른 과태료는 대통령령으로 정하는
바에 따라 식품의약품안전처장, 시·도지사 또는 시장·군수·구청장이
부과·징수한다. <개정 2013. 3. 23.>

제101조(과태료) ① 다음 각 호의 어느 하나에 해당하는 자에게는 1천만
원 이하의 과태료를 부과한다. <신설 2020. 12. 29.>

1. 제86조제1항을 위반한 자

2. 제88조제1항 전단을 위반하여 신고하지 아니하거나 허위의 신고를
   한 자

3. 제88조제2항을 위반한 자. 다만, 총리령으로 정하는 경미한 사항을 위반한 자는 제외한다.

② 다음 각 호의 어느 하나에 해당하는 자에게는 500만원 이하의 과태료를 부과한다. <개정 2011. 6. 7., 2018. 12. 11., 2020. 12. 29.>

1. 제3조·제40조제1항 및 제3항(제88조에서 준용하는 경우를 포함한다), 제41조제1항 및 제5항(제88조에서 준용하는 경우를 포함한다)을 위반한 자

1의2. 삭제 <2015. 2. 3.>

1의3. 제19조의4제2항을 위반하여 검사기한 내에 검사를 받지 아니하거나 자료 등을 제출하지 아니한 영업자

1의4. 삭제 <2016. 2. 3.>

2. 삭제 <2015. 3. 27.>

3. 제37조제6항을 위반하여 보고를 하지 아니하거나 허위의 보고를 한 자

4. 제42조제2항을 위반하여 보고를 하지 아니하거나 허위의 보고를 한 자

5. 삭제 <2011. 6. 7.>

6. 제48조제9항(제88조에서 준용하는 경우를 포함한다)을 위반한 자

7. 제56조제1항을 위반하여 교육을 받지 아니한 자

8. 제74조제1항(제88조에서 준용하는 경우를 포함한다)에 따른 명령에 위반한 자

9. 삭제 <2020. 12. 29.>

10. 삭제 <2020. 12. 29.>

③ 다음 각 호의 어느 하나에 해당하는 자에게는 300만원 이하의 과태료를 부과한다. <개정 2010. 1. 18., 2013. 3. 23., 2014. 5. 28., 2016. 2. 3., 2020. 12. 29.>

1. 삭제 <2013. 7. 30.>

1의2. 제41조의2제3항을 위반하여 위생관리책임자의 업무를 방해한 자

1의3. 제41조의2제4항에 따른 위생관리책임자 선임·해임 신고를 하지 아니한 자

1의4. 제41조의2제7항을 위반하여 직무 수행내역 등을 기록·보관하지 아니하거나 거짓으로 기록·보관한 자

1의5. 제41조의2제8항에 따른 교육을 받지 아니한 자

2. 제44조제1항에 따라 영업자가 지켜야 할 사항 중 총리령으로 정하는 경미한 사항을 지키지 아니한 자

2의2. 제44조의2제1항을 위반하여 책임보험에 가입하지 아니한 자

3. 제46조제1항을 위반하여 소비자로부터 이물 발견신고를 받고 보고하지 아니한 자

4. 제49조제3항을 위반하여 식품이력추적관리 등록사항이 변경된 경우 변경사유가 발생한 날부터 1개월 이내에 신고하지 아니한 자

5. 제49조의3제4항을 위반하여 식품이력추적관리정보를 목적 외에 사용한 자

6. 제88조제2항에 따라 집단급식소를 설치·운영하는 자가 지켜야 할 사항 중 총리령으로 정하는 경미한 사항을 지키지 아니한 자

④ 제1항부터 제3항까지의 규정에 따른 과태료는 대통령령으로 정하는 바에 따라 식품의약품안전처장, 시·도지사 또는 시장·군수·구청장이 부과·징수한다. <개정 2013. 3. 23.>

[시행일 : 2021. 12. 30.] 제101조

제102조(과태료에 관한 규정 적용의 특례) 제101조의 과태료에 관한 규정을 적용하는 경우 제82조에 따라 과징금을 부과한 행위에 대하여는 과태료를 부과할 수 없다. 다만, 제82조제4항 본문에 따라 과징금 부과처분을 취소하고 영업정지 또는 제조정지 처분을 한 경우에는 그러하지 아니하다.

부칙 <제17809호, 2020. 12. 29.>

제1조(시행일) 이 법은 공포 후 1년이 경과한 날부터 시행한다. 다만, 다음 각 호의 사항은 그 구분에 따른 날부터 시행한다.

1. 제38조·제48조·제48조의4·제48조의5·제81조·제88조제3항·제97조·제101조제1항·제2항 및 제3항제6호의 개정규정: 공포 후 6개월이 경과한 날

2. 제2조제12호·제82조·제83조 및 제88조제2항의 개정규정: 공포한 날

3. 제47조의2제10항의 개정규정: 2021년 7월 1일

4. 법률 제16717호 식품위생법 일부개정법률 제41조의 개정규정: 2021년 1월 1일

제2조(영업제한에 관한 적용례) 제38조제1항제4호 및 같은 조 제2항제3

호의 개정규정은 이 법 시행 후 영업허가 또는 등록이 취소되거나 영업소가 폐쇄된 경우부터 적용한다.

제3조(교육훈련기관의 청문에 관한 적용례) 제81조제2호의2의 개정규정은 이 법 시행 이후 교육훈련기관에 대하여 지정취소 처분을 하는 경우부터 적용한다.

제4조(교육훈련기관의 지정에 관한 경과조치) 이 법 시행 당시 종전의 규정에 따라 제48조제5항에 따른 교육훈련을 실시하는 기관은 제48조의4제1항의 개정규정에 따라 교육훈련기관으로 지정받은 것으로 본다.

제5조(벌칙이나 과태료에 관한 경과조치) 이 법 시행 전의 위반행위에 대하여 벌칙이나 과태료를 적용할 때에는 종전의 규정에 따른다.

■ 편저 프렌차이즈창업연구회 ■

- 창업에서 각종 정부지원정책으로 소상공인!
  이렇게 생존합시다!
- 프랜차이즈 준비에서 분쟁해결까지 Q&A로 해결
- 세금해결법
- 물품대금 지급명령 신청과 사례작성방법의 실제

음식점 창업에서 성공하기

2023년   6월   10일   2판 인쇄
2023년   6월   15일   2판 발행

편 저 프렌차이즈창업연구회
발행인 김현호
발행처 법문북스
공급처 법률미디어

주소 서울 구로구 경인로 54길4(구로동 636-62)
전화 02)2636-2911~2, 팩스 02)2636-3012
홈페이지 www.lawb.co.kr

등록일자 1979년 8월 27일
등록번호 제5-22호

ISBN 979-11-92369-12-9 (13320)

정가 16,000원

이 도서의 국립중앙도서관 출판예정도서목록(CIP)은 서지정보유통지원시스템 홈페이지(http://seoji.nl.go.kr)와 국가
자료종합목록 구축시스템(http://kolis-net.nl.go.kr)에서 이용하실 수 있습니다. (CIP제어번호 : CIP2020009923)